ヨーロッパ《普遍》文明の世界制覇
―― 鉄砲と十字架 ――

中川洋一郎

学文社

ヨーロッパ『文明』による世界征服についての

西郷隆盛の見解

「文明とは、道の普く行はる(あまね)、を言へるものにして、宮室の莊嚴、衣服の美麗、外觀の浮華を言ふに非ず。世人の西洋を評する所を聞くに、何をか文明と云ひ、何をか野蠻と云ふや。少しも了解するを得ず。眞に文明ならば、未開の國に對しては、慈愛を本とし、懇々説諭して開明に導くべきに、然らずして殘忍酷薄を事とし、己を利するは野蠻なりと云ふ可し」

(『西郷南洲遺訓講話』至言社より)

目　次

序章　ヨーロッパ文明，その普遍性と偽善性 ……………………………1
　I　未曾有の豊かさとその不平等性 ……………………………………1
　II　ヨーロッパの世界制覇 ………………………………………………2
　III　世界支配の道具としての《鉄砲と十字架》………………………2
　IV　征服者は敗者の生殺与奪の権を握るという古代からの《常識》……3
　V　史上最大の《詐術》＝「文明と隷属の等価交換」…………………5
　VI　キリスト教化によって安定した中世ヨーロッパ …………………6
　VII　ヨーロッパの統治構造の起源としての《ポリス》………………8
　VIII　南北アメリカは《金の卵を産む鶏》だった ……………………9
　IX　ヨーロッパによる世界支配を支える《欲望》と《個人》………10
　X　ヨーロッパ物質文明に固有の二つの宿痾 …………………………11

第I章　農耕の開始と定住革命──人類経済史上最大の《革命》── …13
　I　狩猟採集文化 …………………………………………………………14
　II　農耕の開始 ……………………………………………………………15
　III　世界各地の初期農耕文化 …………………………………………17
　IV　食糧生産の動機と諸結果 …………………………………………25

第II章　初期牧畜社会──牧畜の特徴と群棲動物の管理── …………40
　I　牧畜動物の特徴 ………………………………………………………40
　II　牧畜における4大イノベーション …………………………………42
　III　牧畜文化の意味するもの …………………………………………45

第Ⅲ章　初期国家の成立──血縁集団から超血縁社会へ──……………49
　Ⅰ　バンドから初期国家へ……………………………………………49
　Ⅱ　初期国家にいたる二つの道………………………………………56

第Ⅳ章　農耕定住社会への遊牧民の来襲──騎馬遊牧民による《世界史》
　　　　の成立──………………………………………………………62
　Ⅰ　ユーラシア・ステップと牧畜……………………………………62
　Ⅱ　騎馬民族の出現と形成……………………………………………64
　Ⅲ　ユーラシア・ステップからの遊牧民の《爆発》………………69
　Ⅳ　騎馬遊牧民による歴史の推進……………………………………83

第Ⅴ章　専制帝国の統治構造──遊牧民の知恵と奴隷制──…………87
　Ⅰ　歴史の中の奴隷制度………………………………………………88
　Ⅱ　現代までの統治制度に対する牧畜文化の射程…………………90

第Ⅵ章　古代ギリシアにおける奴隷と自由──奴隷使用の正当化の論
　　　　理──…………………………………………………………98
　Ⅰ　征服国家としてのポリスと「自由」……………………………99
　Ⅱ　奴隷によって実現された自由 …………………………………101
　Ⅲ　対立の思想（「バルバロイは劣っている．劣っている連中は奴隷
　　　にする」）………………………………………………………103
　Ⅳ　労働蔑視の思想（「労働は奴隷がする．だから労働は卑しい行為」）
　　　………………………………………………………………………104
　Ⅴ　精神・肉体の機能的分離と異人種への「同定」………………107

第Ⅶ章　ヨーロッパ中世社会──安定的な分権社会の形成──………110
　Ⅰ　征服王朝としてのゲルマンの部族国家…………………………110

Ⅱ　西ヨーロッパにおける分権的社会の成立 ……………………………118
　　Ⅲ　西ヨーロッパ中世経済——西ヨーロッパ社会における農業と交易
　　　　の発展—— ………………………………………………………………122
　　Ⅳ　中世末期ヨーロッパの危機 ……………………………………………127

第Ⅷ章　ユダヤ・キリスト教の歴史観——絶対神の恩寵と発展の論理——
　………………………………………………………………………………………131
　　Ⅰ　最初の「ヨーロッパの歴史家」——ヘロドトスとアリストテレス——
　　　…………………………………………………………………………………131
　　Ⅱ　ユダヤ教の直線的歴史観 ………………………………………………134
　　Ⅲ　キリスト教による『神の王国』の論理 ………………………………137

第Ⅸ章　《大航海時代》におけるヨーロッパ世界の膨張——鉄砲と十字
　　　　架——………………………………………………………………………146
　　Ⅰ　東西の交流 ………………………………………………………………146
　　Ⅱ　ヨーロッパの膨張——キリスト教の暴力的《布教》—— …………150
　　Ⅲ　《新大陸の発見》と征服 ………………………………………………154
　　Ⅳ　ラテン・アメリカ支配によるヨーロッパの富の蓄積 ………………175
　　Ⅴ　おわりに …………………………………………………………………176

第Ⅹ章　近代における奴隷制とヨーロッパ——なぜ，「敬虔」なキリス
　　　　ト教徒が異教徒を大量に奴隷化したのか—— ………………………181
　　Ⅰ　砂糖の西漸運動と奴隷労働 ……………………………………………181
　　Ⅱ　ラテン・アメリカにおける奴隷制 ……………………………………183
　　Ⅲ　日本における奴隷制の欠如——秀吉の激怒—— ……………………189
　　Ⅳ　おわりに——西ヨーロッパにおける奴隷制から農奴制への推移——
　　　…………………………………………………………………………………191

第XI章 市場経済の深化と拡大 ――社会に埋め込まれた経済から，社会を飲み込んだ経済へ―― ……………………………195
 I 人間の物的生活を維持する三つのやり方 195
 II 市場の歴史 205
 III カール・ポランニーによる市場経済の歴史的意味 ……………208

第XII章 市場社会とユダヤ人 ――市場経済の《伝道者たち》―― ………214
 I 宗教と近代資本主義 ……………………………………………214
 II 近代における《ファウスト的欲望》の解放 …………………216
 III 前市場社会から市場社会への転換 ……………………………221
 IV 市場経済への転換においてユダヤ人の果たした役割 ………222

第XIII章 進歩史観の成立 ――ヨーロッパ人に固有の強迫観念―― ………230
 I はじめに――勝者の論理としてのヨーロッパ中心史観―― ………230
 II 16世紀：《新世界の発見》――《神の国》の此岸化の予感――……232
 III 17世紀：科学的知識の蓄積としての《文明の進歩》――科学革命と新旧論争―― ……………………………………………233
 IV 18世紀：《自然》の成長としての《進歩》――ヨーロッパ優位の自覚としての啓蒙思想―― ……………………………………236
 V 19世紀：進化論となった進歩思想――社会進化論の絶頂期――…239
 VI 小　括 ……………………………………………………………245

終章 ヨーロッパの世界制覇と日本 ……………………………………250
 I ヨーロッパ人による世界制覇に対する二つの見解 …………250
 II 市丸利之助の弾劾．西郷隆盛の酷評．……………………………252
 III なぜ，戦後の日本人は，ヨーロッパ思想の《普遍性》の前にぬかずいてきたのか ……………………………………………………256

Ⅳ　19世紀ヨーロッパ人が抱いた白人優越性の信念 ……………260
Ⅴ　《20世紀の奇跡》としての日本の台頭 ………………………262

参考文献 ……………………………………………………………266
あとがき ……………………………………………………………277
索引 …………………………………………………………………279

序章

ヨーロッパ文明，その普遍性と偽善性

I　未曾有の豊かさとその不平等性

　現代の日本に暮らすわれわれが享受している物質的な豊かさは，その量と質からして，過去の人類が経験したことのない希有の水準にある．物的側面に限定すると，日本の平均的な家庭が，例えば，数百キロにものぼる鉄やプラスチックでできた精巧な機械（自動車のこと）を普通に入手して，自由に利用できるような物質的環境は，人類史上，未曾有の出来事である．われわれは，わずか100年ほど前の人間が想像もできなかったような大量の物資を利用し，惜しげもなく消尽しているのである．

　しかし，この物質的豊かさは，先進国に属するわずか6億人程度（世界人口の約10分の1）が享受できているにすぎない．途上国に住む残りの五十数億人の人々は，その大部分が，乏しい物的生活を送っており，「豊かな」先進国の人々とは隔絶した極貧生活を強いられている．現代経済とは，このような未曾有の物質的な豊かさとその非情なまでの不平等性を実現し，繰り返す生産と分配の機構にほかならない．

II　ヨーロッパの世界制覇

　現在は，21世紀初頭であるが，言うまでもなく，これはキリスト教暦（通常は西暦と言うが）での年代である．現代世界においては，キリスト教暦が，世界標準として確立している．このことに，キリスト教文明がいかに世界的規模で諸文明を覆い尽くしているかが端的に示されている．キリスト教は今から約2000年ほど前にパレスチナの一角でユダヤ教の異端として誕生したが，ユダヤ民族の枠を越えてヨーロッパ人に普及して世界宗教となった．ヨーロッパ人による世界制覇は，世界へのキリスト教の伝播の過程にほかならない．

　ところで，過去500年間（より，正確には，コロンブスのアメリカ《発見》やバスコ・ダ・ガマのインド航路の開拓によって始まる《大航海時代》以降）は，ヨーロッパ人が世界に打って出て，いわば世界を自己の利益のために開拓し，他民族を支配し，自然と人間を収奪してきた歴史にほかならない．それまでのヨーロッパ人は，ユーラシア大陸の西端部分に生息する周辺的な民族であり，文明的にも中心的な役割を担っていたのではない．しかし，この時期以降，一転して世界に君臨したのである．

III　世界支配の道具としての《鉄砲と十字架》

　今日では，われわれ日本人でさえ，ごく普通にキリスト教暦を使用していることからもわかるように，ヨーロッパ文明の支配は，あたかもそれが自然な状態であるかのように，正当化されている．しかし，なぜ，ヨーロッパ人たちは，世界に君臨することができたのか．

　ヨーロッパ人による世界支配の道具は，第一に，非ヨーロッパ民族を物理的にねじ伏せた強大な軍事力であり，第二に非ヨーロッパ民族を征服することを正当化する強烈な《信念》（＝ヨーロッパ至上主義）であった．これら二つの道具は，端的に，《鉄砲と十字架》と表現される．

　かかる世界支配を開始した当初（いわゆる《大航海時代》．ただし，欧米で

は，この名称を使うことはない．彼らは，端的に《発見の時代》と呼んでいる．ああ，何という自尊心！）から，それが確立する19世紀まで，ヨーロッパ人が軍事力（つまり，《鉄砲》）にものを言わせて侵略を進めてきたことは否定するまでもない．16・17世紀以降のいわゆる科学革命を経て，強大な科学・技術を背景に，ヨーロッパ諸国が圧倒的な経済力を有し，その経済力が強大な軍事力の基盤を形成した．

しかし，他民族を圧倒する強大な軍事力は，それ以前の帝国支配においても見られた．かつてのローマ帝国やチンギス・ハーンのモンゴル帝国も，強大な軍事力を誇ったのであるし，これらの帝国建設において，他民族を圧倒する軍事力がなければ，世界支配は実現しなかったであろう．かかる軍事的諸帝国が歴史的には崩壊した一方，ヨーロッパの支配は今日まで続いている．そうしてみると，軍事力だけではヨーロッパの支配は恒久化しなかったはずである．これらの先行する世界帝国と比べて，ヨーロッパ人による世界支配は，それを支えるひとつの基盤があった．キリスト教であり，それに基礎を置き，そこから発展したヨーロッパ近代思想である．つまり，ヨーロッパによる世界制覇の特徴は，軍事力だけでなく，これに近代思想（キリスト教）という，支配を恒久化するための「二の矢」「三の矢」があったことである．

彼らは巧みにも，軍事力で支配を固めた後，思想によって支配を恒久化した．すなわち，武力によって，支配を制度化し，ロゴスによって支配的なイデオロギーを独占することで，自己の権益を貫徹させた．16世紀以降のヨーロッパ物質文明の拡大は，「自由」・「個人」・「民主主義」というロゴスを握ることによって現実を支配するという，非常に巧妙な支配構造を持っているのである．

IV 征服者は敗者の生殺与奪の権を握るという古代からの《常識》

ヨーロッパ人が16世紀以降，南北アメリカや太平洋諸島，アジア諸国において初めて先住民と接触した際にとった行動様式は注目に値する．1532年11月16日にペルーのカハマルカで起きた惨劇は，その後に成立するヨーロッパ

人による世界制覇のプロトタイプ(原型)を示している点で興味深い．スペインのコンキスタドール(征服者)であるフランシスコ・ピサロは，約160人のならず者たちを率いて，8万人の兵士に囲まれたインカ帝国皇帝のアタワルパを生け捕りにした後，膨大な金銀財宝を身代金としてせしめたうえで，処刑してしまった(第Ⅸ章Ⅲ2「カハマルカの惨劇」p.156以下を参照)．これ以後，圧倒的に優勢な軍事力をもつヨーロッパ人が，先住民の善意とホスピタリティ(これは別の表現では，無知と愚直さ)を利用して，非ヨーロッパ世界を征服していくというパターンが，繰り返されていくのである．

16世紀にヨーロッパ人が最初に先住民たちと接触したときに，彼らは自分たちをキリスト教という高度な文明を持つ，優れた人間と確信し，先住民たちを野蛮な未開の生物(当初は彼らを自分たちと同じ人間とは認めていなかった)と見なしていた．従って，彼ら先住民をキリスト教に改宗させ，創造主の意向を実現することは彼らヨーロッパ人キリスト教徒の神聖なる使命と考えたのである．かかる宗教的信念(私のような《異教徒》から見れば，狂信以外の何物でもないが)と同時に，彼らは富に対する飽くことなき欲望に駆られていた．先住民に対してはキリスト教への改宗を迫り，先住民たちがそれを受け入れれば，生かしておいて良き僕として酷使し，先住民たちがそれを拒絶すれば，奴隷にするか，あるいは，端的に殺戮した．

ヨーロッパ・キリスト教徒による先住民の征服・支配の根底には，「ある民族が軍事的に征服されれば，征服した民族に隷属するのは当然である」という観念がある．もっとも，戦争で負ければ，敗残者は征服者に生殺与奪の権を握られるのは古代からの常識であり，特にヨーロッパ人だけを非難するには当たらない．筆者がヨーロッパ人を批判するのは，第一に，彼らがかかる古代的常識を16世紀さらには19世紀まで実践し続けた(「実践した」のであって，同時にそれを批判する思想があったことは百も承知)からであり，第二に，かかる古代的常識を，文明(普遍的思想)の名において正当化(=偽善のメカニズム)しようとしたからである．

V　史上最大の《詐術》＝「文明と隷属の等価交換」

　従って，ここで興味深いのは，その支配・隷属を恒久化するための「装置」としてのキリスト教文明である．支配・隷属の恒久化の露骨な方策が，スペインが新大陸征服後に採用したエンコミエンダ（原義は，信託）政策である．エンコミエンダ制とは，王権が一定地域の先住民に関する権利と義務を私人であるスペイン人征服者（エンコメンデーロ）に信託するが，それによって先住民に対して貢租賦役を課する権利が生じ，一方，先住民を保護しキリスト教に改宗させる義務が生じるという制度であった．もちろん，「保護」とは言ってもそれは名ばかりであり，実態は虐待であった．

　このエンコミエンダ制によって，「われわれはキリスト教徒という優れた人間であり，お前たちは異教を信じていた野蛮人だ．野蛮状態から救い出して，キリスト教徒にしてやるのだから，ありがたく思え．喜んでわれわれの支配に従え」と，ヨーロッパ・キリスト教徒はその征服・支配を正当化した．これは，次のように言い換えることができる．「われわれはおまえたちに《自由》というおまえたちが知らないすばらしい観念（＝文明）を与える．だから，おまえたちは，交換におまえたちの隷属をわれわれに寄こせ」．

図1　《文明と隷属の等価交換》の図式

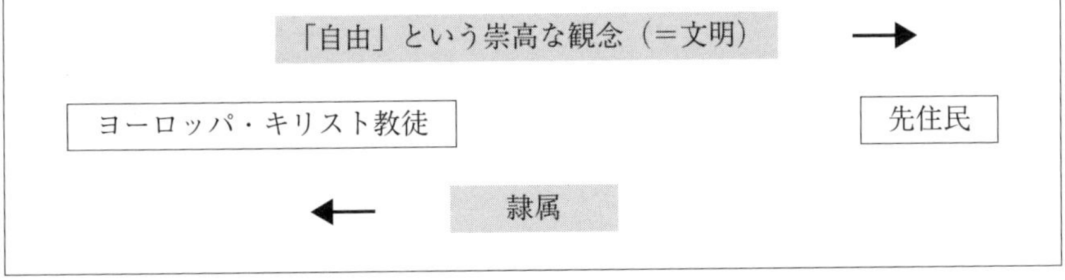

```
        「自由」という崇高な観念（＝文明）　──→

  ヨーロッパ・キリスト教徒                        先住民

        ←──　　　隷属
```

　先住民がそれに逆らうと，ヨーロッパ人はもちろん軍事的に彼らの意志を強制し，先住民たちを抹殺した．16世紀から19世紀までのヨーロッパ人による

植民地帝国の拡大過程では，彼らキリスト教徒から《異教徒》とみなされることは，「隷属か，さもなくば，死」を意味していた．

ここでは，近代文明という《商品》と隷属という《商品》が，あたかも等価値を持つがごとく「交換」されている．もちろん，ここでは「交換」が暴力的に行われているのであって，自由意志で行われたのではない．だから，まず暴力による強制の裏付けがある．「われわれはおまえたちに自由という観念を与えたのだから，その対価として，おまえたちはわれわれにおまえたちの自由を寄こせ（＝おとなしく隷属しろ）」というこの「等価交換」は，詐術以外の何物でもない．「自由ということのすばらしさを教えてやったのだから，おまえらの自由を寄こせ」というのだから，偽善と言えば，これほどの偽善はない．その悪賢さは歴史的に見ても希有のものではないか．なぜ，かかる偽善が臆面もなく行われたのか．「われわれはキリスト教徒で優れた文明人であるが，彼らは野蛮な異教徒たちだ．優れた人間は野蛮人に対して何をしてもよろしい」という，偽善を正当化する「理論」（＝ヨーロッパ至上主義）があったからである．

ヨーロッパ中心史観（あるいは，ヨーロッパ至上主義）とは，かかる世界制覇に至る道程を「よし」として肯定し，ヨーロッパによる世界制覇が当然のものとして肯定される世界観である．「近代思想のような優れた思想を生んだヨーロッパ人は世界を支配する権利を有する」という考えが有効な場面では，ヨーロッパのいわゆる近代思想がその世界制覇の思想的なバックアップとなっている．これは，上記の《文明と隷属の等価交換》の別の表現にすぎない．

VI　キリスト教化によって安定した中世ヨーロッパ

それにしても，16世紀にヨーロッパ・キリスト教徒と初めて邂逅した先住民たちはヨーロッパ人たちがかかる「汚い手を使う」ことを，なぜ，見抜けなかったのか．彼らを「愚か者」として罵るべきか．

しかし，《文明と隷属の等価交換》は，何も15世紀末にヨーロッパ人が世

界征服に乗り出したときに初めて採用された方式ではない．すでに，ギリシア文明以来，支配者が非支配者を統治する方式として確立されてきた．ヨーロッパ人自身も，ローマ帝国がガリア（今のフランス）を征服して，ゴール人（当時のフランスに居住していた主としてケルト系の住民たち）を奴隷化したとき以来，彼らヨーロッパ人の大部分がその統治方式を（奴隷として）肌で知っていたのである．

西ローマ帝国の末期（5世紀），ローマの植民地の住民（主として今のフランスにいたローマ化されたケルト人，つまり，ガロ・ローマン人）は，東方からの蛮族（文明国家たるローマ帝国から見て）たるフランク族（ゲルマン民族の一支族）の征服を受け，西ローマ帝国崩壊（470年）後，その支配下に屈した．《異教徒》であったフランク国王クローヴィスが480年，キリスト教に改宗すると，ギリシア以来の《文明と隷属の等価交換》という装置に，さらにキリスト教的権力機構が加わって，非常に安定した統治体制が確立した（《文明と隷属の等価交換》＋キリスト教階層構造＝ヨーロッパ中世における安定的統治体制）．16世紀以降のヨーロッパによる世界征服は，彼ら自家薬籠中の統治方式の適用に過ぎなかったのである．

ヨーロッパ中心史観に洗脳されているわれわれは，ヨーロッパ人によって抹殺された先住民を笑うことはできない．先住民たちとわれわれとは，大同小異にすぎない．

この観念（近代文明）と隷属との交換は，その後のヨーロッパによる世界制覇の思想的バックグランドになり，それを支えた．モンゴルのように，軍事力で征服して隷属させるのとは，大きく異なる．ヨーロッパによる世界制覇がその後500年間に渡り恒常化したことの理由の一端である．しかし，14世紀北アフリカの歴史家イブン＝ハルドゥーンによると，少数の支配者による多数の非支配者の統治は，なかなかに困難な事業で，だいたい，遊牧民による征服は，3世代120年間くらいしか続かない．しかし，ヨーロッパ人による支配は，もうすでに500年間，数十世代にわたって続いている．「思想」で先住民たち

（われわれを含む）を手懐けてしまったからである．

Ⅶ　ヨーロッパの統治構造の起源としての《ポリス》

　ここまで「なぜ，ヨーロッパ人は世界制覇ができ，それを恒久化できたのか」と問い，その根拠（《鉄砲と十字架》）を述べてきた．しかし，もうひとつの重要な問いが残っている．「なぜ，ヨーロッパ人は，世界制覇をしようとしたのか」．つまり，その動機である．その動機の一端は，キリスト教の布教である．創造主の偉功を実現することで，キリスト教徒は幸福となれる．

　しかし，それだけではまだ一部でしかない．一言で言うと，「自分がより豊かな生活を過ごすため，他者の労働を必要とした」ことである．ここで，「労働は苦役である．自分では労働したくない．他人にさせるべき」という古代ギリシア以来の，ヨーロッパ人の根底には労働厭悪の信念があることを思い起こすべきであろう（もっとも，ヨーロッパ文明は古代ギリシア文明の直系の子孫ではないが）．

　前8世紀ほどから成立した古代ギリシアの都市国家では，社会は「二層構造」になっていた．上層部がポリス（政治）であり，ここには自由人たるそれぞれの家の家長が属している．下層部がオイコス（経済・家政）であり，ここは奴隷によって構成されている．労働は奴隷の仕事であり，誇り高き自由人は労働などしないというのが，ギリシアの哲学の核である．労働しない家長たちは自由と暇があるので，存分に哲学も勉強もできるし，集まって議論もできる．他者の労働に完璧に依存して，自らは富と個人の自由を堪能し，ポリス全体の事柄に関しては自由に議論して「民主主義的」に決定するというのが，自由人が享受できたギリシアの共和制であった．ヨーロッパ的価値の核といわれる自由・尊厳・富が，その起源では，他者の労働を収奪することで成り立っていた．

　かかる少数者の自由・尊厳・富が，多数者の労働・束縛によって支えられるという構造は，古代ギリシアからローマ帝国を経て，西ヨーロッパにも受け継

がれていく．ヨーロッパの南北アメリカの征服とその後に起きた原住民の虐待・奴隷化は，先に見たように，征服者は敗者の生殺与奪の権を握るという古代からの常識の実践であり，かかる労働観の自然な拡張でもある．

Ⅷ　南北アメリカは《金の卵を産む鶏》だった

　軍事力であろうと，詐術によろうと，16世紀にヨーロッパが南北アメリカという，天然資源に富む広大な領土を獲得したことの意義は，どれほど強調してもしすぎることはない．それまで貧困に喘いでいたのが，突然《金の卵を生む鶏》を与えられたのも同然であったからである．

　15世紀までのヨーロッパは，当時の世界においてとりわけ豊かな地域であったわけではない．むしろ，当時は物的生産において圧倒的に農業に依存する経済であったので，ヨーロッパは，寒冷な気候がゆえに，人々は厳しい物質的生活を強いられてきた．（今でいう）中東，インド，東南アジア，シナなどは，ヨーロッパでは産出されないさまざまな種類の産物（特に奢侈品などの贅沢品）を生んできた．これら南の地域に対して，ヨーロッパは長年，憧れと羨望と嫉妬を抱いて眺めてきたのである．かかる観点からみると，ヨーロッパによる南北アメリカの奪取は，当面，二つの点で重要である．

　第一が，その後の世界制覇の原資となったこと．つまり，南北アメリカを思いのままに収奪することで物質的な制約から解放されたヨーロッパ人は，急速に富を蓄積し，17世紀以降の世界支配のための原資を蓄えることができた．「濡れ手で粟」の未開の処女地（に等しい）である南北アメリカを思いのままに開発できたうえ，開発のための労働力を奴隷という形式で大量かつ安価に調達できたため，《産業革命》を始動させるに足る富を蓄積できた．それまでは勢力バランスのうえで侵略できなかったアジアに対して，南北アメリカから得た富のおかげでヨーロッパは一転して優位な勢力となり，やがて世界制覇に乗り出していく．

　第二は，長年苦しんできた物質的窮乏から突如として解放されて，自己と自

己の文明に対して，大いに舞い上がり，ヨーロッパ人が誇大妄想的な自己認識（＝ヨーロッパ近代思想）を作り上げたことである．南北アメリカの獲得は，想像を超えた僥倖であった．「17世紀以降のヨーロッパ近代思想は人類の《進歩》に決定的に貢献した」というのが，今日の日本では圧倒的に支配的な定説である．しかし，歴史を注意深く観察すれば，《普遍性》（あるいは，文明）の美名のもとに自己の利益を貫徹してきたヨーロッパ人の姿が浮かび上がる．

（このヨーロッパ人とヨーロッパ文明に対する誇大妄想は，いわゆる啓蒙思想に端的に見られるが，17世紀以降のヨーロッパ近代思想の持つ傲慢さはその負の側面から徹底的に検討されてしかるべきであろう．）

IX　ヨーロッパによる世界支配を支える《欲望》と《個人》

ヨーロッパ人は，近代的な意味での《物欲》を最初に解き放った人々であった．富に対する欲望を解放し，人間のあるべき姿として定型化した（つまり，《資本主義化》ということだが）人々であったのである．そればかりでない．ゲルマン民族のいわゆる《民族大移動》の終了後，ヨーロッパ的秩序が定着する頃から約1000年間にわたって，ある支配民族（ゲルマン民族）が他の民族（主としてケルト民族）を支配・収奪するという統治形態を，非常に洗練された形式で練り上げてきたのである．すなわち，彼らは，自然の収奪（つまり，科学技術）と他者の収奪（つまり，奴隷制あるいはマネジメント）によって，解き放った物欲を実現する手段も才覚も持ち合わせていた．

ヨーロッパの世界支配を支える思想的信念の核は，① 飽くことなき物的欲望の増大と，② 個人の自由の増大とを「よし」とする考え方である．すなわち，ヨーロッパ人は，その飽くことなき物的欲望を世界支配によって充足するとともに，その世界支配を，ヨーロッパ思想の優越性を繰り返し繰り返し「説教」することで正当化してきたのである．

X ヨーロッパ物質文明に固有の二つの宿痾

　江戸時代の庶民は当時の世界の中でも高い生活水準を享受していたが（例えば，スーザン・ハンレー［1990］『江戸時代の遺産』），しかし，私を含めて誰も今日の生活水準を棒に振って江戸時代に戻りたいなどとは思わないであろう．それほどまでにも現代日本の物質的豊かさは圧倒的である．その豊かさを支えているのがヨーロッパを起源とする近代科学技術であることを前提にしたうえで，それでもなお，今日の時点から見ると，ヨーロッパ物質文明には次の二つの宿痾があると言うべきである．

(1) 自然への過大な負荷

　ヨーロッパ物質文明が発展し，拡散していく過程は，ヨーロッパ人による自然の征服であり，自然の収奪であった．古代オリエントに発した麦作は，その後，ヨーロッパに広まったが，この農法では，森を開墾した後，家畜を放牧するので，森はもはや再生せず，破壊されていく．これは本格的な家畜飼育と結びついた地中海式の農耕においては宿命であって，この農耕が拡散してゆく過程は森の消滅の歴史であった．

(2) 他者への過大な負荷

　勝利者が敗残者を支配・収奪するという古代以来の《常識》を発展させて，他民族を支配・収奪するための洗練された統治体制（＝ヨーロッパ植民地制度）を構築した．

　すなわち，今日先進諸国の人々が享受している物的繁栄は，非常に大きな負荷を自然と他人にかけて両者を「搾取」し，それらの犠牲のもとに実現されている．一方では，科学技術の名において，自然を最大限に利用し，自らの物質的欲望を充足させてきた．それと同時に，自分では働かずに，他人を酷使することで，物質的な欲望を満たしてきた．

今日における地球環境の悪化を見ると，もはや現在のような規模と水準での人間活動を恒久的に継続できないことが明らかとなっている．経済活動を変える必要があるとは誰もが認めるであろう．しかし，途上国は先進国の物的豊かさに到達するという目標を決して手放そうとはしないし，何よりも，先進諸国は現在の物質的に未曾有の高度な生活水準を落とそうとはしない．破局に向かっていると誰もが認めるのに，なぜ，それを防ぐ有効な対策を立てられないのか．

　今日の資本主義社会においては，物的富の拡大と個人の自由の拡大を「よし」とする考え方が支配的になっていて，世界支配の中にその考え方が構造的に組み込まれているからである．そうだとしたら，人間活動の飽くことなき拡大を「よし」とするヨーロッパ思想そのものこそを問題としなければならないであろう．先に述べた二つの宿痾を，決して宿痾とは認めないという立場があるとしたら，今日の地球環境の根本的な解決のためには，このような世界観がまず克服されなければならないのは自明であろう．

第 I 章

農耕の開始と定住革命
―― 人類経済史上最大の《革命》――

　近代以前の食糧獲得の諸活動，つまり生業のあり方を，その対象と獲得方法から分類すると，採集，狩猟，農耕，牧畜の4種がある．牧畜は狩猟とともに，対象が動物である点で共通し，植物を獲得する採集や農耕と対立している．

対象	食糧収奪社会 （略奪的に獲得）	食糧生産社会 （人間による管理下で再生産）
植物	採集	農耕
動物	狩猟	牧畜

　ただ採集や狩猟を生業とする食糧収奪社会では，野生の動植物を略奪的に獲得して，消費するのに対して，農耕とともに牧畜を生業とする食糧生産社会では，当の植物なり動物の生殖および成長過程に人為的に介入し，人間管理下で動植物の再生産を実現させつつ，その余剰部分を人間の側が搾取することによって，対象との共生を実現したものである．従って，農耕と牧畜との差は，管理対象が動物か植物かの違いにすぎないと言えるが，しかし，地面で生育し移動しない植物に対して，動物は移動・食餌・生殖などの行動を行い，扱い方によっては人間にとって物理的危険も，また感染症の危険も伴う．特に群棲動物を管理下に置くようになると，牧畜は人間自身に対しても文化面・社会面で多

大の影響を与えた．

I　狩猟採集文化

　植物性食物を採集し，動物を狩るという生活様式は，地球上に最初の人類が誕生して以来およそ300万年にわたって人類の世活を支えてきた．特に，世界に三つ（東南アジア・アフリカ・中南米）ある熱帯雨林のうち，東南アジア（バナナ，ヤムイモ，タロイロ，サトウキビ，パンの木）と中南米（マニオク）には，すぐに人間の食物となる植物性食物が豊富にあるが，しかし，アフリカの熱帯雨林には，食べられる植物がほとんどなかった．

　現生人類は約3万5000年前に出現したが，農耕と牧畜という生業形態が芽生えたのは約1万年前に至ってからのことであり，農耕民と牧畜民が人類の多数派となったのはさらにあとのことである．

　狩猟採集文化には，次のような特徴がある．

1．簡素な「資産」

　狩猟採集民は，自分の肉体によって運搬できるだけの「資産」しか保有しない．彼らは環境の改変や統御をほとんど行わず，自然資源に全面的に依存した「手から口へ」の経済生活を営んでおり，長期的な食糧の加工保存や備蓄を行わない．そのため彼らは，頻度や期間には差異があるが，年周期的に一定のテリトリー（領域）内を季節移動する．彼らの移動と運搬の手段は人力だけであり，そのため彼らが所有できる家財道具は，一度に背負って運搬できるだけの量に限られる．したがって，狩猟採集民の物質文化は簡素で貧弱であることが特徴となっている．

2．社会組織＝バンド（band）

　移動的生活様式は，彼らの経済・社会組織にも強い影響を与えている．狩猟採集社会の人口密度は低く，食糧資源に最も恵まれた環境に住む部族でも1平

方キロメートル当たり1人に満たず，大部分の社会は0.5～0.1人またはそれ以下にとどまっている．こうした移動的社会集団をバンドといい，成員は数十人から100人前後である．バンドは一般に血縁集団であることが多いが，バンド内部の家族間を結び付ける規則性は明確でない．

3．「豊かな」生活

およそ1万年前の更新世（約180万年前‐1万年前）の終わりまで，狩猟採集民の集団は概ね豊かな生活を送っていた．最近，アフリカ南西部の狩猟採集民クン・サン（旧名ではクン・ブッシュマン）の研究が進んだ結果，彼らが食べるものに困窮することはほとんどないことが明らかになった．狩猟採集民が生計維持のために費やす時間は，1日平均3～4時間といった程度であり，彼らは豊富な余暇の時間を談笑や歌と踊りなどによって過ごし，これらを通じてバンド内のコミュニケーションが絶えず保たれる．

II　農耕の開始

1．「食糧生産革命」説

食糧収奪民（＝狩猟採集民）による飼養化・植物栽培がほぼ1万年前に開始された．これをゴードン・チャイルドは「食糧生産革命」と名づけた．それによると，今から1万年ほど前に中近東のいわゆる《肥沃な三日月地帯》（あるいは，《豊かな半月弧》などとも言われる）の丘陵地帯に，定着農耕と動物の飼育が始まって，狩猟採集経済から，生産活動に基づく農耕・牧畜経済への大転換が生じた．この誘因として，① ヴァルム氷河期の終了に伴う中近東地域の気候の激変（乾燥化）（チャイルドによる），② 人類社会の絶え間なく増大する文化の多様化（ブレイドウッドによる），あるいは，③ 高温化の結果として海岸定住民の人口が増加して内陸に移住して，内陸の狩猟採集民と海岸民とが接触したことによる，新たな食糧獲得の方法の出現などが挙げられている．

図2 肥沃な三日月地帯

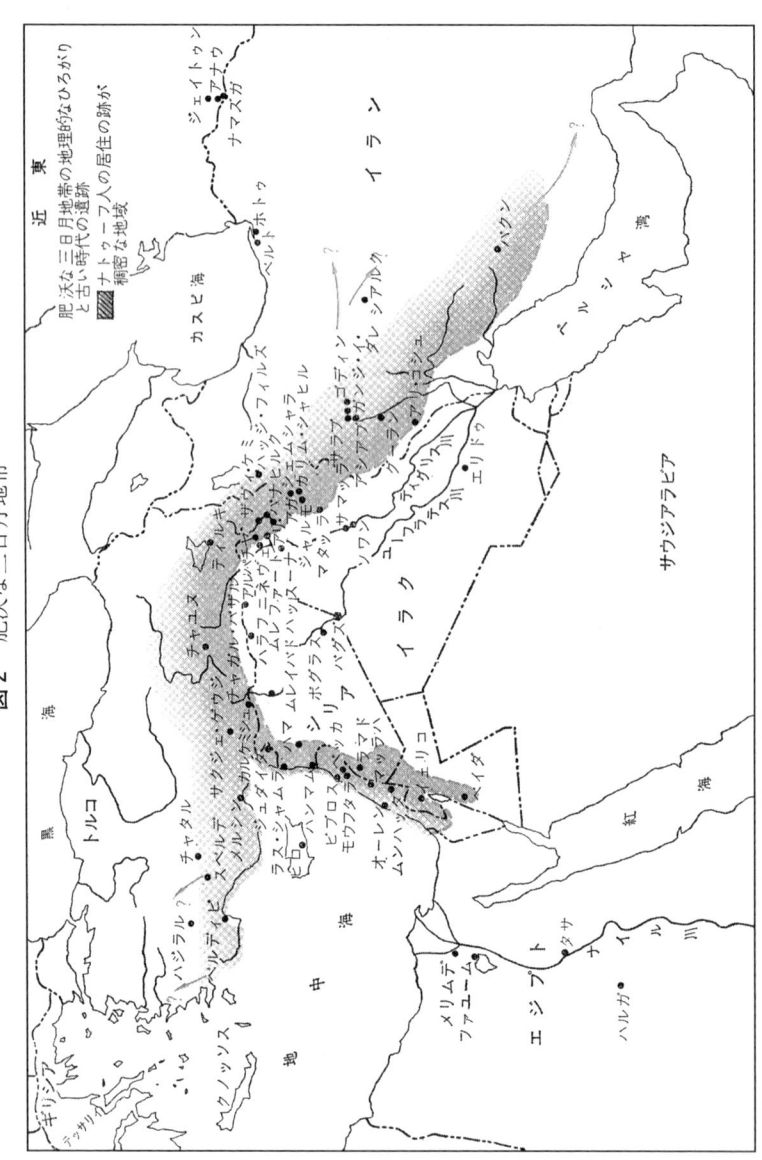

出所）R. J. ブレイドウッド [1979]『先史時代の人類』（泉靖一ほか訳、新潮社）p. 145.

2. 農耕多起源説

「農業の発見」は，中近東だけではなく，やや時代は下がるが，中南米でも，トウモロコシ・カボチャ・豆など中近東とは違う作物を栽培する別種の定着農耕が始まっていた．東南アジアでも根菜類の定着農耕が成立した．「照葉樹林帯」のネパールから雲南にかけての《東南アジア半月弧》において，イネ中心の農耕文明も成立していた．さらに，西アフリカでも，雑穀を中心とする農耕文明が存在した．

以上のように，ある種の飼養化や植物栽培は，狩猟・採集という背景の中でも，また更新世の間ですら，かなりの頻度で起こりえた出来事とみることができるだろう．もし，食糧生産経済がいくつもの地域で開始されたとすると，農業・牧畜の開始は，動植物の生態を知った上での，人口のある状況に対するごく当然の人間の選択であったとみることができるだろう．

Ⅲ 世界各地の初期農耕文化

つまり，農耕文化は地球上の1ヶ所（例えば，《肥沃な三日月地帯》）だけで発生したものではなく，いくつかのセンターで形成され，世界の各地へ伝播していった．その過程で各地の自然環境や社会環境に適応し，農耕文化にはさまざまの類型が生み出されたが，中尾佐助『栽培植物と農耕の起源』などによると，少なくとも発生の系統や農耕の特色から，旧大陸で三つ，新大陸において二つの農耕文化の大類型を設定することができる．

1. 旧大陸の農耕文化
(1) 古代オリエントの麦作農耕文化（あるいは地中海農耕文化）

この文化は冬雨気候をもつオリエント丘陵地帯のいわゆる《肥沃な三日月地帯》において，大麦，小麦，エンドウ，ダイコンなど，一群の冬作物を栽培化し，羊，ヤギなどの家畜を馴致することによって成立した．その起源は，前8千年紀から前7千年紀にまでさかのぼることができる．麦栽培と家畜飼育を行

図3 農耕の発生と伝播

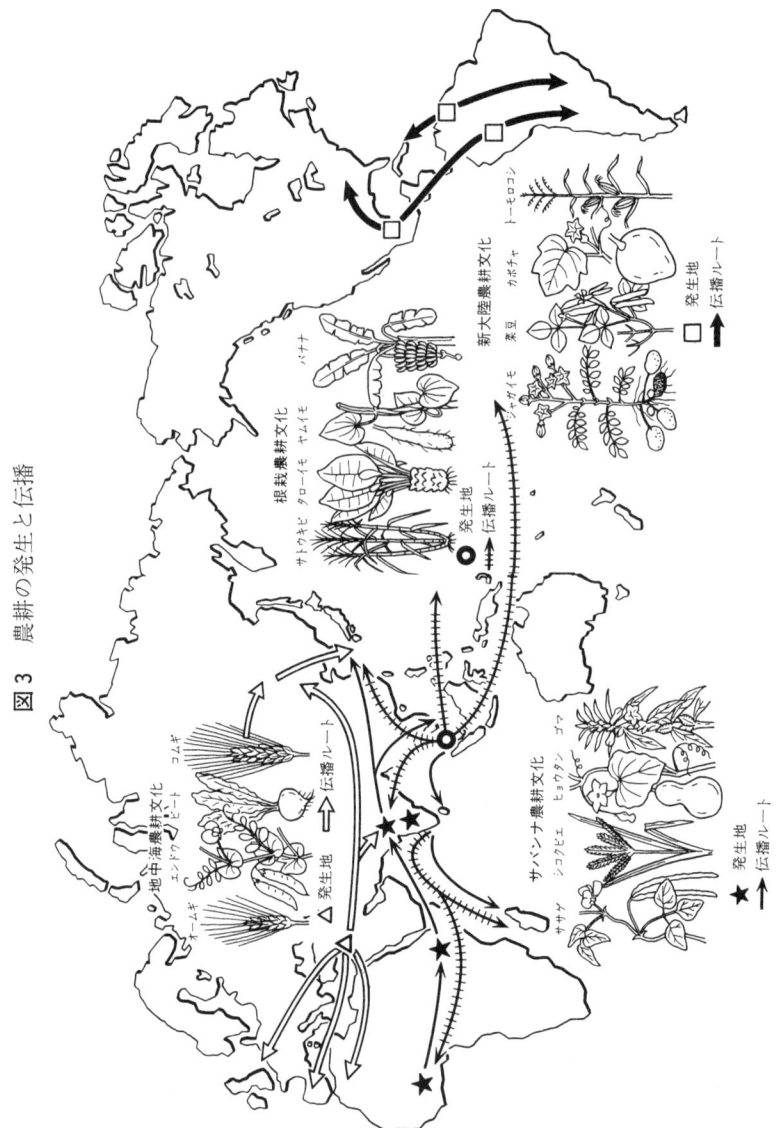

出所）中尾佐助［1966］『栽培植物と農耕の起源』（岩波書店）pp. vi-vii.

い，定着村落に居住し，豊作を神に祈る文化が存在していた．その後このオリエントの地帯では，羊，ヤギ，豚に続いて前5千年紀には牛の家畜化が進み，それに伴って搾乳と乳製品の製造が盛んになるとともに，犂（すき）が発明され，犂耕が発達した．また，耕作と休閑・放牧を交互に行い，播種や脱穀にも家畜を用いる農耕と牧畜が有機的に結合した有畜農業の体系が作り出された．さらに水路を掘削して用水を導く灌漑農耕の技術も生み出された．

こうして前5千年紀の後半には，この文化は《肥沃な三日月地帯》からメソポタミアの平原やナイル河谷に拡大した．そこでは大きな灌漑・水利施設がつくり出され，生産性が著しく向上するとともに，それを統制するため，強力な社会的，政治的，宗教的組織が必要となった．こうして大きな神殿をもつ数多くの都市国家が形成され，いわゆるオリエントの古代文明が生み出されたのである．さらに前4千年紀から前3千年紀にかけ，この文化は，東方に向かっては中央アジア（トルキスタン）からチベットのオアシス地帯に拡大し，西方に向かっては地中海沿岸からヨーロッパに広がり，今日のヨーロッパ文明の基礎を形づくるに至った．

このような地中海農耕文化は，早くから家畜を伴っていて，家畜は肉や乳を供給するだけでなく，やがて農耕に組み入れられ，農耕に不可欠となった．

> 旧大陸にそれぞれ独立に発生した根菜農耕文化，サバンナ農耕文化，地中海農耕文化の三つの農耕文化のうちで，ひとり地中海農耕文化の中からのみ，自己発展的に文明があらわれてくる（今西［1989］，pp. 354-355）．

地中海農耕文化のみが自発的な文明を生んだという指摘には留意せざるをえないが，しかし，すでに農耕開始時点で他の地域にない特徴（大型家畜の飼育）を持っていたことは強調されてよい．また，地中海農耕文明では，際立った道具として，犂（すき）があったことはすでに見た．牛などの動物に引かせて，乾季に堅くなった農地を耕すのである．

(2) 東南アジアの根栽農耕文化（およびモンスーンの照葉樹林文化）

インド東部から東南アジア大陸部にかけての熱帯モンスーン地帯では，きわめて古い時代にタロイモやヤムイモなどが栽培化され，マレーシアからオセアニアに至る熱帯雨林地帯では，バナナ，パンノキ，ココヤシ，サゴヤシ，サトウキビなどが栽培化された．これらの作物は，いずれも種子によらず，根分け，株分け，挿芽などによって繁殖するため栄養繁殖作物（根栽作物）と呼ばれ，それを主作物として栽培する農耕文化を根栽農耕文化とよぶ．もともと熱帯の森林地帯に起源をもつこの農耕文化では，森林を伐採・火入れして1～3年間ほど作物をつくり，そのあと耕地を放棄する焼畑が基本的な農耕方式になっている．サゴヤシ（ヤシ科の常緑高木）からは食用の澱粉が豊富に採取できるが，これを栽培している住民は1年間の食糧を得るのに，条件の良いところでは1週間の労働で足りるという．1年間に1週間労働すればその年の食糧を確保できるのは，このサゴヤシだけであるので，この東南アジア熱帯雨林の植物生産がいかに豊かであるか，よくわかる．

また，家畜では豚と鶏が飼育される程度で，犂の発達もなく，掘棒が唯一の農耕具をなすにすぎない．従って，その生産力には限りがあり，人口支持力も大きくない．

さらに年中高温多湿な熱帯で根栽作物を栽培する場合には，いつでも作物が生長するため，必要に応じて植付けと収穫を行う農耕の方式がとられている．このため生産の安定性は高いが，豊作を神に祈り，収穫を感謝する農耕儀礼の発達の程度が低く，特定の祭司階級が出現する契機に乏しい．こうした理由により，種子農耕地帯によくみられる祭司＝聖王を頂点とした祭政一致の古代王権が，この文化の中からはほとんど出現しなかった．

従って，植物生産が豊かであるからといって原住民が高い生活水準を享受しているわけではない．これが根栽農耕文化の大きな特色のひとつといえる．

なお，この東南アジア熱帯雨林における初期農耕から派生して，東南アジア

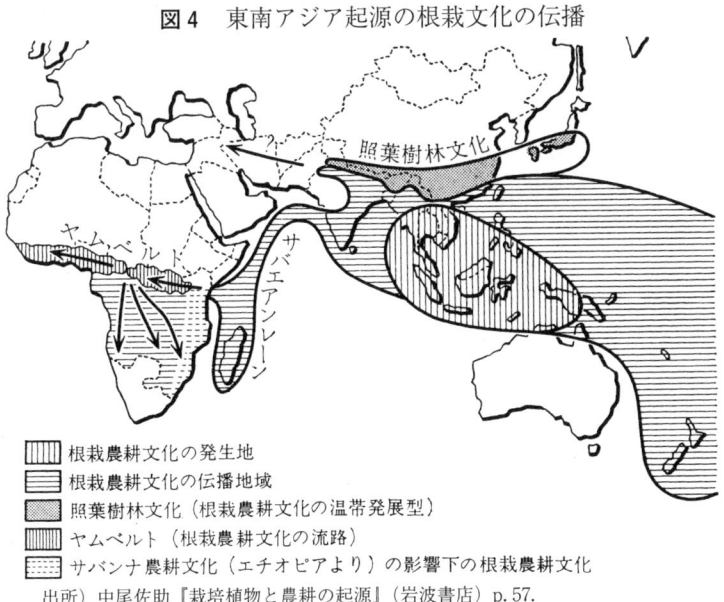

図4 東南アジア起源の根栽文化の伝播

凡例：
- 根栽農耕文化の発生地
- 根栽農耕文化の伝播地域
- 照葉樹林文化（根栽農耕文化の温帯発展型）
- ヤムベルト（根栽農耕文化の流路）
- サバンナ農耕文化（エチオピアより）の影響下の根栽農耕文化

出所）中尾佐助『栽培植物と農耕の起源』（岩波書店）p. 57.

北部から華南・江南の山地をへて西日本に至る暖温帯の照葉樹林帯では，雑穀農耕文化と古い根栽農耕文化の特色が複合して，いわゆる《照葉樹林文化》が生み出された．この照葉樹林文化が母体となって稲作文化が発生したと考えられる．すなわち，上記の雑穀農耕文化は，アフリカやインドの雑穀のセンターの周縁地域で，湿地にも適応しうるミレット（アワ，キビ，ヒエなどの総称）であるイネを栽培化したが，このうちアジアのイネは，アッサムから雲南にかけての高地で栽培化され，インド平原や華中・華南，あるいは東南アジア北部の平野に展開し，そこで他の雑穀類の栽培から分離・独立して水田稲作農耕の技術を確立した．水利・灌漑をはじめ，各種の協働を必要とする水田稲作農耕では村落を基盤とする強い社会的統合が生じ，また予祝（前祝い）や収穫（新嘗^{にいなめ}）の儀礼など，さまざまな農耕儀礼が発達し，それらにいろどられた特有の稲作文化が，水田稲作農耕の展開に伴って形成された．

この照葉樹林文化に関しては，近年，長江（揚子江）流域での古代遺跡の発

掘が進み，これまでの「歴史の常識が覆る」というほどの新しい知見が生まれている．四川省の成都近郊にある三星堆遺跡からは，前2千年紀のものと見られる金器，青銅器などが発掘され，漢民族中心の黄河文明以前に，漢民族ではない《異民族》による古代農耕文明が長江流域に展開していたことが確実になったからである．ここでは，長江文明の研究が特にわれわれにとって興味深い理由を二点ほど挙げる．

　第一に，黄河流域で展開された《中国文明》は，下記に見るようにアワなどを栽培する雑穀農耕文化であり，イネは栽培されていなかった．それに対して，この長江文明では稲作が行われており，黄河文明に先立つ前8000年から前3000年ころまでこの地域で稲作を基礎とする高度な古代文明があった．日本の農業は，稲作中心であり，《中国文明》を生んだ黄河流域で行われていたような雑穀農耕文化ではない．日本文明の起源は，その限りで文化・習俗・精神構造などの面で，黄河文明よりも長江文明の方により密接な繋がりがあることを感じさせる．

　第二に，黄河文明以前に《異民族》による長江文明が存在したという事実と，《中華思想》とをどのように折り合いを付ける（＝整合させる）のかという点である．《中国文明》の核となっている《中華思想》とは，端的には，黄河中流域で農耕を開始した漢民族こそが文明の最高段階にあり，わが国（＝《中国》）は文化程度の低い劣った連中（夷狄）に囲まれて世界の中心に位置するという漢民族の自尊思想である．しかし，和辻哲郎も「孔子を生んだ先秦［秦以前］の文化は戦国時代［前403～前221］にひとまずその幕を閉じた」（引用文中の［　］は引用者による．以下同様）と言うように，古代シナ文明を担った漢民族は，戦国時代に（「絶滅した」と言うのは誇張に過ぎるが，しかし，少なくとも）大幅に人口を減少させたのであり，その後，「中原」（《中国》発祥の地たる黄河中流域）には西方・北方から大量の夷狄が流入して，自分たちは漢民族だと言い張って，今日に至っている．長江文明は，かかる《中華思想》の虚構性をさらに一層露呈させていると思うが，どうだろうか．

(3) サバンナの雑穀農耕文化

サハラ砂漠南縁のスーダンから東アフリカにかけてのサバンナ地帯と，インド中部および北西部のサバンナ地帯には，麦作・根栽と異なる農耕文化が生み出された．この文化はモロコシ，トウジンビエ，シコクビエ，キビ，アワ，ヒエその他きわめて多種類の雑穀類（イネ以外の夏作の禾本科作物）を主作物とし，ほかにゴマなどの油料作物，ササゲ，キマメ，ダイズなどの豆類，さらに多くの果菜類などがそれに加わった複雑な作物構成をもつものである．

もともとこの文化は，手鍬を用い，焼畑農耕によって作物の栽培を行うもので，木臼と竪杵を用いて脱穀と加工を行っていた．一般にこの段階の村落共同体は規模も小さく，祭司や呪術師などの宗教的職能者や政治的リーダーは存在しても，その権威は大きくない．

他方，シナの黄河流域においても雑穀農耕文化が古くから発展した．磁山・裴李崗文化（前6千年紀）や仰韶文化（前5千年紀）はその最も初期のもので，いずれもアワを主作物とし，豚や犬を飼い，定着的な村落を営み，特に仰韶文化では華麗な彩文土器（彩陶）もつくられていた．この黄河流域の雑穀農耕文化の伝統のなかから，青銅器や文字をもつ殷（商）の文明が生み出され，古代国家が出現したのである．

2．新大陸の農耕文化

新大陸では，上記の旧大陸の農耕文化とは異なるきわめてすぐれた作物が数多く栽培化され，特有の農耕文化が成立した．佐々木高明［1988］によると，それらは二つの大類型に区分することができる．

(1) 根栽農耕文化

新大陸では，南アメリカの熱帯低地で大きなイモのとれるキャッサバ（マニオク）と旧大陸のタロイモによく似たヤウテアが栽培化され，また中部アンデスの高地でジャガイモが，さらにメキシコでサツマイモが栽培化されるなど，すぐれたイモ類が作物化されている．

(2) 雑穀農耕文化

新大陸における土着の主穀作物がトウモロコシであることはよく知られている．メキシコと中央アンデス地域の文明は，トウモロコシを主作物とする雑穀農耕（ほかにインゲンマメ，ラッカセイをはじめとする幾種類かの豆類やカボチャの類，ワタ，トウガラシ，タバコその他の作物が加わって特色ある作物複合体をつくる）に支えられて発展したものである．

その起源は，メキシコ高原や中央アンデス地域において，少なくとも前3千年紀以前にさかのぼるものと推定されている．このトウモロコシを主作物とする雑穀農耕文化は，その後，一方では北アメリカへ広がり，北アメリカ中東部の森林地帯で焼畑農耕に基礎をおく文化を発達させ，南西部では小規模な灌漑農耕に基礎をおく文化を生み出した．しかしいずれも都市や国家を形成する段階には至らなかった．これに対し，メキシコを中心とするメソアメリカや中央アンデスの地域では，早い時期に灌漑農耕や階段耕作の技術が生み出され，大きな儀礼センターをもつ都市の発達を促し，やがて国家を生み出した．アステカやインカの国家はその代表例である．マヤ文化の場合は，焼畑農耕をその生業基盤としていた点が異なるが，きわめて集約的な農業経営を行い，やはり巨大な儀礼センターを有する都市と国家をつくり出していた．

(3) 麦作農耕文化の欠如

新大陸における農耕文化の最大の特徴は，麦作と牧畜が結合した地中海農耕文化が存在しなかったことである．

その結果，新大陸ではアンデスでリャマとアルパカが家畜化されたのみで，旧大陸の牛，馬に当たる大型獣の家畜化がみられなかった．また，掘棒とそれから発達した踏鋤（ふみすき）が農具の主体をなすのみで，鉄器も存在せず，犂の発生もついにみられなかった．新大陸における農耕は，メキシコやアンデスの一部で集約度を著しく高めたにもかかわらず，その農業生産力に一定の限界を示さざるをえなかったのは，このためであろう．その結果，ヨーロッパ人との接触の時点で，新大陸の伝統的文明は急速に崩壊することになったのである．

旧大陸農耕に対して，新大陸農耕は大きな影響を及ぼした．なかでも，ジャガイモとトウモロコシのような新大陸原産の栽培植物が旧大陸に導入され，今日では，旧大陸各地で重要な栽培種になっている．ジャガイモとトウモロコシが導入されたことで，ヨーロッパの寒冷な気候でもそれまでよりもはるかに多数の人口を養うことができるようになり，ヨーロッパ人口はそれ以前より著しく増大した．いうまでもなく強大な人口はヨーロッパ民族が他地域に押し出すに当たって強固な力となった．

(4) 南北アメリカにおける大型獣の欠如

ユーラシア大陸とは異なり，南北アメリカ大陸では，草食性・群棲の大型獣は新石器時代におそらくは人類によって絶滅されたので，その家畜化もなかった．大型家畜が欠如していたので，社会の「進歩」が遅くなり，さらに，感染症の病原菌（群棲の動物から人間に感染した）が欠如（このこと自体は望ましいことであったが）していたために，南北アメリカの原住民にはユーラシア大陸で普通に存在していた感染症に対する免疫がなかった．そのため15世紀末以降，ヨーロッパ人が病原菌を持ち込むと，南北アメリカのインディオたちが急速に滅亡に向かう原因となった．

Ⅳ 食糧生産の動機と諸結果

食糧生産の開始は，人類の生活に決定的な影響を与えた．それらは，定住，技術革新，分業，病気にまとめることができる．

1．食糧生産の諸結果
(1) 定住生活と人口増加

非農耕社会は多産社会ではない．子供を背負って移動するのは大変だし，2人以上の子供の面倒をみることも難しいから，狩猟採集民では，出産間隔は3年以上になる．つまり，頻繁な移動という制約条件から，人口の社会的な調節機構が働いていたのである．

それに対して，農耕社会では多産化傾向にある．もちろん，農耕を開始したから人口が増加したという側面もあるが，食糧収奪社会でも，ひとたび定住が始まると，人口増加の圧力に見舞われるという事情があるので，むしろ定住によって人口圧力が生じたために農耕を開始したと考えられる．定住生活のメリットとして，まず，たくさんの子供をうまく育て上げることが可能になることが挙げられる．また，集団構成員が増えたために，外敵に備える意味でも安全性が高まった．さらに，今までよりも多くの財貨を蓄積できるようになったし，集団内部の一体感が高まり，組織化された社会制度が発展してきた．単系的な外婚親族集団（いわゆる，「氏族」クラン）もその例である．

　もともと自然の食資源に依存していた集団も，人口が増大し，組織が複雑化してくると，これがある種の圧力として働き，食糧生産を行おうという努力を促したと想定できる．つまり，定住生活が人口増加を招来した．その理由としては以下のように整理できる．

① 集団として移動しなくなると，子供の間隔を開ける必要が少なくなるので多産になる．
② 乳児に家畜の乳やお粥を食べさせられる．
③ その結果，授乳期間が短縮されたうえ，女性に脂肪が付きやすくなり，排卵が促進される．
④ 子供や老人も生き残れるようになったので，老人の経験が蓄積され，子供も労働力として活用できる．

　しかし，当時の食糧収奪民の平均寿命は，男平均31歳から34歳，女平均28歳から31歳であったと推定されており，食糧生産社会になっても，平均寿命は延びなかったと考えられる．

　スミス（『農耕の起源と人類の歴史』p.34）によると，文化史における真の分水嶺は，食糧生産の開始に置くことはできない．そうではなく，その何千年後かに確立された，もはや後戻りができなくなった生活様式（＝定住）の成立にこそ，それは求められなければならない．すなわち，ブレイドウッドの指摘する

初期の村落・農耕共同体の形成こそ,真の分水嶺である.そして,農耕が開始されると,さらに人口増加への一層の圧力がかかったのである.

　農耕ができるようになったから定住したと同時に,定住したから農耕を発展させざるをえなかったのである.しかし,それまで放浪していた小集団が,ある時期に全面的に定住へ移行したとは考えにくい.実態は,1年のある時期を一定の場所で過ごしていた放浪集団が,初歩的な農耕の開始とともに,徐々に定住の期間を長くしていったのであろう.

　このような食糧生産経済の確立によって,野生食資源の少ない季節になっても,小さなバンドに分裂する必要がなくなった.集団のサイズの大型化を妨げていた歯止めが外れたからである.食糧生産経済の開始で,今やいくつかの経済上の圧力が弱まった.また,効率的な食糧生産経済のための諸条件は,特に栽培経済ではそうなのだが,狩猟採集経済のための諸条件とは逆に,集落の一層の過密化と一層の恒久化とを通常必要としている.いずれにしろ,ひとたび定住すると,人口が増加したので,食糧増産に励まざるをえなくなった.

　一方,食糧生産社会が作り出す生産物のあるものは,非食糧生産民にも憧れの的になったはずである.例えば,織物とか金属製品,それに,狩猟採集生活で得られない澱粉質の食物である.従って,食糧生産（農耕・牧畜）を開始するにおいて,食糧生産民はそれを自発的に行ったというよりは,政治的に強大な集団によってか,経済的圧力と人口圧力とによってか,栽培・牧畜という生業形態を採ることを,むしろ強制されたという方が真実に近いだろう.

　とはいえ,食糧生産が食糧貯蔵という便益を与えたことは特筆すべきであろう.その点で,穀物は,ものを腐敗させやすい熱帯でも,長期保存のきく理想的食糧だと言える.また家畜化された動物は,しばしば表現されるように,「蹄の上に蓄えられた肉」,つまり,家畜は生きている食糧庫であり,また動く洋服ダンスなのである.かくて,食糧の貯蔵が人口バランスを決定していく.

　土器はこの食糧保存という点で利便性が高かった.つまり,土器は,食糧生産経済にではなく,むしろ定住制すなわち村落生活と結びつく発明品であって,

土器の出現も定住に密接に関連している．土器によって，煮炊きが可能となった．これによって，莢の付いた豆類も種子類も食べられるようになった．

(2) 技術革新に見る精神面での変化

食糧生産が開始され，十分に確立すると，技術革新と発明のテンポが，世界中で速まった．以前よりずっと増えた人口増と厚みを増した人口密度を始めとするさまざまな因子が人類の発明の才を刺激した．外部のアイデアに触れる機会を多くするコミュニケーションの増大も，たぶんこの因子のひとつに含まれる．原初的な科学的アプローチ法と呼ばれてきたものの起源や科学的な思考法の萌芽は，初期食糧生産民が登場してから見いだせる．

灌漑網と同様に，井戸掘り技術の習得は，人間を環境を支配できる動物に変えた．麦の栽培は約1万年前にメソポタミアの平原ではなく，それを取り巻く高原で開始されたが，灌漑技術のおかげで人間の居住域は，天然の降雨量を当てにできる天水に恵まれた地域の外縁（すなわち，メソポタミアの広大な下流域）にまで拡大した．今や，定住集団は，川や池といったところから離れた場所にも村落を形成できるようになった．

この結果，食糧生産民の活動による自然破壊が開始された．先史時代において，すでに環境破壊が始まったのである．

(3) 社会生活（分業の出現）

集団の必要量を超える食糧を得るには，通常，投下労働量を増やす必要がある．ところが，狩猟採集民や初歩的な食糧生産民を観察してみると，彼らはむしろ余暇を最大にすることの方に関心を寄せているようにみえる．つまり，彼らは食糧の余剰よりも余暇の余剰の方を好む．だから，真の経済的余剰は，決して自然にはつくられない．それには経済的刺激と政治的な強制力とが必要なのである．

狩猟採集民の社会では，一般に性別，年齢別に労働が分けられている．世界のどこでも完全に同質な区分けは認められていないが，この二つの基準を基礎にしたもの以外の専門化の例はほとんどない．スミス (p.117) が挙げている事

例によると，ボリビアのシリオノ族という狩猟採集民の社会において，男女双方の手で行われる非農耕的な活動は，狩猟採集による獲物の調理，それに荷を運ぶことであった．男は狩人であり，また道具と武器の製作者であり，そして家屋建設人夫であった．女が男の仕事に手を出すことはいっさいなかった．女は，料理をし，子供の面倒を見て，薪と水を集め，土器，ハンモック，マット，バスケット織物，飾り物を作っていた．ところが，食糧生産の比重が増大するにつれ，より大きい，より定住的な共同体の間では，性と年齢以外の他の要因に基づいた分業が出現してくる．

つまり，狩猟採集民では，男女の地位は平等であったが，時が経ち，農耕がより集約化する方向に発展するにつれ，婦人の地位は低下する方に向かったように見える．これは，ひとえに食糧生産に対する女の直接貢献度が縮小したからである．

農耕社会では青少年期が短くなった．意外に思われるが，狩猟採集民では，多くのケースで，食糧獲得における生産性が，集団を維持していくのに必要な労働投入量との関係で見れば，高い．従って，少年・少女たちは労働力として期待されていない．一方，農耕社会では，より多くの労働力の投入が必然的に要求される．作付け時期や収穫期のピーク時には，特にそうである．この時期に，暇な時間などほとんどない．青年たちや小さい子供たちでも，共同体全体の作業に十分な役割を果たすことができる．むしろ，農耕社会になって，労働はより過酷になったのである．

(4) 病　気

現存する狩猟採集民の研究から，狩猟採集民の栄養状態は案外良いことが最近わかってきた．食糧生産民は，食べ物を穀物とイモにどうしても頼りすぎるので，食糧生産経済への移行は必ずしも自動的に栄養状態の改善をもたらしたわけではなかった．むしろ，逆の作用をもたらした方が通例であったらしい．

新旧両大陸のいずれにも共通することだが，最古の食糧生産民の生活は，彼らに先行する集団（食糧収奪民）に比べていつもあてになるほど十分な食糧を

得ていたわけでもなかったし，また彼らは必ずしも安定した，栄養価に富んだ食べ物を食べていたわけではなかった．それどころか，以前よりも逆に悪くなったこともあったに違いない．つまり，労働において食糧生産民の状況は食糧収奪民のそれと比べて過酷になったように，栄養状態は，食糧生産民において，食糧収奪民と比べて，むしろ，悪化した．

　そのうえ，定住環境はきわめて不潔であった．もともと人間が集団で定住すると，その居住環境は劣悪になったのであり，森林を切り開き，湿地を開拓し，淀んだ大きな水面を作り出すというような行為は，蚊その他の衛生害虫に繁殖の場を与えたようなものである．その結果，人が集団で定住しなければ感染しなかったような病気が蔓延した．湿地などには蚊が繁殖したが，これが病原菌の拡散の原因となった．従って，マラリア，黄熱病，デング熱，ツツガムシ病，眠り病などの病気が前よりも一層発生しやすくなった．

　前農耕段階民を悩ませた病気は，マラリアと黄熱病くらいだったが，定住民には，新たな感染症が広まった．それらは，コレラ，天然痘，耳下腺炎（おたふくかぜ），はしか，水疱瘡，風疹，インフルエンザ，ポリオ，腺ペスト，レプラ，十二支腸寄生，細菌性赤痢などの急性の共同体感染症であった．つまり，これらの疾病が引き起こされるようになった原因は，① ゴミと人間の排泄物が一ヶ所に滞るようになった，② 病原生物の媒介の機会が増え，これとの接触も密となった，③ 家屋や食糧貯蔵庫にネズミ，ゴキブリその他の害虫が集まって来るようになったなど，定住生活に基づくものであった．

　感染症の中でも恐ろしいのは，天然痘・インフルエンザ・結核・マラリア・ペスト・麻疹・コレラなどであるが，J. ダイヤモンドによると，これらの感染症はもともと動物がかかる病気であったが，それらの病原菌が突然変異を起こして人間が罹患する病気になったという．群棲動物を家畜として馴化した人々こそが，これらの病原菌による最初の犠牲者になった．しかし，やがてこれらの人々はかかる感染症に対する抵抗力を身につけ，免疫さえ有するようになっていった．問題は，かかる感染症に対する免疫を有する人々が，免疫を持

たない人々に接触した場合である．ユーラシア大陸は群棲動物が大挙して家畜化された地域であり，そこに住まう人々は多かれ少なかれかかる感染症に対する免疫を持つことが多い．しかし，南北アメリカと太平洋諸島の先住民たちは免疫を持たなかった．15世紀末から16世紀にヨーロッパ人がこれらの地域にやってきたとき，当然，病原菌も携えてきた．免疫を持たない先住民たちは瞬く間にかかる感染症の犠牲者となったのである．

　定住環境，特に多数の人が集まって住む都市は歴史的に長い間，不潔な地域であった．都市環境が整備され，感染症が減少したのは，ヨーロッパにおいても19世紀半ばに大規模な公共事業によって下水道が整備されてからである．

2．食糧生産民による食糧収奪民の追い落とし？

　農耕・牧畜の開始と定住は，人類史上の画期的出来事であった．これまでの通説的見解によると，いち速く食糧生産を開始した人々は，余剰食糧を獲得することで人口を急激に増加させ，瞬く間に食糧収奪民（伝統的な狩猟採集生活を送る人々）を駆逐したと考えられてきた．

　すなわち，都市文明を形成したのも食糧生産民であった．先史時代が終結するはるか以前に，両半球には，交易，再分配，宗教，行政，手工業，あるいはこれらの機能をさまざまに組み合わせた都市センターが出現していた．

　食糧生産経済が最初に発展した地域で，この生業様式がそこに住む人間たちによって受容されたとき，その結果として引き起こされた資源にかかる圧力は，まだほとんど利用されていない地域に人々を膨張させていく働きをした．農耕民は高度に組織化された社会を持っているのが通例であった．従って，彼らはかなりの軍事力を発達させる能力を備えていた．この結果，世界中で遺伝子分布に重要な変動が起きた．

　つまり，居住環境がいかに劣悪であろうとも，食糧生産が定住を可能にさせ，人口増加を可能にしたことは，それに適応できた人々に大きな力を与えた．地球上のあらゆる地域で，食糧生産民は食糧収奪民を駆逐していくのである．そ

の結果，食糧生産経済に巧みに適応した言語集団が拡大したといえる．

(1) ヨーロッパ新石器時代における食糧生産民の出自

確かに，上記の通説を，「今から1万年ほど前にメソポタミアで農耕が開始されてから，地球上のいたるところで，食糧生産民が急速に増加した」と理解すれば，問題はない．

ただ，この農耕の拡散過程を食糧生産民による食糧収奪民の駆逐として単純に理解すべきではないようである．もちろん，それまで狩猟採集生活を送っていた食糧収奪民が，どこか余所の場所から到来した農耕民によってその生活地域から追い払われたという事態も当然あったであろう．しかし，狩猟採集民自身が農耕・牧畜を学んで，自分たちも食糧生産を開始していく方が，むしろ，普通に起きた事態であったようである．例えば，近年の遺伝子研究（細胞中のミトコンドリアDNAの分析）によると，現代ヨーロッパ人の祖先のうち，農耕開始後に，中東から移住してきた農耕民の子孫は，わずかに17％にすぎない．その他の人々は，大半がすでにヨーロッパにいて，狩猟採集生活を送っていた人々の子孫なのである．

現代ヨーロッパ人の祖先のうち，最初にヨーロッパにやって来たのは，約4万5000年前にギリシアから大陸に移住してきた人々であるという（当然，この時期だから，彼らは農耕を知らなかった）．その後，遺伝子的には五つのグループが次々に到来し，最後のグループとして6000年ほど前にアナトリア（トルコの地方）から，農耕を携えた人々が移住してきたとき，すでにヨーロッパで生活していた狩猟採集民こそが，アナトリア出身の人々から農耕を学び急速にヨーロッパ全体に農耕を広めていった．農耕を営む人々は小さな集落から始めて，その集落を拡大するか，別の土地へと拡散していくのであろうが，いずれにしろ，人口の増加は徐々に実現する．農耕民が一度に大量に進出し，征服するというのは，現実的ではない．その間に，狩猟採集民は農耕民との接触によって，農業技術を垣間見ることもできるであろうし，種やその他の必要な道具も分けてもらうこともできるだろう．何よりも，以前からその土地で生

活していた狩猟採集民は，その地域の地形・土壌・気候などを知悉していて，農業の基礎さえ学べば，どこに土地を確保するか，どこから水を獲得するかなどという環境に関する知識の点では，新参者の農耕民などよりもはるかに有利な立場にあったはずである．

(2) 日本の弥生人の出自

では，日本で，食糧収奪社会（これまで縄文時代がそれに該当すると考えられてきた）から食糧生産社会（弥生時代）へは，どのようにして移行したのか．縄文人（食糧収奪民とこれまで考えられてきた）から弥生人（食糧生産民）への移行は，どのようにして行われたのか．日本での農耕開始の問題と現在の日本人の起源を考えるうえで，「狩猟採集民による農耕の修得」という，上記のようなヨーロッパ新石器時代における歴史的経過は，大いに参考になるし，示唆的でもある．

縄文人（「食糧収奪民」的要素が強い）の社会から弥生人（食糧生産民）の社会への移行に関しては，これまで大きく三つの説があった．

① 置換説

大量の弥生人が大陸から到来して，原住民たる縄文人を駆逐して置き換わった．つまり，大陸から渡来した弥生人が現代日本人の起源となったという説である．日本で稲作が開始されたのは，紀元前400年ころと見られており，当時の遺跡としては佐賀県の菜畑遺跡と福岡県の板付遺跡がある．いずれも北九州にあり，大陸からの渡来系の人々の技術が使われているのは間違いない．また，山口県の土井ケ浜遺跡で発見された多数の人骨は，中国山東省で発見された今から2000年ほど前の人骨と形態的に同一グループに属しているので，土井ケ浜弥生人（あるいはその祖先）がシナ北部から渡来した可能性が高いというように，九州北部および山口県で日本における最初の稲作を始めたのは，渡来系の人々であった．

人類学的見地からは，九州北部や山口県などで発見された弥生人から渡来系弥生人の特徴が抽出されている．それによると，渡来系弥生人は，縄文人

と比べて身長が高く，一重まぶた，面長で扁平な顔をしており，四肢に比べて胴体が長いという特徴を持っていた．一方，在来の縄文人は，相対的に背が低く，がっちりした体躯，比較的長い手足，二重まぶた，角張って彫りの深い顔をしていた．両者は対照的な外観を呈していたから，当時の社会では容易に判別を下せたであろう．現代日本人の6割から7割が渡来系弥生人の特徴を持つという，これまでの形態的研究もあって，どちらかといえば，この置換説が最近まで有力であった．日本文化における縄文文化の基層的な意義は繰り返し論じられてきたが，しかし，「現代日本人の祖先は，大陸渡来の弥生人だ」という見方が優勢であったように思われる．これは，「食糧生産民が食糧収奪民を駆逐して，大部分の現代人の祖先となった」という通説にも合致していた．

② 移行（転換）説

大陸からの渡来人は稲作を始め高度な技術と文化を伝えたが，その数は少数であり，大陸文化を受容した縄文人が小進化をして，現代日本人の起源となったという説である．

確かに，縄文人と弥生人との形態的な差は大きいが，しかし，栄養摂取状況や生活習慣の激変によって，形態的な特徴は大きく変わりうる．例えば，卑近な例では，戦後になって，日本人の栄養摂取が改善され，大量の食肉摂取をはじめとして高蛋白・高カロリー食になった結果，日本人の体格も大きく改善された．一方，硬度の低い軟らかい食べ物を摂取するようになって，あごの発達が遅れ，顔も全体に細面になっているように，一世代あるいは二世代程度の短期間で民族全体の形態も変化しうる．稲作を始めてから，日本人の食生活・労働生活は激変した．それまでのドングリなどの木の実・果実，サケなどの魚介類，ウサギなどの小動物中心から稲作による澱粉中心の食生活へと一大変化し，労働生活も大きく変化したのだから，遺伝子的には同じ人々が縄文人的な形態から弥生人的な形態へ変化したことは十分にありえるというのがこの説の論拠である．

また，考古学の研究結果から，稲作の開始とともに大陸から新しい道具が持ち込まれたが，その一方で，土器などのその他の道具は縄文時代と基本的に変化しておらず，生活の基本的な部分は縄文時代の状態がそのまま踏襲されていることが明らかになっている．今から1万3000年前に始まり紀元前400年ころに終わるまで1万年以上も続いた縄文時代において，食糧獲得の主要な手段が狩猟採集であったのは間違いない．しかし，三内丸山遺跡などの発見や近年の研究によって明らかになったように，縄文時代中期にはすでに数百人規模の集落が作られ，その周囲にクリ林を育成するなどの初歩的な農耕が行われていた．縄文時代において農耕をはじめ生活全般に関する知識と技術は，これまで想定されていた以上の水準にあり，縄文人は，初歩的とはいえ農耕を修得していたし，定住もしていた．縄文時代の文化・社会が一掃されたのではなく，それがしっかりと根付いていて，その基盤のうえに大陸渡来の文化が植え付けられたのである．

　さらに，ヨーロッパで新石器時代の農耕を担ったのは，その大部分が従来からヨーロッパに住んで狩猟採集生活を営んでいた人々であったという最近の事実がこの説を支える論拠となるであろう．

③ 混血説

　この混血説の代表的な学説である埴原和郎の「二重構造説」によると，もともと日本列島には縄文人という原住民がおり，そこに北アジア系の新しい人々が大陸から渡来し，その両者の混血によって本州の日本人が形成された．一方，北海道と琉球へは渡来集団の影響が及ばなかったために，縄文人に近い在来集団の特徴が日本の北と南に残ったというものである．

　弥生時代以降の渡来は，それまでの縄文時代の渡来に比べると規模が大きかったことは間違いないが，しかし，当時の航海技術などを考慮すると，渡来人が一度に大挙して日本に押し寄せたという事態は，現在の考古学では想定されていない．渡来してきた人の数は，一年に数十人，多く見積もっても数百年で数千人の規模と考えられている．しかし，にもかかわらず稲作到来

（今から2400年から2500年前）から300年ほども経つと，筑紫平野は大陸渡来系の形態的特徴を持つ人々が人口の80％を占めるようになっていた．

中橋孝博によると，この矛盾（少数渡来・80％占拠）を解く鍵は，渡来系人口の増殖力の大きさに帰することができる．狩猟採集民は人口増加率が低かったのでせいぜい年率で0.1％と仮定し，当初，渡来系集団の全人口に対する比率が10％のとき，渡来系集団が年率何％で増加すれば，300年後に全体の80％を占めることができるかを計算したところ，出発時点で全体の10％の人口比率を占めている場合には，年率1.3％で増加すれば，その結果にいたることがわかった．一般に，農耕を開始した集団は人口増加率を急上昇させるので，渡来系集団の増加率を年率で1.3％と仮定するのは，それほど不自然ではない．

ミトコンドリアDNAをもとにした宝来聡の研究によると，本州の日本人集団では，日本固有のDNA文字配列を持つ者はわずかに4.8％にしかすぎないのに対して，韓国に固有のタイプを持つ者は24.2％，台湾本省人（祖先はシナ南部出身というのが定説であるが，確定していない）に固有のタイプを持つ者が25.8％もいる．もちろん，ミトコンドリアDNAは母から娘にだけしか伝わらないので，渡来系の男子が在来の縄文系の女子と夫婦になって子孫を残した場合，その子孫はいくら外見上は渡来系に見えても，ミトコンドリアDNAの遺伝という観点からは縄文系になってしまうという事情はある．

弥生人が縄文人を急速かつ徹底的に駆逐して，沖縄と北海道に追いやり，本州の主要部分において代替したというのは，史実ではないであろう．確かに渡来系弥生人の増殖率は高く，急速に人口を増加させたが，一方で，縄文人も稲作技術を修得し，自分たちも農耕民へと変わっていった（その過程で，縄文系弥生人となった）．その過程で，両者の混血が進んでいったというのが真実に近いと考えられる．現在の研究段階からして，まだまだ未知の領域が多いが，しかし，現在の日本人が，大陸のさまざまな地域からやってきた多様な集団を祖先とし，この列島において徐々に混血し，遺伝的にも文化的

にも融合して現在にまでいたったことは明らかである．

　今日までの地球上の諸民族の歴史は，先住民に対する外来民族の襲撃の歴史でもあった．在来民族と外来民族とが戦って，一方あるいは双方の破滅になったり，あるいは共存にいたったり，さまざまの結果が生じたが，民族対立として今日でも解決困難な膠着した状況に陥っている悲惨なケースが少なくない．日本の古代においても，大陸からの新しい人々の渡来は，潜在的には他方が一方を支配するという膠着した統治構造に帰着する可能性はあった．しかし，形態的にかなり異なる外来の弥生系集団と在来の縄文系集団とが比較的短期間に融合し，渡来当初の角逐を，彼らが民族紛争として今日まで残すことがなかったのは，後代の日本人にとって慶賀すべきことに違いない．

注)

1) 和辻哲郎［1998］『孔子』（岩波文庫，岩波書店）p.21. 同書からの引用を少し続ける．

　　「ここでも我々はインドと同じく『シナ』が単に地域の名であって国の名でもなければ民族の名でもないことを銘記しなければならない．この地域において種々の民族が混融し交代し，種々の国々が相次いで興亡したことは，ちょうどヨーロッパにおいてギリシア，ローマに相次ぎ，種々民族が混融し，近代の諸国家が興ったのと，ほとんど変わるところがない．…戦国時代における夷狄との混淆(こんこう)は顕著な事実である．そうして終局において大きい統一に成功した秦はトルコ族や蒙古族との混淆の著しい山西(さんせい)より起こった．すなわちここで黄河流域の民族は一新したのである．そうしてその社会構造をも全然新しく作り変えたのである．…シナの民族はしばしば『漢人』と呼ばれる．しかし漢はシナの地域における一時代の国名であって，シナの地域の民族の名とすべきものではない．漢代の黄河流域の民族は，周の文化を作った民族の中へ周囲の異民族の混入したものであるが，しかしそれも四，五百年間続いただけであって，漢末より隋唐に至るまでの間には再び大仕掛けな民族混淆に逢っている．蒙古民族，トルコ民族，チベット民族などがはいって来たのである．この際には前と違って異民族が自ら黄河流域に国を建てた．…こういう状態が二，三百年も続

いて，それで民族が新しく作り変えられないはずはないのである．…ヨーロッパに永い間ラテン語が文章語として行われていたからと言って，それがローマ文化の一貫した存続を意味するのではないように，古代シナの古典が引き続いて読まれ，古い漢文が引き続いて用いられていたからと言って，直ちに先秦文化や漢文化の一貫した存続を言うことはできない．にもかかわらず先秦と秦漢と唐宋と明清とが，一つの文化の異なった時代を示すかのごとく考えられるのは，主として『漢字』という不思議な文字の様式に帰因すると考えられる（同上書，pp. 21-25）．

　　ここで和辻は，《中華思想》の基底にある「中国人」が先秦時代の先住民族に次から次へと周囲の「夷狄」が血を混淆してできあがったものであり，ほとんど原初の民族とは遺伝子的に別の民族であることについて，わかりやすく語っている．このことをわれわれの常識にしてもよいのではないだろうか．

2) 本書では，中華民国あるいは中華人民共和国を呼称するのに「中国」を使用する．ただし，中華民国成立以前の当該地域名を呼ぶのに，歴史的名称として国際標準たるシナ（英語でChina，仏語でChine，独語でChinaなど）を用いている．日本では律令制の時代から，山陽道・山陰道を指して「中国」と呼んできており，これは歴史的にも慣行としても，1000年以上前から疑う余地なく定着している．中国銀行や中国電力を始め，中国ＸＸという名前の日本の会社は多数あるし，高速道路で東名・名神の先，大阪府から下関市までは中国自動車道と呼ばれている．秀吉の「中国征伐」（1577-79年）も，何も明にまで攻め込んだのではなく，宇喜多氏と毛利氏を攻略しただけである．従って，1000年以上もの間，自国の一地方に固有の名称として中国を使用してきた日本人にとって，「シナはまかりならん，中国と呼べ」と急に言われても，混乱が生じてしまうので，はなはだ具合が悪いのである．「中国」は，19世紀末になって日本に来た清国留学生が日本で「支那」という呼称を知って，「侮辱されている」と感じ，自国を中国と呼ぶように働きかけてから広まり始め，終戦後，GHQ（連合国総司令部）の占領下にあった日本に対して，中華民国が「支那」の使用をやめるよう強く要請してから定着した．かかる経緯は理解しているつもりであるが，しかし，もともと中国人が自国を中国と呼ぶのは，周囲の民族を東夷・南蛮・西戎・北狄として蔑んだという中華思想を背景にしている．もちろん，『古事記』における「蘆原中国（あしはらのなかつくに）」（地上世界，つまり，日本のこと）を待つまでもなく，日本も自国を「中国」と呼んだこと

があったように，自国を世界の中心だと考える自意識は珍しいことではない（あるいは，「世界の中心」ではなく，「天と地下の中間の国」の意味だったかも知れない）．従って，中国人が「中国」と自国を呼び，われわれも面と向かったときに「中国」と呼ぶのは礼儀に適っているが，しかし，それにしても，「東夷」（東方の野蛮人）という暗黙の位置づけをされている日本人が嬉々として使用すべき用語ではない．パスポートや国際会議などで中国人自身がChina／Chinese（シナ／シナ人）と自称しているという，不可解な事情もあるのだから，歴史的用語としては国際標準たるシナを用いて，「中国」は現代の中華人民共和国の呼称に限定すべきであろう．なお，「中国」という呼称の成り立ちについては，例えば，岡田英弘［2001］『歴史とは何か』（文春新書），高島俊男［1998］「『支那』は悪い言葉だろうか」『本が好き，悪口言うのはもっと好き』（文春文庫）にこの間の事情が解説されている．

第Ⅱ章

初期牧畜社会
――牧畜の特徴と群棲動物の管理――

　古代オリエントから発した地中海農耕文化では家畜飼育が重要な役割を占めている．この農法は，その後，ヨーロッパに伝播して三圃農法として技術的に向上され，ヨーロッパ社会の経済的基礎を築いた．さらに16世紀以降は南北アメリカにまで拡散して，今日では世界的に主流を占めている．ヨーロッパは，社会・経済・文化の面で牧畜に起源を持つ要素が広範に影響を及ぼしているので，ヨーロッパ社会の理解のためには牧畜の知識が不可欠である．日本においては縄文時代に豚がシナから渡来したし，弥生時代には馬も渡来したはずであるが，しかし，家畜としての付随的な役割に甘んじたにすぎず，本格的な牧畜業は営まれてこなかった．つまり，日本は牧畜社会ではないので，牧畜にまつわる習俗・文化が伝統と社会の中に定着していない．従って，日本人には牧畜が文化・社会に対して及ぼす影響を理解するのは，なかなかに困難である．

Ⅰ　牧畜動物の特徴

1．草食性・群居性

　牧畜の対象は，従順でおとなしい羊・ヤギ・牛・馬など草食性の有蹄類である．人類が乳利用をする哺乳類は，数多くある哺乳類の中でも，きわめて限られており，羊，ヤギ，牛（水牛やヤクを含む），馬，ラクダ，トナカイなどで

ある.かつ搾乳しない牧用家畜リャマ,アルパカを含めてさえ,その数は少なく,それらはすべて草食性の有蹄類のうちの特定の種に限られている.

しかもこれらは,有蹄類の中でも比較的大きな群れをつくるものに限られている.群居性のある有蹄類が牧畜家畜として選ばれたのには,たんに哺乳類であるという理由だけでなく,群を群として一挙に管理できるという,管理労働上の経済性という要因も働いている.ちなみに,肉食性動物は,一般に大きな群はつくらない.概して,獰猛である.またその肉は臭いという.牧畜家畜の家畜化を行った人々が,これら限られた範囲のおとなしい動物に目をつけ,その家畜化を達成させた背後には,このような大量管理の容易さがあったといえよう.

> 羊の家畜化の起源では,人間が個々の羊をだんだん馴化するのではなく,一つの羊の群を,群ごと一挙にして手に入れた(今西 [1989], p.369).

牧畜とは,群全体を管理する技術であり,例えば,代表的な牧畜民であるモンゴル民族にとって,馬の群全体を支配下に置くことが必要だった.

2.家畜化の時期と場所

家畜化の時期と場所をそれぞれの家畜について見たのが以下の表である.

家畜化の起源は,概ね,中近東の乾燥地帯で,麦の栽培化と同じ起源を有する.ここから,① 東は中央アジアからシナ北部へ,② 地中海からヨーロッパへ,③ スーダンを経てアフリカへ,つまり,草地が形成されていた地域(ステップ,サバンナ,冬雨地帯)に拡散した.羊,ヤギ,馬,牛などの牧畜家畜は,乾燥ベルト周辺のステップやサバンナ地帯,さらに草地形成の容易な冬雨地帯に広く分布し,これらの地域に典型的な牧畜文化を成立させた.

一方,東南アジア・オセアニアなどは,湿潤で森林やブッシュの繁茂がきつく,草地放牧の適地を欠いている.水牛や牛,そして豚などの小規模飼育は認

表1　大型哺乳類の家畜化の時期と場所

（最古であることを示す証拠があるもの）		
羊	前8000年	西南アジア
ヤギ	前8000年	メソポタミアの周辺
ブタ	前8000年	シナ南部・西南アジア
牛	前8000年	東地中海地域
	前6000年	西アジア
馬	前4000年	ウクライナ
ロバ	前4000年	エジプト
水牛	前4000年	シナ
リャマ/アルパカ	前3500年	アンデス
フタコブラクダ	前2500年	北イランからトルキスタン
ヒトコブラクダ	前2500年	アラビア
トナカイ	本格的には5世紀	シベリア？

出所）ダイヤモンド［2000］『銃・病原菌・鉄（上）』（倉骨彰訳・草思社），p.247および各種資料から．

められても，群放牧による牧畜は展開せず，集団ないし専業的職業としての牧畜民や牧夫の成立をみず，農民の副業的活動にとどまったと言ってよい．その点で日本も似た条件下にあり，牧での牛馬の放牧が行われた場合でも，あくまでも農山村の生業の一部として付随的に認められ，他は役畜である牛馬や豚の舎飼いが一般的であった．

　従って，牧畜文化は，中近東，中央アジアの乾燥ベルトの縁辺部を中心として，ヨーロッパ，北・東アフリカ，そして南アメリカの山地部に展開したのであり，日本においては成立しなかった．これは，後に，日本とヨーロッパとの社会経済生活の対比の上で重要な点である．

II　牧畜における4大イノベーション

　牧畜は，農耕に劣らず，革新的な技術が必要であった．牧畜の革新性を四つの技術にまとめてみよう．

1. 搾 乳

　他の動物の乳を飲むというのは，肉食でもなければ草食でもない全く新しい習慣である．技術的に見ると，動物の母親は，実子にしか乳を飲ませないので，実子による催乳を行って搾乳する．また，捕獲の際にも，実子をおとりにして，親を捕獲したものと考えられる．

　しかし，人間以外は，他の哺乳類の乳は飲まないのであり，人間が動物の乳を飲み始めたというのは，これまでの動物の習性からして，本来は非常に奇妙な習慣であった．後に飲乳習慣が拡散して定着したことは，都市型生活の形成を意味している．この搾乳という食習慣は，搾乳によってその動物を屠畜せずに，恒常的に食糧を獲得する手段を入手したことを意味しており，食糧獲得の有効な手段と言える．

2. 去 勢

　去勢は，牡の性への集中的な介入による群の管理で，牧畜を成立させるうえで，画期的な技術であった．しかし，なぜか，日本人には歴史上知られていなかった．去勢を始め，日本に主要な牧畜技術が伝わっていなかったのは，古代における騎馬民族の来襲という形で想定される遊牧民族の大挙しての渡来が，実は，なかったためだと思うが，それはともかく，日清戦争（1894年）や義和団事件（1899-1900年）の際に清国に出兵した日本軍の軍馬は去勢されておらず，そのために獰猛なので扱いに難渋した．日本軍以外の軍馬は，当然去勢されていた．去勢を知らないという「無知」に各国の兵士たちと現地人の失笑を買った．日本で実施され始めたのは，明治時代の半ば過ぎ（明治34年公布の「馬匹去勢法」によって，雄馬は検査に合格したものを除いてすべて去勢すべきと，初めて定められた）のことである．牧畜文化をもたなかった日本人にはその意義を理解することがなかなか困難な技術である．

　では，なぜ，去勢するか．発情期において牡は非常に凶暴になるので，通常の状態では家畜として利用できない．日本において，牛車はあっても，馬車が

実用化されなかったのは，去勢しない牡は凶暴で人間を運ぶには危険すぎて使えなかったからではないかと思われる．いずれにしろ，上記のように家畜は群で飼うが，牡を去勢せずにそのままの自然の状態に任せておけば群は大混乱を来す．群の管理のためには，牡を隔離する必要がある．そこで，例えば，6000頭の羊の群で，牡は約10頭の種牡のみを残すか，あるいは，去勢するのである．かくて，群の管理技術として，幼子期における牡の大量屠殺（地中海地域）か，去勢（モンゴルなど）という手段が使用される．

さらに，優れた牡のみに子孫を残すことを許すことで，人間が望むような遺伝的に優れた形質を後代に伝えることが可能となり，品種改良が実現できる．

なお，遊牧民たちは，去勢された牡の肉は軟らかくなって美味になると言っている．

3．騎　馬

馬の家畜化はシベリア南部から黒海北部草原に至るステップ地帯で進められた．牧畜管理技術のうえでは，騎馬によって，大型獣（牛，馬など）の大群を管理できるようになったという技術革新が特筆される．例えば，羊の管理は，徒歩では100頭が限界だが，騎馬では1300頭を管理できると言う．

一方，軍事力としての馬は非常に大きな戦力となった．近代になって火器が本格的に採用されるまで，武器としては最も効果的な役割を果たしていた．まず，何よりも軍隊が騎馬によってきわめて迅速に行動できるようになった．比較的少数の遊牧民が人口の多い農耕定住民を襲撃し，征服できたのも，騎馬が与える機動力のおかげであった．意外に少数の20万人といわれるチンギス・ハーンの軍がユーラシアのほぼ全域にわたって大帝国を築くまでに各地で連勝できたのも，素早く移動できる機動力のおかげで個々の局面では数的優位に立てたからである．遊牧民は日々の家畜管理作業で騎乗しているが，これはいわば軍事訓練を日常的に実施していることであり，弓矢の熟練と相俟って，農耕定住民に対して，遊牧民族はきわめて強力な軍事勢力として登場した．

歩兵が槍や刀だけで騎馬隊に手向かうのも至難の業である．15世紀末以降，南北アメリカの先住民（馬を知らなかった）がヨーロッパ人の侵略者たちと初めて戦端を開いたとき，鉄砲の破裂音・火花と同時に，ヨーロッパ人の騎馬隊に驚愕し，瞬く間に蹴散らされたという．

4．本質的協力者（仲介者）の育成

少数の支配者が多数の非支配者を管理するのは難題である．そこで，遊牧民は，少数の牧夫で動物の大きな群を管理するために，馬，犬，ラクダそして誘導羊などの仲介者を利用する技術を開発した．

去勢は牡を人為的に減らして群の混乱を回避し，併せて優生学上優れた血統のみを残すことによって遺伝的に品種を改良するという機能を持つことはすでに見た．去勢にはもうひとつ重要な機能がある．牡の誘導羊の育成である．谷 [1987] によると，地中海地域の牧夫は，種牡候補に残された子羊の中から，特に性格の良い牡を2〜3歳のころに選別し，去勢する．牧夫は，この去勢子羊には，固有の名前を付け，いつもペットのごとく連れ歩き，牧夫の口頭での指示を理解させるべく特別の訓練を施す．牧夫とこの去勢牡との間に親和性が生まれ，牧夫の指示を理解できるようになると，去勢牡は群の中に放たれるが，羊はその群居性から，その群の先頭にいる個体の行動に追随するという性質を持っているので，牧夫がその去勢牡に指示を出して，ある行動を取らせて誘導すると，残りの群がそれに従って動くのである．

III 牧畜文化の意味するもの

「家畜とは，その生殖（reproduction）がヒトの管理（control）下にある動物」と定義できる．つまり，ひとが動物の群を思いのままに動かし，その生殺与奪の権を握る．牧畜文化の特徴は，この技術を人間管理に応用したことである．谷泰（[1987][1995] など）に依拠して，牧畜文化の意味するものを見ていこう．

遊牧民は蛋白源と脂肪は動物から獲得できるが，澱粉は農耕民から得なければならない．通常は，交易によって，農耕民から穀物を獲得するが，しばしば，遊牧民は農耕民を襲撃した．その機動力と戦闘性から，どうしても農耕民は遊牧民に対して劣勢になりがちであり，遊牧民は，征服した農耕民をいわば《人間家畜》化した．ここに，動物管理の技術が適用されている．

1．群としての動物管理

　まず，文化としては，職業・職務としての牧夫の存在を挙げられる．中近東やヨーロッパでは，主要家畜である有蹄類家畜が放牧されるとき，そこには必ず群を管理する牧夫がいる．それはひとつの職業として確立している．ところが日本では，ヨーロッパ流の舎外的酪農経営が明治時代に導入されるまで，放牧的管理を行う牧夫はほとんど存在しなかった．

　この牧夫は，家畜の群に対しては，多数の被支配者を統治する少数の支配者という関係にある．支配者が大量の非支配者を意のままに管理するというこの関係は，植物を相手にする農耕では決して出現しなかった状況である．また，牧夫は男性で，羊はほとんど牝である．ここから，支配者が男性で，被支配者が女性という構図も生まれた．

2．生殖の管理

　群の生殖の管理としては，幼牡の大量環殺と去勢が主要な手段である．このように支配下にある動物の生命を自由に扱うことから，牧畜文化においては，農耕文化とは違った感覚の習慣が生まれている．遊牧民による大量の環殺や，ドイツなどで農民が家畜の豚を血の一滴まで残さず，完璧なまでに解剖する様は，農耕民にはその合理性をなかなかに理解できず，牧畜民族特有の残虐性として映りがちである．

　一方，去勢技術は，対象を動物に限定せず，人間の去勢へと及んだ．具体的には，捕虜や犯罪人に対する去勢が行われ，特に奴隷として利用するためには，

彼らの反抗心を萎えさせるためにも，有効な手段となった．

3．管理手法としての仲介者

遊牧社会における誘導牡羊や犬のように，牧夫と群との間には，本質的仲介者がいるが，このようなリーダー羊や犬は被支配者の中から選ばれる．仲介者は，牧夫と一般の羊の間にあって，牧夫の命令を伝達する役割を担う．被支配者でありながら，支配者の意向を受けて，群の管理を行う（あるいは，管理を補助する）のである．かかる誘導羊のような仲介者がなければ，大規模な牧畜は到底できなかった．

ちなみに，ヨーロッパ・アメリカ企業において，現場監督はフォアマンと呼ばれる．このフォアマンの位置づけは，誘導羊の位置づけに酷似している．

> 人間が直接，かつ選択的，積極的に介入することが必要だった，栽培・家畜化し難い穀物と群居性の動物とに基づいた，近東に由来する経済形態は，「介在者（インターベンショニスト）」というメンタリティを生むことになった….このことが，宗教と社会の領域に，牧羊者と羊，あるいは神と人という心的態度を際立たせることになったし，奴隷制に基礎を置いた生活様式へと，もう少し後には資本主義的な生産様式へと傾斜させることになったという．この一方，極東とオセアニアでは，飼育された群居性動物はほとんど重要性を持たなかった．ここでは農耕は，根茎栽培に強く依存していた．この農耕法では，挿し木のような栄養生殖によって作物を増やす．近東とは一味違った，植物とのより深い関係が要求される．この結果として，人間の心的態度は，非介在者としてのものになり，また間接的である（Ph. スミス［1986］『農耕の起源と人類の歴史』有斐閣, p.155）．

群居性動物の管理という牧畜文化に固有の技術・社会的慣行はヨーロッパ文明の特徴を考えるうえで重要である．征服した民を《人間家畜》として管理し，

少数の支配者で多数の《人間家畜》を統御するために，《人間番犬（誘導羊）》という仲介者の機能を発達させた．すなわち，スミスのいうように「介在者（インターベンショニスト）」というメンタリティは，大量の動物を管理する技術を発展させて，のちに，多数の人間を管理するヨーロッパ方式を生んだからである．

第Ⅲ章

初期国家の成立
―― 血縁集団から超血縁社会へ ――

　今日，国連に加盟する国の数は，平成14年のスイスの加盟によって，190ヵ国に上り，領域という点から見ると，地球上の南極大陸を除くほぼ全体がいずれかの国家によって覆われている．つまり，今では，地球上のほとんどの人が，いずれかの国家に所属しているのである．しかし，主権を持つ国家によって地球が覆われるようになったのは，第二次世界大戦後のことであるし，そもそもヨーロッパ人が世界征服を開始した500年前には，国家が覆っていた面積はせいぜい地球の20％程度であった．人間は，長い間，国家なしに暮らしてきたのである．本章では，初期国家の成立の問題を検討していこう．

Ⅰ　バンドから初期国家へ

　エルマン・サービスなどの社会進化論の立場に立つ文化人類学者は，初期国家にいたる前段階として，① 単純な家族の集合でしかないバンド社会，② 拡大した親族によって構成される部族社会，③ 明確な権威と権力を集中した首長をもつ首長制社会を想定している．つまりバンド社会（狩猟採集民，旧石器時代の伝統）→部族社会（初期の農耕・牧畜民，新石器革命以後）→首長制社会（階層化した農耕・牧畜民）の社会発展の図式を描いている．

表2　社会の種類

	小規模血縁集団	部族社会	首長社会 (首長の統治する社会)	国家
【構成面】				
総人口	数十人	数百人	数千人	5万人以上
生活様式	移動生活	定住生活 (村落数は1)	定住生活 (村落数は1または複数)	定住生活 (多数の村落と都市)
基本的関係	血縁集団	血縁集団の集合体	階級化された地域集団	階級化された地域集団
人種数・言語数	1	1	1	1または複数
【政治面】				
意思決定・リーダーシップ	平等	平等またはビッグ・マン	集権的・世襲的	集権的
官僚システム	なし	なし	なし・1～2階層	多階層
権力や情報の独占	なし	なし	あり	あり
諍いの解決	非公式	非公式	首長	法律・裁判
中心地の有無	なし	なし	なし→最高位の村落	首都
【宗教面】				
支配階級の正当化	なし	なし	あり	あり→なし
【経済面】				
食料生産	なし	なし→あり	あり→集約的	集約的
労働の分化	なし	なし	なし→あり	あり
取引	交換	交換	再分配 (捧げ物)	再分配 (税)
土地の所有者・管理者	血縁集団	氏族	首長	多様
【社会面】				
階級分化	なし	なし	あり (血縁者による支配階級)	あり (血縁関係は問題とならず)
奴隷制	なし	なし	小規模	大規模
エリートによる贅沢品の所有・使用	なし	なし	あり	あり
公共建造物	なし	なし	なし→あり	あり
固有の文字	なし	なし	なし	多い

注）矢印（→）は，社会の複雑性によって属性が異なることを示す．
出所）ダイアモンド［2000］『銃・病原菌・鉄（下）』（倉骨彰訳，草思社）p.91.

1．バンド社会（Bands, 小規模血縁集団）

　人間社会の中で，最も単純な社会統合の形式である．衣食住のための物質文化もきわめて単純であり，また生産，保存貯蔵，運搬などの技術も未発達な集団で，ほぼ狩猟・採集に生計を依存し，動植物資源を追って季節的に移動する．生活単位は夫婦とその子どもからなる核家族で，資源が豊富なときは一時的に30人から100人ほどの集団をつくるが，冬季など資源が少ないときにはまた家族単位で離散してしまう．メンバーのほぼ全員が血縁関係にあるか，あるいはよそのバンドから婚姻を通じて加わってきた者で，全員が親戚関係にある，いわば大きな家族である．バンド内は，分業はなく，経済的に平等であり，首長のような固定した地位を持つ指導者もいない．人類は，今から1万年ほど前に，定住して，農耕・牧畜を開始するまで，過去数百万年間，この形態で暮らしてきた．旧石器時代以来，採集や狩猟を生業とするかぎり，ひとつの組織で大きな人口を抱えることはできなかったので，政治的・経済的な集団組織は家族を超えて存在できなかったのである．

2．部族社会（Tribes）

　紀元前8500年ころメソポタミアで農耕・牧畜が開始されると，定住農業あるいは家畜とともに移動する牧畜などの生業によって，状況次第では，バンド社会の規模を超えて，数百人規模の集団を形成するようになった．数百人という規模は，メンバーの全員が互いに旧知で，互いの関係を認識できる限度であろう．これを部族社会と呼ぶ．

　バンドよりも構成するメンバーの数が大きく，いくつかの家族から成る親族集団を氏族と呼ぶことがあるが，部族とは，いくつかの氏族から構成される社会集団である．身体的特徴（人種）が共通で，同じ地方語を話し，それに伴う文化（生活様式と価値体系）を共にする地域的集団を言う．つまり，部族社会は血縁集団（リネージ，氏族）を基礎に一定地域に展開・居住し，独自の文化伝統（衣食住の様式，生産・生活の共同組織，通過儀礼など）をそなえるに至

った組織と言えよう．従って，部族社会では，数百人に上るメンバーが何らかの形式で血縁関係か親戚関係にあり，起こりうる紛争や資源の再分配なども互いに旧知であることから，紛争の調停のために特別の法律や警察のような機構は必要なかった．その結果，部族社会では，専門職としての首長とか，神官はまだ確立していないし，分業も主として性・年齢により，それ以上の経済的な分化はまだ見られないので，この社会の中では平等主義的傾向が強い．狩猟採集生活ではこれだけの規模の集団を維持することは容易ではなかっただろうから，部族社会が数多く展開したのは農耕開始以降の新石器時代になってからと考えられる．

　バンドから氏族を経て，部族に至る過程において，より優勢な氏族の氏神が，支配下に入った氏族の氏神を従えて，上下関係を築くという宗教的な階層化が起こる．各氏族は血統的正統性としての祖先信仰（氏神様）をもっているが，各氏神を位階化することで氏族間の序列を位階化していったと思われる．日本の記紀神話もこのような《位階化神話》の典型的な事例である．

3．首長制社会（Chiefdoms）

　部族社会よりもはるかに規模が大きく，数千人から数万人の規模になる社会集団が首長制社会（あるいは首長社会）である．メソポタミアの丘陵地帯である《肥沃な三日月地帯》で農耕が開始されてから3000年ほどが経過した紀元前5000年ころ，チグリス・ユーフラテス下流域における灌漑農耕の開始に伴って，このような首長制社会が出現したことが知られている．

　部族社会の中で平等な地位にあった血縁集団の間に地位の上下関係が生じ，そのひとつまたは少数の集団（＝貴族）が首長（chief）の地位を独占・継承するに至って首長制社会が生まれる．首長を擁する集団が社会内における経済・政治・宗教などの活動を統制する役割を果たしている．このくらいの規模になると，メンバーのほとんどは互いに血縁関係にはないし，互いに名前すら知らない疎遠な関係にあるだろう．従って，メンバーは，多くの場合，互いに

他人どうしであるから,メンバー間に紛争が起きると紛糾する可能性が高い.首長は世襲化された権威であるから,紛争の仲裁や調停を行って,この組織を機能させることができる.

　首長制社会は,専門家集団を養う必要があるので,部族社会よりも経済的な余剰が大きくなければならない.この社会の経済活動の特徴は,再分配システムにあり,生産の余剰がいったん首長の下に集中され,その後,一般メンバーのもとに,共同体への貢献(生産活動・戦争・祭祀・公共事業など)の度合いに応じて再分配されていく.この再分配システムによって,首長は権威を保持するとともに,部族社会よりも高次なレベルの社会的統合と,より大きな規模の経済活動を維持していくことができる.

　首長制社会は,部族社会(政治的中心をもたず,富や地位の分化もみられない平等社会)と国家社会(権力が中央に集まり,富や地位の分化が確立している社会)との中間に位置する統治形態として,アメリカの文化人類学者エルマン・サービスによって導入された概念である.

4. 初期国家 (Primitive States)

　社会進化論では,首長制社会に続く,次の発展段階が,初期国家である.初期国家は,それまでの社会集団に比べて,人口規模がさらに一層大きくなり,数万人の人口を擁し,領土観念を持っている.首長制社会で成立していた首長制がさらに発展して世襲化し,その周りに神官・従者などが制度化されて,「王制」(キングシップ)と呼ばれる集権化された政治権力が形成されてくる.

　歴史上の典型的な初期国家は,前3000年ころのメソポタミアに出現した都市国家である.

　今から1万年ほど前にチグリス・ユーフラテス川上流の丘陵地帯である《肥沃な三日月地帯》で大麦・小麦の栽培と山羊・羊の牧畜が始まったが,6000年から7000年ほど前に麦作の技術をもった人々(農耕民)がチグリス・ユーフラテス川沿いに南下し,メソポタミアの一大沖積平野(シュメール地方)に

まで下りてきた．彼らはこの沖積平野で肥沃な河口の泥と出会い，そこに麦を蒔けばこれまでの何十倍もの収穫を得られることを知った（前2370年ころ，1粒を蒔いて得られる収穫量は76.1倍だったという記録が残っている）．上流の丘陵地帯にある《肥沃な三日月地帯》では十分な雨水に恵まれていたが，しかし，この河口域の年間降水量は100ミリ以下であり，そのままでは麦の生育には適さなかった．そこで雨水の不足を補うために開発されたのが豊富な河川の水の利用，つまり，灌漑であった．この灌漑方法の開発のおかげで大量の食糧生産が可能となったので，シュメール地方は大きな人口を抱えることができるようになった．メソポタミアに一大古代文明が花開いたのである．

しかし，大量の余剰生産物と多数の人口を管理するには，それまでの部族社会とか首長制社会などの社会組織では「器」が小さすぎたので，それ以上の規模の人口を抱えることができる都市国家が形成されたのである．シュメール地方では，前4000年ころからウル，ウルクなどで都市化が始まり，前3000年ころには，それまでにない大きな人口集積に耐える新しい社会システムが誕生した．それが都市国家である．都市国家は，それまでの首長制社会とは異なり，現在の国家と共通する次のような特徴を持っている．

(1) **領土・地縁という観念**

都市は神殿などの公共施設を中心に形成され，城壁に囲まれており，数万人にも上る人口を抱えていた（ウルの最盛期には3万4000人が暮らしていた）．血縁関係によって社会集団を構成するのではなく，領土を共有することによって社会集団を形成するようになった．地縁関係による社会集団の成立である．

農業生産が発展するにつれて，集団の規模も拡大し，多くの場合，階層化も始まる．社会的階層化に対応する正統化の試みが，祖先たちを位階的に体系化する伝承ないし神話の登場である．このような位階化神話は，祖先たちの系譜を修正し拡大することによって，事実としては血縁のつながりのない人々を，想像上の血縁関係の中に取り込むことを可能にする．したがって，リニージ連合（クラン）からクラン連合（部族）へ，さらに部族連合へと，血縁的正統化

の論理によって，階層的集団をいわば「倣い拡大」することが可能となる．律令化以前の日本のウジ（氏）もこの範疇に属しており，先に見たように，記紀神話は典型的な位階化神話の試みである．このようにして，事実上の血縁関係の後退を神話的血縁関係が補う形で，首長制（チーフドム）から王制（キングシップ）への連続的進化が果たされていく．血縁集団のこのような進化は，農業社会における文明内進化の基本的パターンといってよいであろう

(2) 中央集権化された統治機構

初期国家は首長制社会よりもはるかに集権化された統治機構を持っていた．これは，基本物資の供給が国家の統治機構を通じた再分配システムによって行われていたが，社会階級の分化により分業が複雑になっていたので，経済的余剰の再分配を行うには集権化された強い権力が必要だったからである．初期のメソポタミア国家でさえ，穀物あるいは果実を栽培する農民，家畜を飼育する牧夫，獣をとる猟師などから，各々の生産物を徴収し，その反対に，彼らの必要とする物資を供給するという再分配システムを機能させていた．この結果，すでにこのような初期国家においてさえ，行政機構は階層化されていただけでなく，水平方向にも分化していた．

また，首長制社会を遙かに超える人口を抱えていたために，成員間の揉め事や諍いを解決するための公共的システムが存在していた．かかる紛争処理システムとしては，成文法（「ハムラビ法典」が有名である），司法制度，警察などがある．

(3) 社会階級の存在

これら都市の住人は，農民ではなく，それ以外の専門的職業（神官，書記，鍛冶屋，大工，左官，兵士など）に就いていた．灌漑農耕によって獲得した大量の食糧が，これら非農業人口の出現・生存を可能としたのである．

一方，分業が発展した結果，戦争による捕虜や購入した奴隷を生かして活用するだけの仕事の余地が生まれた．戦争も国家間の方が規模が大きく，大量の捕虜が発生したから，ほとんどの初期国家で大規模な奴隷制度が発展した．

また，運河などの灌漑施設の建設・管理，余剰食糧の再配分などの死活的な機能が都市によって果たされた．都市の中心にある神殿は，いわば余剰農作物の倉庫であり，麦などはそこに集中的に納められてから，メンバーに再配分された．かかる集中・再分配の機能を果たしていたのが，神官であり，神官は食糧の流通を担うという，共同体にとって死活的な使命からやがては王権へと登り詰めていく．また，農業に従事しない専門的な職業人にも食糧を配分しなければならないが，その機能を担ったのも神官であった．

メソポタミアは，天然資源に恵まれていない．日干し煉瓦を接着して建物を造るときに使用する《瀝青（コールタール）》を除くと，鉱物はほとんどないに等しかった．にもかかわらず，古代遺跡から発掘された《ウルの秘宝》を見てもわかるように，黄金や宝石，さらには都市建設に必要な資材（木材や石材），などがふんだんに入手されていた．これらは余剰農産物と交換することによって獲得したのであり，盛んな交易が商業ネットワークを活用して行われていた．

(4) **文字の使用**

数万人に対する食糧の再配分という複雑な機能を果たすうえで，記録を書き残せれば便利であり，その点からも文字が必要になった．シュメール地方に限らず，メソポタミアでは前3500年ころから表意文字が使用され始めた．

II 初期国家にいたる二つの道

古代文明は，メソポタミアとエジプトで前3500〜前3000年ごろ，また，インダス川流域で前2500年ごろ，さらに，シナでは前1500年ごろに形成された．古代文明が生まれたこれらの地域を通じて，農耕の発展に伴う人口増加，富の蓄積，職業分化，都市の形成，水力統制，土器・織物の製作などがみられる．

なぜ，これらの沖積平野の農耕生活者は，都市国家と呼べるほどの大集団をつくるようになったのか．はたして，これらの古代国家は，バンドと呼ばれる小規模の血縁集団にその起源を持ち，徐々にその人口の規模を拡大して，バン

ドから部族社会・首長制社会へと大きくなってきたのか．さらに，首長制社会から都市国家は，どのようにして生まれたのか．

首長制社会から都市国家への飛躍を説明するには，通常，二つの道が想定されている．第一の道が灌漑施設の建設・管理のために中央集権的権力が必要になったこと，第二の道が他民族による征服である．

1．大規模灌漑による都市国家の成立

大規模灌漑設備の建設・管理と国家の生成とを結びつけようとする説は，生産力の発展に類似した有力な考え方と言えよう．この考えによると，メソポタミア，エジプト，インダス川流域など，初期国家が建設された地域では，大規模な灌漑施設が建設されて，農耕における生産施設が強力な権力によって建設・維持されていたが，これは比較的小規模な首長制社会では負担が大きすぎ

図5　国家の成立

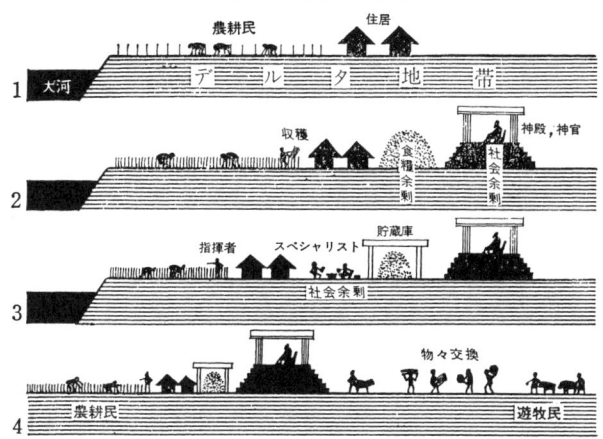

国家の発生まで　1．農耕民は集団で生活している．
2．やがて食糧余剰が社会化して，それを管理する神官が生まれ，神殿が作られる．しだいに増す社会余剰は，スペシャリストを生みだす（分業のはじまり）
4．他の集団（遊牧民）との物々交換が行なわれるようになり，国家の体裁がととのってくる．

出所）今西錦司ほか［1989］『世界の歴史Ⅰ　人類の誕生』（河出書房新社）p.413.

て建設・管理ができない．それには大規模な公共事業を実施できるような中央集権的な権力が必要であるので，灌漑施設の建設・管理という機能が権力集中の必要性を生じさせ，国家を誕生させたという説である．

この考え方では，メソポタミア人やエジプト人たちが大規模な灌漑施設の必要性を感じたが，その建設・管理は首長制社会には重すぎる負担で担いきれないので，先見の明を働かせて，国家を形成したことになる．しかし，歴史的に見ると，すでに国家の建設に先立つ時代に灌漑施設は建設されていたし，大規模な灌漑設備は国家が形成されてからかなり後の時代になってからである．従って，高度な灌漑施設が建設されたところでも，それらは国家が形成された結果実現した公共事業であって，国家形成の根拠とはいえないであろう．

上記の過程は，小さな血縁集団が徐々に位階化されて，王制が成立するという，いわば同種の民族で起きる集団の拡大を説明しようとしている．しかし，内在的な発展という過程で，最終的に，階級の発生を明らかにできるだろうか．とりわけ，血縁的特徴を残す首長制社会から地縁的な国家への移行には大きな飛躍があるが，この飛躍をうまく説明できるであろうか．

かかる第一の説は，国家の形成を生産力の発展という内生的なメカニズムで説明しようとする考え方であるが，しかし，経済が発展し，生産力が増大することによって国家の形成までを説明しようとすると，血縁社会から地縁社会への飛躍をうまく説明できないように思われる．ダイヤモンドも，大規模な灌漑施設が必要だから国家ができたというよりは，むしろ，国家ができたから大規模な灌漑施設の建設と維持管理が可能になったのであり，人口規模の拡大の方が国家形成の動因ではないかと考えている（ダイヤモンド［2000］『銃・病原菌・鉄（下）』pp. 111-118）．

2．征服による国家の成立

もうひとつの説明が，遊牧民との確執である．

第Ⅲ章　初期国家の成立

　確かに，シュメール地方における都市国家の形成は，自然発生的な集団拡大の経過を辿ったように見える．しかし，都市国家形成の初期の段階から，メソポタミアの定住社会は，遊牧民からしばしば襲撃された．前2000年ころ，シュメール地方の北西から南にかけて拡がる広大な砂漠に暮らす遊牧民（アムル人）が侵入し，都市国家を征服した．アムル人によるバビロニア文明の成立であり，この王朝は最古の法典とされるハムラビ法典を残した．同じく前2000年ころに北からヒッタイトがアナトリアに侵入してきた．インド・ヨーロッパ語族であるヒッタイトは，馬と軽戦車を活用したことで有名で，おそらくは黒海北方のステップ地帯を出自とする遊牧民的な色彩の強い民族である．優れた金属技術（とりわけ製鉄）による鉄製武器を持っていたので，優勢な軍事力を誇っていた．前16世紀から前12世紀まで，アナトリアからメソポタミアの北部にかけて，一大帝国を建設した．さらに，前9世紀，古代オリエント最初の世界帝国とされるアッシリアも，遊牧民を出自とする王朝であり，馬に引かせる戦車を活用し，強力な軍事力を誇っていた．その後の歴史過程でも，この地域の初期都市国家はしばしば遊牧民からの攻撃を受けた．

　ここでは今西錦司らがわかりやすく説明しているので，それを援用しよう．

　どうして，沖積平野の農耕生活者は大集団をつくるようになったのか．大河を相手の治水工事や灌漑工事が，少人数の手ではとてもまかないきれない….もうひとつある．敵が攻め込んできたとき，少人数では防ぎきれない….彼らの敵は，…牧畜生活者である．…牧畜生活者は，乳や肉だけを食物にして暮らせないことはないが，やはり穀物も食べてみたい．…それじゃ，あの集団をひとつ手に入れようではないか．…そもそものはじめ，かれらが家畜を手に入れたときも，一頭一頭を相手にするようなけちくさいまねはしないで，群ごとごっそりと手に入れた（今西 [1989]，pp. 407-411）．

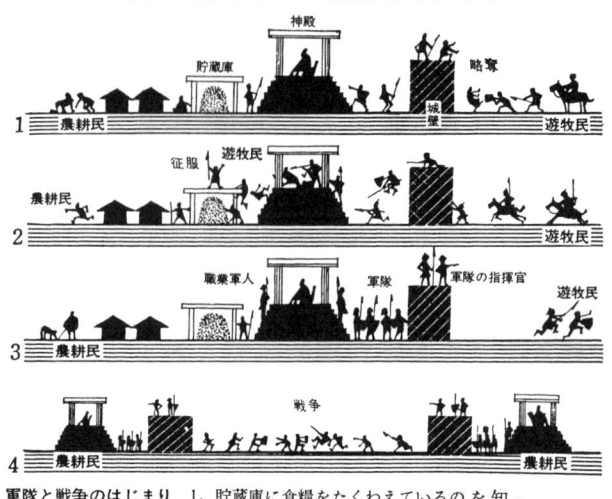

図6　遊牧民による農耕定住民の襲撃

軍隊と戦争のはじまり　1. 貯蔵庫に食糧をたくわえているのを知った遊牧民は，食糧の略奪にくる（城壁の発生）2. 略奪は重なり部落ごと征服される。3. 農耕民みずから武装し，軍事専従者が生まれる（軍人と軍隊の発生）4. 軍隊はやがて防衛から侵略へと役割を拡大する。

出所）同上書，p. 415.

このような遊牧民による農耕定住民の襲撃を図式化したものが図6である．

　こうした一群の人たちと，この人たちにさしだすための食糧余剰を生み出さねばならない立場にある，もともとからの農耕生活者とは，今ではすでに，社会的層序をことにする…．遊牧民の論理でいうならば，この関係は，当然ヒツジ飼いとヒツジにたとえられよう（今西［1989］, p. 417）．

このような「ヒツジ飼いとヒツジ」にたとえられるような二重社会が図7「支配層と被支配層」で示される国家である．
　つまり，農耕民は城壁を作り，都市に居住しており，遊牧民は草原で牧畜を生業としている．両者は互いに相手が必要とするものを提供できるのであるから，通常は平和裏に交易を行っているが，農耕民は城壁の中に余剰生産物を蓄

図 7 支配層と被支配層

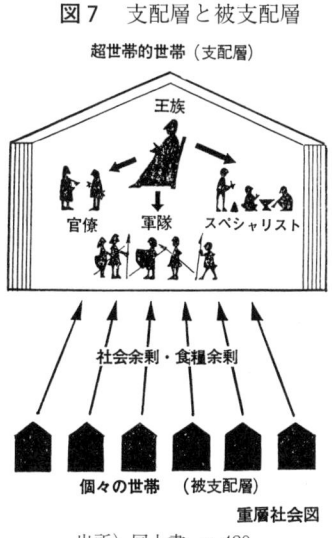

超世帯的世帯（支配層）

王族
官僚　軍隊　スペシャリスト

社会余剰・食糧余剰

個々の世帯　（被支配層）
重層社会図

出所）同上書，p.420.

えているから，隙を見せれば，遊牧民が襲撃してくる．それに対する備えとして，集団を拡大し，城壁で都市を囲んで国家と呼べるほどの大規模の社会をつくった．農耕民と遊牧民との確執は次の三つのケースが想定できる．

① 遊牧民が来襲して征服し，そのまま支配者として君臨する場合．
② 遊牧民を撃退するために，農耕民側が軍隊を強化して，国家として強大になる場合．
③ さらに，かかる強力な軍事力を有した都市国家が，他の農耕民を襲撃する場合．

いずれにしろ，沖積平野での大集団化の過程では，遊牧民からの「刺激」が果たす役割が大きく，遊牧民族からの来襲という刺激が農耕民族に巨大国家を形成させたのである．

第Ⅳ章

農耕定住社会への遊牧民の来襲
―― 騎馬遊牧民による《世界史》の成立 ――

　通常，いわゆるヨーロッパ中心史観の「世界史」はギリシア・ローマの「古典古代」から始まるが，それ以前に，そして，それ以後も，ユーラシア大陸では非常に大きなドラマが繰り広げられていた．遊牧民による周辺農耕社会への，数百年おきに起きる暴力的で広範な侵略・掠奪・征服である．かかる遊牧民は少数者であるにもかかわらず征服を成功させると圧倒的多数者である定住農耕民を支配し，支配者に収まった．しかし，通常は，この支配体制は永続化せず，やがて定住農耕文明が築き上げた巨大文明の中へと吸収されていった．文字を有した農耕文明に対して，長い間文字を持たなかった遊牧民たちは，自分たちの「歴史」を持たなかった．その社会・経済・思想の有様については，ヘロドトスの『歴史』がスキタイについて書いたように，いわば敵である定住民から見た観察が残されているだけである．従って，多くの場合，定住民側からの敵意に満ちた解釈にさらされてきたのであり，遊牧民の歴史的意義は，ある時は過小評価され，ある時は過大評価されてきた．

Ⅰ　ユーラシア・ステップと牧畜

　ユーラシア大陸の中央部には，南北の幅がせいぜい300から800kmで，東西方向に長さがおよそ8000kmもの帯状のステップ地帯が拡がっている．西はハ

第Ⅳ章　農耕定住社会への遊牧民の来襲　63

図8　ユーラシア・ステップ

大興安嶺
バイカル湖
アルタイ山脈
バルハシ湖　モンゴル高原
ジュンガル盆地
天山山脈　タリム盆地　チベット高原
パミール高原
カザフ草原
アラル海　イラン高原
カスピ海
ウクライナ草原
カフカス山脈
黒海　アナトリア
ハンガリー平原

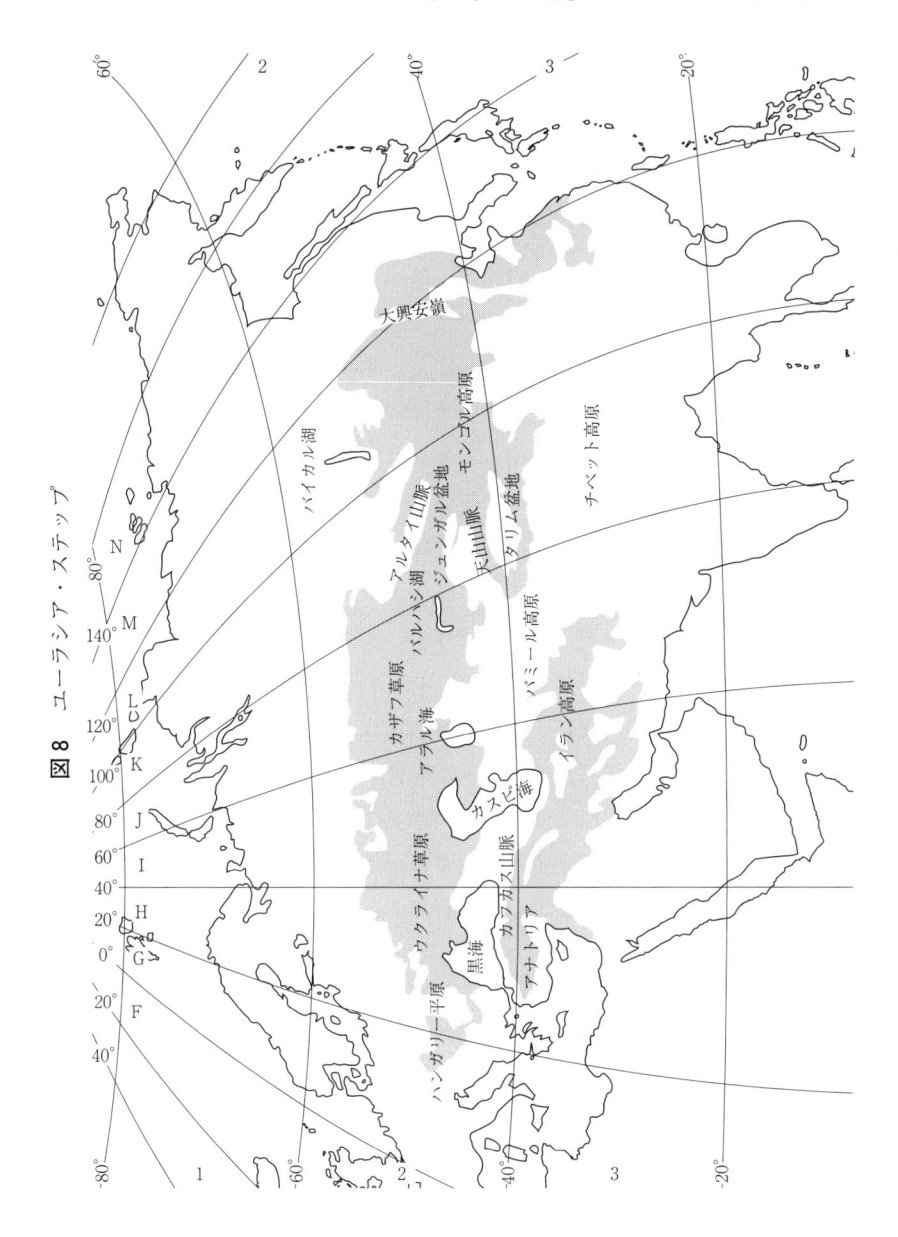

ンガリー平原から,黒海北岸のウクライナ草原,カスピ海北岸の南ロシア草原,アラル海とアルタイ山脈間に拡がるカザフ草原,そして,アルタイ山脈の東に拡がるモンゴル高原を経て,大興安嶺まで,いくつもの高い山脈に囲まれた草原が続いている.ステップの大部分が年間降水量500mm以下の地域なので農耕には適さず,生育するのは主としてイネ科の草本のみである.セルロースの多い草を人間自身が食して生きていくことはできないから,ここで暮らすための生業としては,家畜に草を食わせて,その家畜から得られる肉や乳などを摂取する家畜飼育以外には方法はない.しかし,草は栄養価が低いので家畜1頭当たりの飼育必要面積が大きく,広範な地域に放して肥育するという放牧になってしまうが,人間が徒歩で管理できる頭数は自ずと限定され,これではごく小規模の家族(バンド)を養うことができるのみである.もし管理方法が徒歩によるもののままであったならば,遊牧民はいつまでも分散した小家族のままで全体としての人口規模も小さく,農耕定住民に対して,その周辺で賤民のような弱い立場のまま,農耕定住経済に依存する状態を続けていたであろう.

　メソポタミアなどの西アジアでは,すでに前7千年紀ころから,羊,馬,山羊,ラクダなどが定住農耕民によって家畜化されていたが,これは麦作に牛などの家畜の飼育を伴う農法であった.家畜飼育がウクライナなどからユーラシア・ステップに伝わり,羊などの群居性草食動物の放牧にまで展開するのは,第II章で見たように,いくつかの技術的革新が必要であったが,その最大のものは,馬の家畜化によって可能となった騎乗である.

II　騎馬民族の出現と形成

1.　馬の家畜化と馬車・騎馬の開始

　馬はすでに新石器時代に農耕が開始されるときには家畜化されていたという説もあるが,通常,馬の家畜化に関する最古の証拠は,前4000年ころのもので,ウクライナは黒海北方のステップ地帯にあるデレイフカ村の遺跡とされている.この遺跡からは銜留(はみどめ)も見つかっているので,この時代からすでに人が馬

に乗っていた（＝騎乗）可能性がある．

　前2000年ころまでに戦争の武器として馬が戦車の牽引として活用され始めた．ウクライナ草原やカザフ草原で生活していたインド・ヨーロッパ語族が，おそらくはメソポタミアの定住民から学んだスポーク付きの車輪を持つ二輪馬車を使用し始めたのである．この馬車には通常，2名の戦士が乗り，一人が操縦し，もう一人が弓で矢を射る射手であった．軽くて丈夫なスポーク付き車輪を持つ馬車なら人間を乗せて長距離を移動できるので，定住民に対して圧倒的に優勢な戦力となり，インド・ヨーロッパ語族が黒海北岸から南下し，西アジアの農耕定住地（メソポタミア，シリア，アナトリア）に来襲する原動力となった．前2千年紀の前半（前2000年から前1500年）は，インド・ヨーロッパ語族が二輪馬車で先進文明地帯を駆け抜けた時代であったが，定住民国家が自分たちも戦車を使用できるようになるまでは，主として歩兵からなる定住民の部隊が彼らに軍事的に反撃することはなかなかに困難であった．

　人間が馬の背に乗る騎乗術は，前2千年紀の半ばころ（最初の証拠は前1300年代末）より黒海北方の草原地帯で成立したらしい（ただし，上で見たように，前4000年ころの馬の家畜化の際にすでに騎乗していたはずだという説もある）．馬に人が乗って作業ができるようになったことは，非常に大きな意義を持った．まず，騎乗によって大量の家畜を放牧して管理できるようになり，家畜を管理している人間集団はその管理下にある頭数に比例してその組織的規模を拡大できた．部族のように，ある程度の規模になると，農耕定住社会とも交易などの恒常的な関係を持つことで，放牧経済では獲得不可能な産物（特に穀物など）を得られるし，条件が整えば，武力に訴えて農耕定住社会を襲撃し，略奪も可能となった．

　騎乗術は，スキタイのような騎馬民族を通じて周辺にまず伝えられた．専業の騎馬遊牧民が出現したのは，前10世紀から前9世紀ころと考えられるが，その出現の理由としては，騎乗の普及と簡単な骨組みの移動式の家（パオ）が開発されたことが挙げられる．

遊牧民が騎馬民として有力になるにあたっては，騎乗術におけるいくつかの革新（轡・鐙・鞍・蹄鉄）が必要だった．前5世紀ころのスキタイ人になると，彼らは去勢牡馬を用い，かつ革製で輪になったあぶみ，鞍，そして蹄鉄に対応する革や藁製の保護物をつけていた．前2世紀パルティア人（古代西アジアに王国を建てた遊牧民）によって蹄鉄が発明され，西暦初めの匈奴（きょうど）による鉄鐙（あぶみ）の発明によって，騎馬技術はほぼ完成した．

　馬に騎乗して牧畜ができるようになると，例えば，徒歩での管理が100頭に対して騎乗での管理が1300頭というように，管理できる家畜（羊など）の数が増加し，生業である牧畜が発展した．その一方で，人間の移動が迅速に行えるようになるので，人間の集中・離散が素早く行えるという大きな利点をもたらし，社会集団の規模が拡大した．

2．最強の武器としての騎馬

　騎馬は戦争のあり方も変えた．14・15世紀になって銃や大砲などの火薬を使用した火器が実用化されるまで，戦場においておそらく最大の威力を発揮した武器が馬である．

　騎馬は戦闘を変えた．騎馬以前の馬の活用は戦車であったことはすでに見たが，戦車は工芸品であり，その製作には手間暇がかかるので，非常に高価であり，大量に揃えることは大きな財政的負担となった．その製作技術も定住民のもので，遊牧民が大規模な工房を有していたとは考えられていない．従って，そもそもステップ地帯で放牧を生業とする遊牧民が大量の戦車を準備できたとは想定されていない．その点，騎乗の場合は，遊牧民は，日常で使用している馬にそのまま騎乗して戦場に向かうので，戦車に比べて大量の兵力を容易に動員できた．

　また，性能の点でも，当時の戦車は車軸が固定されていたので一度停車しないと方向転換はできなかった．その点，迅速な方向転換が困難な戦車に比べ，騎馬は自由に駆け回ることができる．もちろんスピードもあり，突如前触れも

なく仕掛ける急襲によって敵陣を混乱に陥れ，かつ，すみやかに退却できる．馬の飼料となる草地さえあれば，騎馬遊牧民の移動はきわめて迅速である．13世紀のモンゴル軍は1日に70kmも移動したという．この速度ではユーラシア・ステップの東の端から西の端まで三ヵ月程度で軍隊が移動できてしまう．全体としては農耕民に対して圧倒的に少数でも，迅速な移動力によって戦闘の個々の局面では敵よりも多数の兵力を集中できれば戦いには勝てる．特に騎馬隊の密集攻撃は徒歩で向かってくる歩兵に対して非常に威力があった．負けそうになったら，迅速に撤退すればよい．そもそも守るべき城や農地を持たないのだから，「城を枕に討ち死に」とか，「一所懸命」などという，定住民的な発想はない．

　遊牧民が襲撃してくるとき，彼らが狙う戦利品は，財宝・家畜，そして，人間である．彼らには定住民的な発想がなく，土地は目的ではなかった．だからこそ，定住民にとって，遊牧民の急襲はたとえようもない恐怖を呼び起こした．なぜなら，定住民どうしの戦いならば，負けそうになったら土地を捨てて逃げれば，その時点で戦いは終結する．土地が敵の所有になるだけで，うまく逃げおおせれば命は残る．しかし，遊牧民にとって土地などは目的でなく，逃げてもどこまでも追いかけてくるのだ．しかも，馬で．こちらは徒歩なのに．

　13世紀にモンゴルのチンギス・ハーンがヨーロッパ遠征におもむいたとき，総勢で20万人とも言われるので，全体としてみると，彼らは人数のうえで少数であった．戦闘では数が多い方が圧倒的に有利であるのに，遊牧民は少数であっても，勝つことができたのは，このように，馬を利用した機動力に主として理由があった．馬の存在がユーラシア大陸での歴史を促進したのである．

　　具体的レベルでは，ある生物種［ここでは馬］の存否は重要であったろう．その存否は，生業と集落のスタイルを決定しただけでなく，ある一地域ないしはある大陸内の文化史の形成にさえ影響を及ぼした．かつて旧大陸に存在した，掠奪を目的として遊動した牧畜民の首長制社会が，世界史にどのような影響を

及ぼしたかはよく知られている．例えば，ヒクソス族，フン族，モンゴル族，そして，アラブなどが，定住的な集団の中に侵入し，戦いを始めて，進化の過程にダイナミックな役割を演じた．先史時代にもこれと同じような数多くのケースがあったに違いない．反対に，両米のほとんどの地域がそうであったように，騎乗または牽引に適した動物が存在しなかったが故に牧畜民のいなかった地域では，牧畜民のいた地域と比べ，文化的・社会的進化はたぶん緩やかな形態をとり，それほど混乱に満ちたものとはならなかった（スミス[1986], p.156. なお，[ ]内は引用者による．以下同様）．

巧みな騎馬術による機動力は，まず彼らの管理する家畜数を飛躍的に増やして遊牧経済を発達させ，また彼らを農耕民族に対し軍事的に優位に立たせた．広大なモンゴル帝国の版図を結びつけた駅伝制（ジャムチ）も，彼らの豊富な馬によって維持されえたのである．

騎馬遊牧民の風俗は，定住農耕民にも大きな影響を与えた．騎馬を行うにあたって機能的であったズボンと筒袖の上着など騎馬遊牧民の服装も，定住民に広まった．

歴史上，ユーラシア・ステップの遊牧民として知られているのは，主として，以下のような部族であるが，それらはインド・ヨーロッパ語族とアルタイ語族（テュルク・モンゴル・ツングース）に大別される．

① キリスト教紀元ころまでは，アルタイ山脈の西方にはインド・ヨーロッパ語族，すなわち，スキタイ，サルマート（サウロマタイ），アランなどが，そして東方にはアルタイ語族，すなわち，匈奴，烏桓などが生息していた．

② 紀元後以降になると，アルタイ語族が西方へ進出し，ユーラシア・ステップのほぼ全域がアルタイ語族によって占められた．インド・ヨーロッパ語族はステップから追われたので，インド・ヨーロッパ語族に属するのはサカあるいは大月氏などにとどまる．西方には，フン，アヴァール，ハザ

ール，中央にサカ（塞），烏孫，康居，エフタル，カザフなど，東方には，鮮卑，柔然，突厥（とっくつ），ウイグル（回鶻），契丹，モンゴル，オイラート，ジュンガルなどである．

III ユーラシア・ステップからの遊牧民の《爆発》
——三つの《爆発》と震源地の西漸運動——

　遊牧民と農耕民とは常に敵対関係にあったわけではなく，通常は，互いに必要なものを両者の接点で交易するという補完関係にあった．遊牧民からは主として畜産物（肉，皮，用役用の馬など）を，農耕民からは農産物（穀物，果実など）や工芸品（織物，雑貨など）を交易していた．

　農耕民が一定の土地に定住するのに対して，遊牧民は飼育している家畜のエサとなる草を求めて，移動しなければならない．遊牧民が集団として行う移動には，大きく二つある．

　第一が，1年の中で行われる定期的な移動であり，羊，馬，牛などの家畜に草を食わせるために草原を求めて春には南から北へ，秋には北から南へ移動する．あるいは，平地と丘陵地帯の草原とを往復する．この移動は定期的であり，遊牧民間での草地をめぐる諍いはあるにしても，ただちに定住農耕民との紛争の種となるのではない．

　第二が，数世紀ごとのステップからの《爆発》（トインビーの言葉）である．ユーラシア・ステップの南東にはシナ，南西にはメソポタミア，西にはヨーロッパというように，近接する文明地域には豊かな農耕地帯が広がっている．ステップ地帯で遊牧民が有能なリーダーのもとに国家的な統一を成し遂げると，ほぼ公式行事のように農耕地帯に侵入した．数百年ごとに突如として遊牧民がステップから飛び出し，定住農耕民を襲撃する原因として，① 気候の変化（乾燥化），② 農耕都市文明が生み出した物資に対する欲望などを挙げることができる．すなわち，金銀珠玉の財宝，穀物などの食糧，あるいは，労働力（＝商品）としての奴隷を求めて，定住民を襲撃した．

図 9　ユーラシア・ステップを震源とする遊牧民の三つの《爆発》

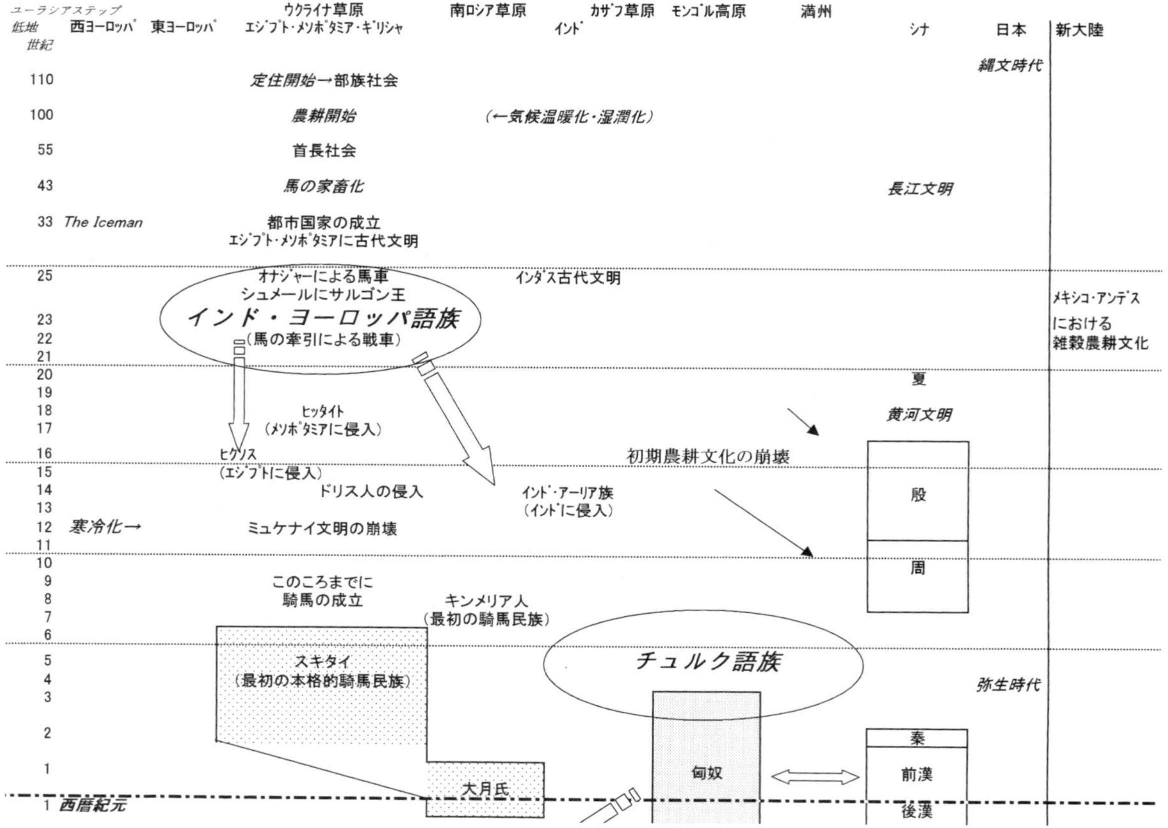
ユーラシアステップ
低地
世紀
西ヨーロッパ
東ヨーロッパ
ウクライナ草原
エジプト・メソポタミア・ギリシャ
南ロシア草原
インド
カザフ草原
モンゴル高原
満州
シナ
日本
新大陸
縄文時代
110
定住開始→部族社会
100
農耕開始
(←気候温暖化・湿潤化)
55
首長社会
43
馬の家畜化
長江文明
33
The Iceman
都市国家の成立
エジプト・メソポタミアに古代文明
25
オナジャーによる馬車
シュメールにサルゴン王
インダス古代文明
メキシコ・アンデス
における
雑穀農耕文化
23
インド・ヨーロッパ語族
22
(馬の牽引による戦車)
21
20
夏
19
18
ヒッタイト
黄河文明
17
(メソポタミアに侵入)
16
ヒクソス
初期農耕文化の崩壊
15
(エジプトに侵入)
14
ドリス人の侵入
インド・アーリア族
殷
13
(インドに侵入)
12
寒冷化→
ミュケナイ文明の崩壊
11
10
周
9
このころまでに
8
騎馬の成立
キンメリア人
7
(最初の騎馬民族)
6
5
スキタイ
チュルク語族
4
(最初の本格的騎馬民族)
3
弥生時代
2
秦
1
匈奴
前漢
大月氏
1
西暦紀元
後漢

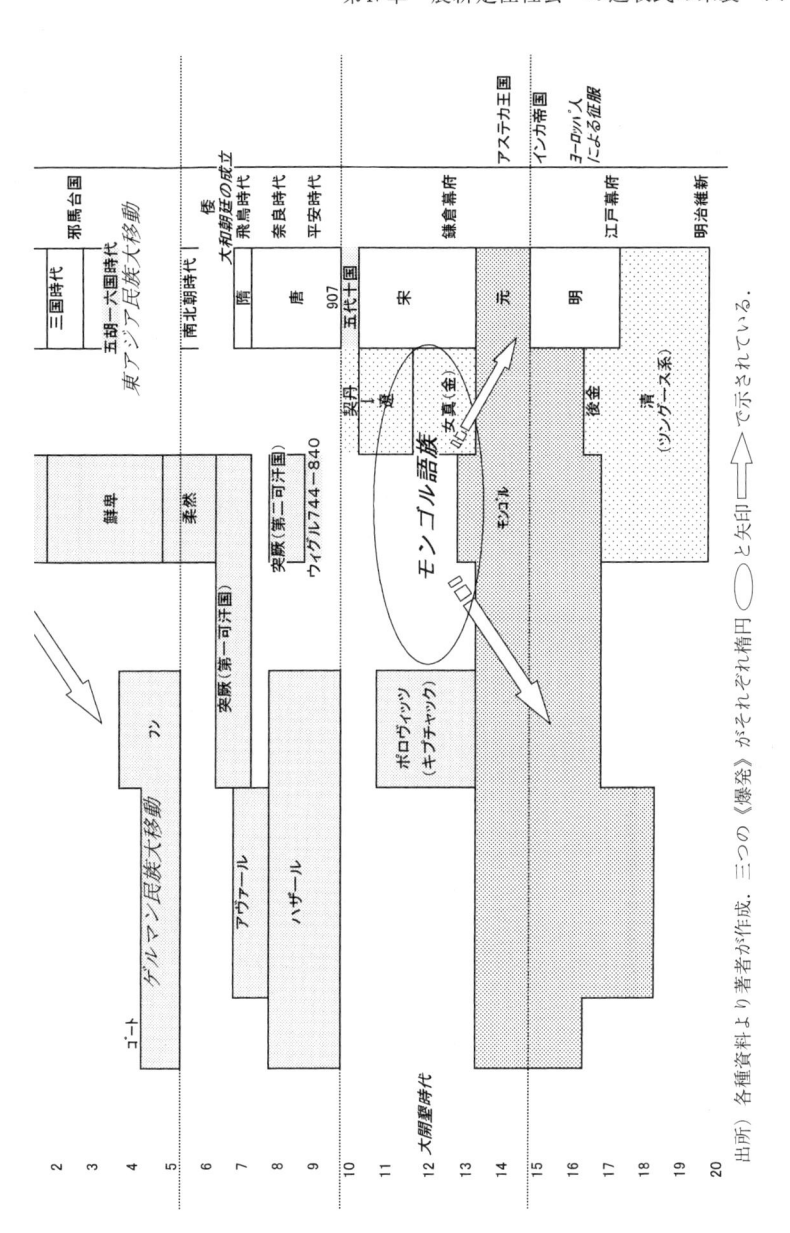

第IV章　農耕定住社会への遊牧民の来襲　71

世紀	ヨーロッパ・中央アジア	東アジア	日本	その他
2		三国時代	邪馬台国	
3				
4	ゴート / ゲルマン民族大移動	鮮卑 / 五胡一六国時代 / 東アジア民族大移動		フン
5		柔然 / 南北朝時代	大和朝廷の成立	
6	アヴァール	突厥(第一可汗国)		
7		隋	飛鳥時代 倭	
8	ハザール	唐 / 突厥(第二可汗国) / ウイグル744-840	奈良時代	
9			平安時代	
10		907 五代十国		
11	ポロヴィツィ(キプチャク)	契丹		
12	大開墾時代	遼 / 女真(金)		
13		モンゴル語族	鎌倉幕府	
14		モンゴル / 元		アステカ王国
15		明		
16				インカ帝国 / ヨーロッパ人による征服
17		後金	江戸幕府	
18		清(ツングース系)		
19			明治維新	
20				

出所：各種資料より著者が作成．三つの《爆発》がそれぞれ楕円〇と矢印⇒で示されている．

この数世紀ごとの遊牧民の《爆発》こそ，歴史に大きな影響を及ぼした．農耕定住民に大きなインパクトを与え，遊牧民は征服者となって定住民を支配し，一大帝国を建設したし，逆に，遊牧民の襲撃に対抗するために定住農耕民自らを国家形成に向かわせたからである．

　ユーラシア大陸のステップから数百年おきに起こる遊牧民の《爆発》には，トインビーによると，大きく三つの波があった．第一が前3千年紀から起きたインド・ヨーロッパ語族の波，第二が前3世紀から後4・5世紀にかけてのチュルク語族の波，そして，第三が13世紀以降のモンゴル語族の波である．これに，17世紀のツングース語族による清朝設立の波を第四波として加えることも可能であろう．かかる遊牧民の農耕定住地帯への襲撃を資料の図9「ユーラシア・ステップを震源とする遊牧民の三つの《爆発》」によって模式化してみた．

　また，遊牧民が《爆発》して，ステップから出て農耕定住地帯を襲うにあたっては，自然的条件からいくつかの特定の経路が存在している．トインビーに従って，これらの経路を示したのが表3「ユーラシア・ステップよりの進出線」であり，それを地図上で表記したのが図10「遊牧民の《爆発》の経路」（著者によってかなり簡略化されている）である．

　図10を見ると，ステップ地帯から出撃した遊牧民たちが，草原から出撃した後，峡谷や河川沿いなどの「通路」を通ってユーラシア大陸のほぼ全域を駆けめぐったことがわかる．ユーラシア・ステップは，いわば帯状の回廊であるから，遊牧民にとってこの回廊上の東西方向の移動はさほど困難ではない．彼らは，その時々でこの回廊の西（ハンガリー）から東（満州）までいくつかある「出口」のどこからでも出撃した．

　羊や牛などの家畜化が前8000年以降，西アジアで開始されると，牧畜技術は黒海北方の草原地帯（ウクライナ草原）に伝わり，そこから徐々に東方の草

第Ⅳ章 農耕定住社会への遊牧民の来襲

表3 ユーラシア・ステップよりの進出線－遊牧民の《爆発》－

震源地番号	ステップでの発生地	進出線 →Ⅰ→	→Ⅱ→	→Ⅲ→	→Ⅳ 最終到達地
①	満州 (大興安嶺・朝鮮間)	遼東の柵	山海関	黄河・長江流域	1. インドシナ 2. ビルマ
②	モンゴル高原 (大興安嶺・ 天山山脈間)	万里の長城	1. 東方大平原 2. チベット 3. タリム盆地	黄河・長江流域	1. インドシナ 2. ビルマ
③	カザフ草原 (パミール高原・ カスピ海間)	シル・ダリヤ河	1. イラン東北部 2. イラン南部 3. イラン北部	1. パンジャブ 2. タール砂漠 3. イラク 4. アナトリア	1. ガンジス流域 2. マハラシュトラ(デカン高原) 3. シリア・エジプト
④	ウクライナ草原 (カスピ海・ ウラル山脈間)	エンバ河	1. ヴォルガ河・ドン河 2. ヴォルガ河下流 3. カマ河	1. クリミア 2. ドナウ河下流 3. ハンガリー	1. ギリシア(トラキア) 2. ギリシア(テッサリア)

出所) トインビー[1970]『歴史の研究』第6巻, pp. 274-288. ただし, 一枚の表にまとめたので, 大幅に簡略化した.

原地帯(つまり,カザフ草原→モンゴル草原→大興安嶺)へと伝播したと考えられる.ステップ地帯において,牧畜の先進地域は西(ウクライナ草原)にあり,そこから東に行くほど後進地域となっていた.このときの部族配置は,なにしろ先史時代なので,あまりはっきり判明していないが,非常に大まかな枠組みを設定すると,西からインド・ヨーロッパ語族が主としてウクライナ草原に,テュルク語族がカザフ草原に,モンゴル語族がモンゴル高原に,そして,大興安嶺間にツングース語族が生息していた(彼らは遊牧民であり,日常的に移動するのであくまでも目安にすぎないが).その後の歴史をみると,かかる三つ(これに17世紀に清を建国したツングース諸族の満州族を加えると四つ)の語族集団が,時代を追って,西から順に《爆発》して,ステップ地帯を出撃して定住地帯を襲っていった.

74

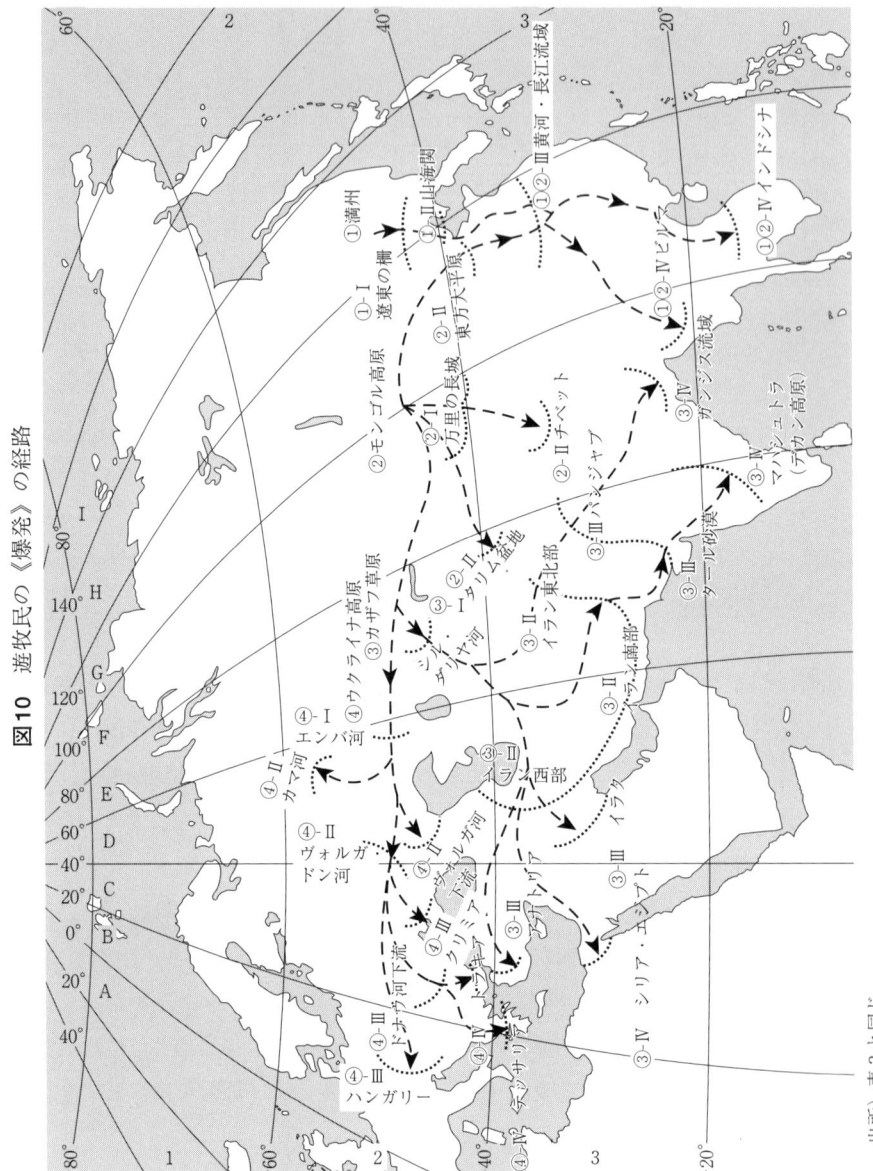

図10 遊牧民の《爆発》の経路

①満州
①-I 遼東の柵
①-II 山海関
①-II 遼東平原
①-III 黄河・長江流域
①-IV インドシナ

②-I モンゴル高原
②-II 万里の長城
②-II チベット
②-III バダジャラ
②-II タリム盆地
②-IV ガンジス流域

③-I カザフ草原
③-II イラン東北部
③-II ラフ溝部
③-II イラク
③-II シリア
③-III シリア・エジプト
③-IV マシュハド（カフカス高原）

④-I ウクライナ高原
④-I エンバ河
④-II カマ河
④-II ヴォルガ・ドン河
④-II ヴォルガ河下流
④-III クリミア
④-III ドニエプル下流
④-III ハンガリー
④-IV ブルガリア

(出所) 表3と同じ。

第Ⅳ章　農耕定住社会への遊牧民の来襲

1．遊牧民の来襲（第一波）——インド・ヨーロッパ語族の拡散——

(1)　インド・ヨーロッパ語族の原故郷からの拡散？

　現代世界の言語分布図を見ると，いわゆる《新世界》（南北アメリカ）における英語・スペイン語・ポルトガル語の定着は16世紀以降のヨーロッパ人の侵略によるものであるが，《旧世界》に限定しても，ヨーロッパの主要な言語（英仏独語など）をはじめ，インドの主要言語とイラン系の言語を含むインド・ヨーロッパ語族が，東はインドから西は大西洋岸まで，北はスカンディナヴィアから南は中東地域まで，広範な領域を占めている．19世紀にこれらの言語間に系統づけられた一連の関係が立てられ，起源となった原インド・ヨーロッパ語が祖語として想定された．コーカソイド系（白人）の少数の集団が話していた言語が起源となって，後に拡散していったという仮説である．

　インド・ヨーロッパ語族の原故郷の想定は，馬の家畜化と結びついている．すなわち，馬を家畜化できた少数の集団が機動力と戦闘力を得て，世界征服を果たしたという神話的なイメージである．この場合，馬の家畜化が成功した地域としてウクライナが想定されているので，通説的見解（非常に魅力的）によると，ウクライナを原故郷とするインド・ヨーロッパ語族が，紀元前3千年紀から紀元前3世紀までに，ユーラシア・ステップから出発して古代農耕文明に侵入し，各地で征服者として君臨することによって，ほぼ今日に至るまでのユーラシア大陸における民族の地勢的配置を決定したという．かかるインド・ヨーロッパ語族の来襲・征服・支配によって，相対的に少数の来襲者（多くの場合，半農半牧民的性格が強い）が相対的に多数の農耕定住者を征服し，支配するという二重社会の形成が進行したのである．ただし，「前3千年紀に，インド・ヨーロッパ語族の祖語を話す集団がその原故郷たるウクライナから出撃して，各地を征服し，支配民族となる」という図式は，非常に魅力的ではあるが，なにぶん古い時代のことで資料がないので，実証されているわけではない．

　四大古代文明に侵入して，一時的にとはいえ支配者に収まった征服者は，四大文明すべてで遊牧民系であり，メソポタミアとインダスの古代文明ではイン

ド・ヨーロッパ語族であった．紀元前2000年ころからのインド・ヨーロッパ語族の各地への侵入が記録に残っているが，そのうち著名なのが，メソポタミアにおけるヒッタイトとインダスにおけるアーリア人である．

インド・ヨーロッパ語族のヒッタイトが前2000年ころに北方から（おそらくは黒海の東岸を通って）アナトリア（トルコの小アジア内陸半島部）に侵入し，さらに小アジアから紀元前17世紀にメソポタミアに侵入して前1595年ころセム系のバビロン第一王朝を倒した．

一方，インド・ヨーロッパ語族の分派であるインド・イラン語族からさらに分派して，前1500年ころ南アジアへ侵入してきた言語集団があった．これがインド・アーリア語族であり，前3000年ころからインダス川流域で高度の文明を築いていたドラビダ系と言われる人々を征服し，牧畜を主として農耕を従とする半定着の生活を始めた．後に彼らは，バラモン教を成立させて，厳格な身分制度であるカースト制を有する社会を作りあげていった．

なお，紀元前16世紀にエジプトに侵入して征服王朝を樹立したヒクソスも，かつてはインド・ヨーロッパ語族と見られていたようだが，現在はセム系とされている．

(2) 二輪馬車による征服？

馬車の開発は，当然，馬の家畜化（前4000年）以降の話であるが，前2千年紀初めから使われ始め，前2千年紀半ば（前1500年）ころには，馬車としての基本的型が完成していたとされる．しかし，どこで馬車が発明されたのかは，確定していない．ステップ地帯においてインド・ヨーロッパ語族の人々によって馬の牽引による軽戦車と銜留めが開発され，その新戦力を手にした彼らが周辺の農耕地帯へと侵略していったというのは，魅力的な仮説であり，その原故郷としてウクライナが有力であることはすでに見た．しかし，一方，前2500年ころのシュメールでは，戦士が槍と盾を手に（馬ではなく）オナジャー（別名ペルシャノロバ）の牽引による戦車に乗っていた．オナジャーによる戦車が馬の牽引による戦車のモデルになったとされるので，その型の戦車が北方の草

原地帯（おそらく小アジア，イラン，カフカスなどのステップ周辺地帯）に伝播し，そこでインド・ヨーロッパ語族の人々によって馬の牽引による戦車が開発されたという説もある．いずれにしろ，前2千年紀におけるインド・ヨーロッパ語族の地理的膨張と馬の牽引による二輪の戦車というイメージは分かちがたく結びついていて，その戦闘力は脅威をもって描かれていた．

このような二輪馬車によるインド・ヨーロッパ語族の侵入は，古代文明それ自体においても，防御の必要性から，戦車の採用や，逆に馬の生産地の征服へと向かわせた．馬を活用したヒクソス（ただし，インド・ヨーロッパ語族ではないが）の侵入に悩んだエジプトも馬戦車を導入し，それをクレタやミュケナイに伝えたので，ギリシアでも前1500年ころには馬戦車が登場した．

ただ，当時の馬戦車は，車軸がまだ車台に固定されていたので，回転するにはいったん停止してからでなければならず，機動性に欠けていたし，牽引するための胸帯も発明されていなかったので長距離は走れなかった．まだまだ戦力としては圧倒的な威力を発揮したわけではなく，馬が軍事力として威力を発揮するのは，騎乗が確立するのを待たねばならなかった．ただし，いつ人が騎乗するようになったのかはよくわからない．すでに見たように，馬が家畜化されたとき（その最初の証拠は前4000年から前3500年と推定されるウクライナのデレイフカ遺跡）には騎乗していたはずだという説がかなり有力であるが，いずれにしろ騎乗は前2千年紀後半には各地で見られるようになり，前9世紀には西アジア地域に普及していたのは確かなようである．

(3) **原故郷はウクライナか，アナトリアか．それとも……**

コリン・レンフルー（レンフルー［1993］『ことばの考古学』）は，二輪戦車による戦士たちの征服戦争によってインド・ヨーロッパ語族が広がったなどという神話的な仮説には懐疑的であり，むしろ，農耕の拡散とヨーロッパにおけるインド・ヨーロッパ語族の拡散とを結びつけようとしている．つまり，彼は，アナトリア（小アジア）出自の農民がギリシアを経由してヨーロッパへ拡散していったと考えている．

レンフルーによると，アナトリア出自の農民たちがヨーロッパの新石器時代にいた狩猟採集人たちを，前6000年ころから（？）駆逐して，ヨーロッパ全体に拡がっていった．つまり，農耕の開始とその伝播に，インド・ヨーロッパ語族の拡散が関係づけられていて，彼の考えでは，インド・ヨーロッパ語族の祖先こそ，農業伝播の担い手に他ならなかったのであり，アナトリアこそ，インド・ヨーロッパ語族の原故郷ではないかとされた．ここには，農耕民による狩猟採集民の駆逐・交替という民族的交代劇が想定されている．

一方，ブライアン・サイクス（サイクス［2000］『イヴの7人の娘たち』）は，ミトコンドリアDNAの解析から4万年前から1万7000年前までにヨーロッパにいた狩猟採集人たちこそ，今日のヨーロッパ人の大部分（約80％）の祖先であり，メソポタミアにおける農耕の開始後にヨーロッパに移住して，農耕を伝えた農民は現在のヨーロッパ人の約17％の祖先でしかないと主張している．サイクスの本では，言語学的な考察はしていないので，彼ら中石器人たちがどのような言語を話していたのかについては意見を明らかにしていない．想定できるケースとしては，次のような場合がある．

第一は，アナトリアから農民がヨーロッパに来たときにすでにヨーロッパに住んでいた人々は，その大部分が，インド・ヨーロッパ語の祖語により近い言語を話していた場合である．アナトリア出自の農民たちがヨーロッパに拡散していったのも，征服によるのではなく，共存であったから，支配者の言語を押しつけたわけではない．アナトリア出身の農民たちがミュケナイ文明（古代ギリシア文明に先行して前16-12世紀にギリシア本土で発展した文明）を築いた人々であるのならば，彼らもまたインド・ヨーロッパ語族に属する言語を話していた可能性が高い．

第二は，中石器時代人たちは，非インド・ヨーロッパ語を話していたが，アナトリア出身の農民たちが話すインド・ヨーロッパ語によって，その言語が駆逐された場合である．

(4) スキタイ──最古の騎馬民族──

　記録に残る史上最初の騎馬民族がスキタイである．西はカルパチア山脈から東はドン川にいたる黒海北方の草原地帯（ギリシア人のいうスキュティア Skytia）地方に居住していた．ことに前6世紀から前3世紀にかけて，この地方に強大な遊牧国家を建設した．この民族の起源は，おそらくイラン系民族だとされている．ヘロドトス『歴史』によれば，スキタイ人は農耕をせず，生計は家畜にたよっている．家畜にひかせる車両住宅（住車）で移動の生活をし，町や城を築かない．人々は馬に乗って弓を使う（騎射）と言う．

　　スキュティア［スキタイ］民族は，他の点では私もあまり感心しないのであるが，ただ一事―それも人間に関わりのある事柄の中で最も肝要な一事だけは，われわれの知る限り他のいかなる民族も及ばぬほど見事に解決しているのである．最も肝要な一事というのはつまり，彼らを攻撃する者は一人として逃れ帰ることができず，また彼らが敵に発見されまいとすれば，誰も彼らを捕捉することができないようにする方法を編み出した事である．それも当然で，町も城塞も築いておらず，その一人残らずが家を運んでは移動してゆく騎馬の弓使いで，生活は農耕によらず家畜に頼り，住む家は獣に曳かせる車である―そのような民族にどうして戦って勝つことはもとより，接触するだにできよう（ヘロドトス『歴史（中）』p.32）．

　ここには，騎馬遊牧民の特徴が端的に描写されている．組織が軍隊的であり，日々の生活が軍事訓練のような性格を持っているので，規律正しく，機動力に富んでいる．また，メンバー全員が戦闘員であり，精神面でも強い性格を有している．また，彼らの襲撃の目的が人間・家畜・財宝の捕獲にあり，土地の占領ではないので，彼らの来襲の際に逃げようとしても彼らは追いかけてくるし，逆に反撃しようとしても，彼らは不利と見るや迅速に撤退してしまうのである．

定住生活が長くなったギリシア人には，ここでヘロドトスが描いているような騎馬遊牧民の移動生活や，次章で見るスキタイ人による捕虜の《人間家畜》化は奇異なものと映ったようである．しかし，ヘロドトス自身，出身はドーリス人だというが，このドーリス人は，ミュケナイ文明を襲撃した遊牧民系の民族と言われる．ひとたび定住して何代か経ると，先祖の遊牧民的記憶など急速に喪失すると言うことか．

2．騎馬民族の来襲（第二波）――テュルク語族によるユーラシア・ステップの制圧――

前2千年紀ころにはインド・ヨーロッパ語族に属する人々がタリム盆地にまで進出していたらしいが，スキタイ（イラン系，つまり，インド・ヨーロッパ語族）がステップ地帯の西部で勢力を確保した前7世紀ころ，ステップ地帯東部のモンゴル高原からシナ北部にかけて生息していたのは，主としてテュルク系やモンゴル系であったらしい．ステップ西部で，前4世紀ころ，スキタイがサルマタイ（同じくイラン系の遊牧民）に押され始めるころ，ユーラシア・ステップの東部にいたテュルク語族が，紀元前3世紀から台頭してきた．その後，紀元4・5世紀から12世紀までインド・ヨーロッパ語族に代わってユーラシア・ステップを制圧したのが，テュルク語族である．

そのうちでも，ユーラシア・ステップ東部で最大の勢力を誇ったのが匈奴であり，紀元前3世紀末から紀元後1世紀末まで，北アジア最初の遊牧国家を建設し，モンゴル高原，万里の長城地帯を中心に活躍した．長年にわたって秦や漢を脅かしたが，やがて漢や鮮卑の攻撃を受けて紀元1世紀末に衰退した．その匈奴の子孫が，ヨーロッパの民族大移動を引き起こす機縁となったフンであると言われている（異説もある）．

フンは，4世紀に，ヨーロッパに侵入した北アジア出身の遊牧騎馬民族である．2世紀ころ，ドン川とボルガ川との間に住んでいたが，4世紀の中ごろから西方へ移動し始め，東ゴート族，西ゴート族を相次いで滅ぼした．敗れた西

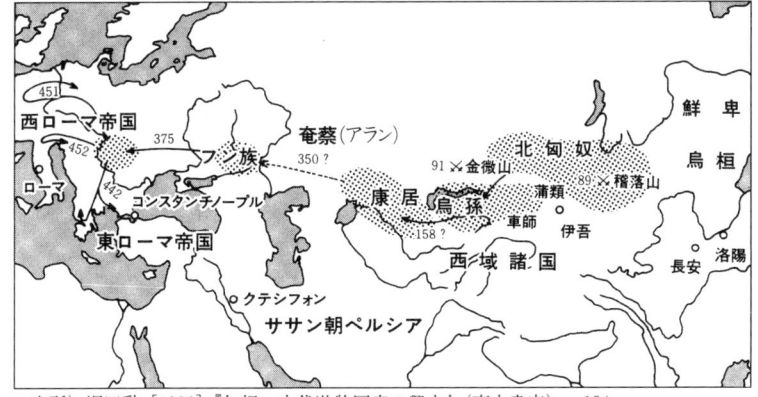

第Ⅳ章 農耕定住社会への遊牧民の来襲 81

図11 北匈奴の西移とフン族

出所）沢田勲［1996］『匈奴－古代遊牧国家の興亡』（東方書店）p.184.

ゴート族の一部が西方へ移動し始め，これが後の民族大移動の原因となった．このゲルマン諸部族の大移動こそ，ヨーロッパにおける古代の終わり・中世の始まりとなった．やがて，ゲルマン諸部族による現地住民（主としてケルト系民族）の征服・支配により，ヨーロッパ貴族制が成立する．

　紀元1世紀ころに匈奴が衰退した後も，草原地帯の東部，すなわちアルタイ山脈からモンゴル高原にかけての地域で，鮮卑，柔然，突厥，高車などのいずれもテュルク系の遊牧民が活発に活動し，その勢力圏はモンゴル高原からカスピ海北岸まで広がった．フンの消滅後も，草原の東部から出てきて，アヴァール族（テュルク系かモンゴル系）が6世紀から7世紀にかけてパンノニア（ハンガリー平原）を占領して大帝国を建設し，7世紀から8世紀にかけてハザール族（テュルク系とされる）が南ロシア草原を支配した．

　一方，ユーラシア・ステップの南には，オアシス地帯が広がっており，西の端はカスピ海から，イランとインドの北部を経由し，東はシナの甘粛にまでいたる．新石器時代にこのオアシス地帯に定住し，農耕を行ったのはイラン系の人々であり，彼らの出自は北方のステップ地帯であったらしい．その定着農耕文明を統括したのが前550年に成立したアケメネス朝ペルシアであった．この

王朝はマケドニアのアレクサンダー大王の軍に敗れて，崩壊し（前331年），「ギリシャ文化がイラン社会であった中央アジア西部の表層を覆うようになる」（小松［2000］p.99）．その後，匈奴に敗れたスキタイの末裔とされる大月氏が前145年にバクトリア地方（中央アジアのアム川中流域）を支配したが，3世紀の前半にササン朝ペルシアによって征服された．かくてオアシスの西部地帯は5世紀半ばころまで長い間，イラン系の諸王朝が次々に興隆しては交替して，イラン系の社会であったが，6世紀の半ばころから突厥の勢力がこの地に及ぶようになり，テュルク化し始めた．

　モンゴル高原から追われた遊牧民のウィグル（テュルク系）が9世紀半ばにトゥルファン盆地を中心に天山ウィグル王国を建設したが，これはテュルク人が直接にオアシス都市・農村に定住を始めたという点で，遊牧民によるオアシス支配（＝テュルク化）の歴史で画期的な出来事であった．ウィグル人のこの経験はやがて，チンギス・ハーンがユーラシアの大部分を支配したときに，定住民の統治システム構築の際に生かされた．

　一方，イランではアッバース朝が乱れたのを機に875年にサーマーン朝が成立したが，この王朝ではテュルク系奴隷兵からなる親衛隊が非常に強力であり，秩序維持に威力を発揮していた．奴隷出身者に長期間にわたって特別の訓練を施し，親衛隊を養成するとともに，優秀な者を高級官僚に抜擢して，国家の中枢機構を形成するというサーマーン朝のシステムは，のちのマムルーク朝のシステムやオスマントルコのイェニチェリ制度に引き継がれたと見られる．

　かくてこの時期，北方の草原からテュルク系の騎馬遊牧民が押し出してきて，定住農耕民（セム系・イラン系）を襲い，征服した．なぜ，テュルク系遊牧民は，インド・ヨーロッパ語族をステップから追い出せたのか，その理由は，あまりよくわからない．そもそもその時までにインド・ヨーロッパ語族はその大部分がステップから退出して，定住地帯へ移動し，その安楽な暮らしに慣れて，遊牧民特有の尚武の気風を無くしてしまったのかも知れない．ただ，少なくともテュルク系遊牧民は，騎馬技術が優れていた（シナの農民から習得したとされ

第Ⅳ章　農耕定住社会への遊牧民の来襲　83

る鐙がその一例）し，匈奴の事例でもわかるように，組織力が優れていたことは確かである．

3．騎馬民族の来襲（第三波）——モンゴル語族の来襲——

　モンゴル部の有力氏族出身のテムジンは，1206年，モンゴル高原で即位して，チンギス・ハーンと名乗り，「チンギス・ハーンを地上の全人類の唯一の君主として指名する」という神託を受けると，世界征服戦争に乗り出した．まず，金・西夏などの南方の農耕地帯を侵略して財政基盤を固め，次いで，中央アジアのホラズム王国に送った使者が殺されると，それを口実にして1219年から西方への大遠征を行った．1225年に凱旋すると，チンギス・ハーンは配下の氏族長・部族長にそれぞれ千人隊長の称号を与え，その下には，百人隊長，十人隊長というように，十進法の軍隊編成を実施した．かかる十進法の軍隊編成は匈奴以来の遊牧民国家の伝統であった．ここに，東北アジアから中央アジアに跨る一大遊牧民帝国が建設されたのである[1]．

Ⅳ　騎馬遊牧民による歴史の推進

　かかる騎馬遊牧民の数次にわたる暴力の波は，例えば，アーノルド・トインビーが詳細に検討しているが，日本でも梅棹忠夫がその衝撃の大きさを文明の生態史観として雄大な歴史観にまとめ上げた．梅棹が彼の理論を端的に示すために『文明の生態史観』の中で提示した図を再録したのが，図12「ユーラシア大陸における勢力圏」である．

　この図では，ユーラシア大陸の中央部に乾燥地帯（ステップ）が横切っており，その乾燥地帯とその周囲が第二地帯，ユーラシア大陸の両端に第一地帯が設定されている．古くから巨大帝国は，乾燥地帯の周辺部分で生まれているので，乾燥地帯を四つの象限に分割して，それぞれⅠはシナ文明，Ⅱはインド文明，Ⅲはロシア文明，Ⅳは地中海・イスラム文明の勢力圏を示す．これら文明

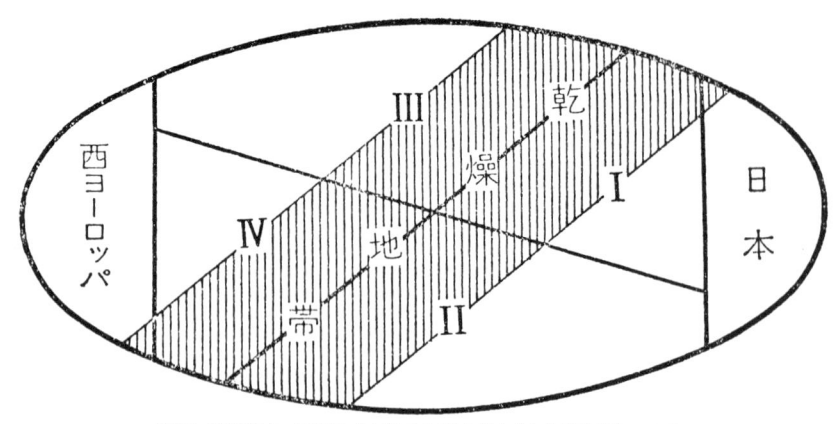

図12 ユーラシア大陸における勢力圏

```
          乾
    III   燥
         ／  I
西ヨ     地      日
ーロ  IV 帯      本
ッパ    ／
        II
```

出所）梅棹忠夫［1996］『文明の生態史観』（中央公論社）p. 158.

の地は繰り返し遊牧民の暴力によって襲撃され，破壊されることによって，その暴力に対抗するために，自らも巨大帝国を建設せざるをえなかった．しかし，第一地帯（西ヨーロッパと日本）は，かかる遊牧民の暴力から地理的に免れていたので，巨大帝国を建設せず，自律的・分権的な社会を建設できたというのが，梅棹の理解であった．

　　乾燥地帯は悪魔の巣だ．乾燥地帯のまん中からあらわれてくる人間集団は，どうしてあれほどはげしい破壊力をしめすことができるのだろうか．…昔から，何べんでも，ものすごく無茶苦茶な連中が，この乾燥した地帯からでてきて，文明の世界を嵐のようにふきぬけていった．そのあと，文明はしばしばいやすことのむずかしい打撃をうける．…遊牧民はその破壊力の主流であり，そのお手本を提供したけれど，破壊力をふるうのは遊牧民とはかぎらない．そののち，乾燥地帯をめぐる文明社会そのものの中からも猛烈な暴力が発生するにいたる．北方では，匈奴，モンゴル，ツングース，南方ではイスラム社会そのものが，暴力の源泉の一つになる．第二地域の歴史は，だいたいにおいて，破壊と征服

の歴史である．王朝は，暴力を有効に排除しえたときだけ，うまくさかえる．その場合も，いつおそいかかってくるかもしれないあたらしい暴力に対して，いつも身構えていなければならない．…第二地域の特殊性は，…建設と破壊のたえざるくりかえし．…近世にはいって，はじめて遊牧的暴力は鎮圧され，第二地域における四大帝国，中国，ロシア，インド，トルコが成立する．皮肉なことに，ちょうどそのころから，第二地域は，今度は背後の，沿岸の森林地帯からあらわれてきたあたらしい暴力，第一地域の侵略勢力にたちむかうことになる（梅棹[1996]，pp.94-96）．

定住民中心の歴史からすると，ユーラシア・ステップからの遊牧民の来襲は扱いにくいテーマであろう．何よりも，生産力の増大による定住民の自生的な発展という図式が危うくなってしまう．とりわけ，遊牧民が定住農耕民を襲撃し，それに対する定住民の反応（例えば，強力な中央集権権力の確立）によって歴史が展開したと考える（上記のような）梅棹説は，ヨーロッパはギリシア以来，何かひとつの理念的な道筋に沿って，今日まで綿々と発展を続けてきたというヨーロッパ中心史観にとって受け入れがたいにちがいない．近年，岡田英弘（[1992]『世界史の誕生』筑摩書房）や杉山正明（[1997]『遊牧民から見た世界史—民族も国境も越えて—』日本経済新聞社）など，日本人の研究者からステップの遊牧民に関する啓蒙的な歴史書が相次いで刊行された．これらの書物はこれまでのわれわれの見方を大きく変えるものである．

注）
1) モンゴルを中心とする中央アジアの歴史については，小松久男[2000]において，最近の研究成果を知ることができる．「中国文明」が中華史観という並はずれた規制力を照射して日本人研究者を絡め取るせいなのか，最近の日本における「中国」研究の多くは，彼我の距離感をうまく取ることに失敗しているように見える（戦前の研究は，もう少し自立していたはずであるが）．その点，本文でも挙げた杉山正明などのように，周辺地域から「中国」を見るという視

点を確保している研究者に見るべき業績が多いように思われる．特に岡田英弘の一連の業績は，「目から鱗が落ちる」ような知見を披瀝しているので，われわれには必読の文献である．岡田には，巻末の参考文献で挙げたほかに［1996］『最も親日的な隣国　台湾』（弓立社），［1997］『中国意外史』（新書館），［1998］『現代中国と日本』（新書館），［1998］『皇帝たちの中国』（原書房），［2001］『この厄介な国，中国』（ワック株式会社），［2001］『歴史とはなにか』（文書文庫，文藝春秋）などがある．

第V章

専制帝国の統治構造
―― 遊牧民の知恵と奴隷制 ――

　メソポタミアという農耕発祥地のひとつを抱える西アジアは，農耕開始以来長い間，世界の中心地であった．先進文明が発展し，富に恵まれたこの地域は，しばしば諸民族間の争いの地となった．ステップから押し出してくる遊牧民にもしばしば襲われた．ここに住まう人々にとって，国家の消長とは，征服したりされたりする支配と従属の繰り返しと映った．

　ところで，日本の川柳にも，「売家と唐様で書く三代目」とあるように，企業を起こした創業者の挑戦的な気風は急速に失われやすく，数世代後の後継者はしばしば現状を維持するのさえ困難になる．14世紀のアラブの有名な歴史家であるイブン＝ハルドゥーンは，遊牧民による征服王朝が通常は短命であり，「三世代（100年あるいは120年間）しか続かない」と書いていたが（囲み引用文「王朝は三世代しか存続しない」pp. 115-116を参照），とりわけ遊牧民系の征服王朝は継続性という点ではもろいものであった．少数の外来支配者が多数の定住民を支配するという構造的な脆弱性があったからである．しかし，遊牧民系の征服王朝の中にも，「三世代120年間」を越えて継続できた王朝があった．遊牧民固有の群棲動物管理を定住民の統治に適用できた場合である．

I　歴史の中の奴隷制度

奴隷の定義として，簡潔に次のように考えておこう．
① 人格的に隷属し，他人に所有されている（自由に「処分」できる）．
② 暴力的・強制的に労働に従事させられている．ローマ時代には「言葉を話す道具」と呼ばれた．

奴隷は古代から人間社会には存在したが，狩猟採集社会には，ほとんどいなかった．バンドは小さな親族集団であり，血縁集団内には奴隷は存在しないし，仮に血縁を異にする人間を奴隷として捕獲しても，集団が常に移動しているのだから，管理がむずかしい．狩猟採集生活では，食糧を獲得させようとして奴隷たちに付近を渉猟させると，奴隷は逃げてしまうだろうし，それを防ぐために恒常的に見張りをしていると，自分たちの食糧さえ入手できない．つまり，奴隷の活用ができないのである．従って，バンドという小規模な移動集団の間では，たとえ諍いが起きても，捕虜の捕獲はなく，負けそうな方が逃げることで戦いは終わる．

しかし，初歩的とはいえ農耕が始まり，定住して，人口が増大し，分業が進むと，農作業に従事させるとか，牛の乳搾りをやらせるなど，捕獲した捕虜の使い道ができてくる．古代社会において，異なる集団（部族・首長制社会・初期国家など）の間で戦争が起き，勝敗が決すると，勝利した集団は敗れた集団に対して，絶対的な支配権を持ち，その身柄と財産を自由に処分できた．これが，古代社会における一般的なやり方である．征服集団は，「戦利品」として の敗れた集団を殺戮することも，自分たちの奴隷とすることも，さらに，奴隷として売り飛ばすこともできた．むしろ，奴隷こそ，古代から最も重要な「商品」のひとつであったから，奴隷貿易はいつの時代にも盛んであった．つまり，武力に優れた集団は，商品としての奴隷を獲得するために戦争を仕掛け，捕虜とした成人男女・子供を大量に奴隷市場へと投入していたのである．

このことは，現代の英語・フランス語の中にも痕跡を残している．奉仕など

と訳されるserviceはもともと戦争などでの捕虜を殺さずに生かして使役するという意味のラテン語のservus（「生かしたままにしておく者」）が起源である．これが現代における「サービス」の語源になっているのであるが，ヨーロッパ（特にフランスなどのラテン系諸国）でサービス業に従事する人々が，時折，顧客に対して垣間見せる鬱屈した心のありようなどには，このような背景がある．

被征服民族が奴隷の供給源であったことの，もうひとつの痕跡が，英語のslavesの語源に見られる．中世初期，ガリアで支配層に収まったフランク族は盛んに周辺地域に戦争を仕掛けて，捕虜の捕獲に精を出していたが，なかでも征服されて捕虜となったスラブ民族Slavsが国際奴隷市場で多数取引されていた．当時のヨーロッパで取引されていた奴隷のうちで，スラブ人が多かったことがslaves（＝奴隷）の語源となったのである[1]．

戦争捕虜が奴隷になった事例としては，例えば，ローマ時代に第二次ポエニ戦争（前218-前201）で8万2000人，前167年エピルスでの戦争で15万人，前105年にゲルマン人16万人などにみられるように，多数の住民が戦争によって奴隷とされた．

一方，もうひとつの奴隷供給源として購買があった．ローマの周辺地域での海賊や，徴税請負人による人さらいや債務によって奴隷となった人たちが奴隷として市場に供給された．奴隷貿易の中心地のひとつがデロス島で，1日に1万人以上の奴隷が取引されたという．しかし，結局は，戦争で捕獲した敵を奴隷として売り飛ばすことも，また，そもそも売り飛ばすために戦争を仕掛けて捕獲することもあったのだから，購買奴隷の供給源も戦争であったことが多い．マルク・ブロックによると，中世初期のヨーロッパ人は対外的に売るものがなかったので，近隣地域へと戦争を仕掛け，ローマの市民権を持たない「蛮族」を捕獲して，中東・小アジアなどの先進地域へと売りさばいた．古代から奴隷商品は国際貿易において非常に重要な位置を占めていたのである．

古典古代のギリシア・ローマ文明は奴隷制度の典型的な体制として知られて

いる．紀元前5世紀のアテネでは，総人口30万人のうち奴隷が10万人，また前1世紀のイタリアでは，総人口750万人のうち奴隷が300万人に達したと推定されている．厳しい監督のもと，農場では400人，大牧場や鉱山では1000人もの奴隷が酷使されることもあった．

債務が返済できずに奴隷となる場合もあったが，原則として奴隷は蛮族（＝外国人）であり，上記のように戦争や略奪などによって奴隷を獲得したので，奴隷制を発展させたギリシア・ローマという中心部が，奴隷の供給を絶えず保障する周辺＝辺境部の存在を不可欠とした．農業，牧畜，手工業，鉱山などで大規模な奴隷制が成立し，過酷な取り扱いを受けた．奴隷のなかには，労働奴隷のほかに，闘技場で真剣勝負によって仲間どうしの殺し合いを強いられたグラディアトル（剣奴）もいれば，歌い手，踊り子，医師，秘書，司書，家庭教師など才能を買われた奴隷，下僕・下女などの家内奴隷もいた．グラディアトルを除いて，これらの奴隷は，労働奴隷ほどには過酷な扱いを受けず，そのなかには，主人の「温情」にすがって解放されることを望む者も少なくなかった．

II　現代までの統治制度に対する牧畜文化の射程

ヨーロッパ文明と日本文明とを比較する際には，この牧畜文化の有無が決定的に重要である．人間を管理する手法として，《人間家畜》と《人間番犬》の意義を強調したのがトインビーであった．彼によれば，遊牧民は，征服した民を《人間家畜》として奴隷にして，さらに，少数の支配者で多数の奴隷を管理するために《人間番犬》という仲介者の機能を発達させた．

1．遊牧民と奴隷

遊牧民が定住民を征服して，自らも定住し始めると，非征服民たちを奴隷にすることが通例であり，遊牧社会には奴隷の事例が多い．遊牧民たる支配者が非征服民である農民を奴隷にして，剰余生産物を収奪するのである．かかる定

住民への遊牧民の来襲は，文明の破壊とともに，二層国家（今西錦司の言葉では「超世帯国家」）の建設へと向かう．主人と奴隷，すなわち，支配層と非支配層という二層構造である．

　狩猟採集社会では奴隷の存在はまれであったが，牧畜民の社会では，その73％の場合に奴隷の身分があったというように[2)]，牧畜社会になると，奴隷が存在する比率は急速に高まる．

　紀元前3千年紀からの遊牧民（インド・ヨーロッパ語族）の《爆発》の第一波においてすでに奴隷が発生していたことが記録に残っている．例えば，古代インドでは，物とみなされ売買贈与の対象とされる人間をダーサ（女性はダーシー）と呼んだ．ダーサという語は，アーリア人のインド来住初期に彼らに敵対した先住民の呼称であったが，そうした先住民が征服されたため，この呼称に「奴隷」の意味が加わり，のちにはもっぱら後者の意味に使われるに至った．

　またメソポタミアでも紀元前2千年紀から奴隷の記録が残っている．例えば，ウル第三王朝時代（前22-前21世紀）の文書に記録された戦利品中に，家畜などとともに奴隷があげられていた．

2．《人間家畜》の誕生（＝奴隷の成立）

　遊牧民は，定住民に襲いかかり，彼らを捉えると《人間家畜》化し，奴隷として自らの管理下に置いた．すでに見たように，草食性の大型動物を群として管理する技術は遊牧民に固有の技術革新であるので，遊牧民による奴隷制が，動物管理技術の応用であることはほとんど間違いはないであろう．

　動物管理技術の応用としては，まず去勢を挙げることができる．刑罰の場合を除いて，同じ血縁に属する者を去勢することはない．同様に，同じ血縁を持つものを奴隷にすることもない．従って，去勢の技術は家畜管理の一貫として活用されてきたが，遊牧民が他民族・他氏族の者を捕獲したときに，この技術を人間に応用したのは，ごく当然の成り行きであったろう．去勢を施すことに

> ─── 《人間家畜》 ───
>
> 　ステップからさまよい出て《農耕地方》に入った遊牧民は，定住民を《人間家畜》として扱う傾向があると，遊牧民に対する非難として定住社会ではしばしば言われる．しかしその主を《良き牧羊者》と考え，『私についてきなさい．あなた方を人間をとる漁師にしてあげよう』（マタイ伝）という誘いをもって漁師たちを弟子に加える者として主を描いている宗教を創造したのは遊牧社会ではなく，定住社会である．羊飼い（rā'i）とその群（ra'īyeh）［ライ・エー．すなわち，オスマン帝国では非イスラム・非トルコ系従属民を意味する］という喩えは，疑いもなくアフラシア・ステップの遊牧民から間接的にキリスト教会が得たものである．そしてキリスト教の比喩的表現において最も含蓄の多い喩えのひとつの出所に対して不敬の言葉を吐くことによって《内の恥を外に表す》ことはわれわれのなすべきことではない（アーノルド・トインビー［1969］『歴史の研究』4巻，p.169）．

よって，捕虜から反抗心を奪い，管理しやすくなるからである．従って，遊牧民は捕獲した捕虜を去勢するのを慣習にしていたとまではいえないかもしれないが，奴隷として管理する際に，頻繁に去勢技術を使用したことは十分にありえる（1890年代のイタリア・エチオピア戦争の際，牧畜民であるエチオピア人は，捕虜のイタリア人を全員去勢していたという）．

　古代のオリエント社会では，家畜も奴隷もオイコス（家）に属する動産として扱われていたのであり，紀元前3千年紀のシュメール世界において，すでに奴隷は家畜と同じカテゴリーに属するものと見なされ，家畜群管理と同様の管理を受けていた．「家畜管理の技法が，人的管理の技法に適用される可能性は高い」（谷［1995］p.23）と言えよう．

　紀元前6世紀初めころ，遊牧民のスキタイ（あるいは，スキュタイ）人が捕獲した者たちを家畜のように扱っている記述がヘロドトスの『歴史』にある．

第Ⅴ章　専制帝国の統治構造　93

　スキュティア［黒海の北西沿岸地域を当時のギリシア人はこう呼んだ］では彼らが飲用する乳を搾る作業ために奴隷をみな盲目にしてしまう．乳は次のようにして搾る．堅笛によく似た骨製の管を手にとり，これを牝馬の陰部に挿入し，口で吹いて膨らませ，一人が管を吹いている間に別の者が乳を搾るのである．…乳を搾り終わるとこれを深い木桶に流し込み，桶のまわりに盲目の奴隷を並ばせて乳をゆすり動かせる．そして，上方にたまった部分をすくいとって，これを上質のものとし，底の部分はこれよりも劣るものとしている．右の作業をさせるためにスキュタイ人は捉えた人間はすべて盲目にしてしまうのであるが，これは彼らが農耕民族ではなく，遊牧民であることによる（ヘロドトス『歴史（中）』pp. 8-9）．

　このように戦争で得た捕虜を盲目にする（ただし，史実として確認されていないが）とか，去勢するというのは，他者を管理下に置く目的で外科的に肉体を傷つけることであり，遊牧民にとって，群居性の動物を管理するための自家薬籠中の技術である．すでに古代シナや古代オリエントの時代からかかる肉体への施術は実用化され，その効果が実証されてきた．トインビーもまた遊牧民による人間家畜化を語っている（囲み引用文《人間家畜》を参照）．
　奴隷は家畜化された人間であるから，奴隷の所有者にとっては，奴隷はもはや人間ではなく，家畜となった動物と同じカテゴリーに入る．しかし，「動物と同じカテゴリーにはいる人間」が存在するためには，まず「そもそも人間と動物は同じレベルの生き物ではなく，あくまでも動物は人間よりも下位の生物であり，人間は動物を自由に処分できる」という信念が前提になければならない．「動物も人間も命あるものとして同じであり，上下はない」という信念からは，動物を人間よりも下位に見るという考えは生まれてこない．
　人間と動物とは隔絶した関係にあるという確信を抱いている人間が，捕獲した人間を《人間家畜》として扱うことによって，奴隷が《誕生》する．この場合，家畜と見なさないと多数の奴隷を使うことはできない．つまり，家畜管理

技術がないと，大量の奴隷の管理は不可能である．

　鯖田豊之［1966］『肉食の思想』にもあるように，人間が飼っている動物を禁忌の思いを感じずに食することができるようになるのは，人間と動物は隔絶しているという，人間至上主義の考えが必要である．キリスト教において，なかでもその西洋的形態が最も人間至上主義的であることは偶然ではない．

3．《人間番犬》の誕生

　第Ⅳ章で見たように，三つの波において，支配層に収まった遊牧民は，定住農耕民を支配下に置いて，専制的な統治体制をつくった．しかし，かかる遊牧民の王朝は，イブン＝ハルドゥーンを待つまでもなく，概して短命である．ステップや砂漠から出てきた征服者が定着して，遊牧民的な気概や勇猛さを喪失すると，たちまちのうちに権力の座を追われた．

　しかし，それの例外で，出自は遊牧民であっても，農耕定住民を支配下に置き，長期間の専制帝国の維持に成功した征服王朝があった．それらは，シナを征服し漢民族を支配したモンゴル帝国（元王朝），オスマン帝国，さらにムガール帝国である．

　この遊牧民的な統治体制，あるいは，その人間管理技術の洗練性（遊牧民の天才性）を強調したのが，トインビーである．遊牧民による王朝の統治体制のキーワードは，《仲介者》，あるいはもっと直截的な表現では，《人間番犬》である（囲み引用文《人間番犬》参照）．遊牧社会において，《仲介者》は，管理者である牧夫の補助者として，その意向を受けて，群としての大量の家畜を管理・統制する役目を担っている．《人間番犬》とは，遊牧民系の専制帝国にあって，《仲介者》としての一連の職務を遂行する官僚たちである．シナの諸王朝における宦官やオスマン（オットマン）帝国における奴隷たちがその代表的な存在であった．遊牧民による天才的組織経営には，「秘密」があった．羊の群を管理・監督するのに，リーダー羊や犬などを活用したように，被支配者の中から《仲介者》を選抜して，育成し，圧倒的大多数の非支配民族を治めたの

―――――― 《人間番犬》 ――――――

　われわれはすでにアヴァル族や，それに似た遊牧民族が，砂漠から農耕地帯に侵入したとき，それまで《羊を牧する者》であった彼らが《人間を牧する者》に変わることによって新しい状況に対処しようと企てて失敗したのを見た。農耕世界におけるこれらの失敗した遊牧民帝国建設者たちが，ステップの複合社会の本質的協力者に代わる者を，定住的住民の中に求めようとしなかったことを考えるとき，彼らの失敗は驚くに当たらないように思われる。なぜなら，このステップの社会は，人間の牧羊者とその羊群だけで成立しているものではなかったからである。遊牧民は生命を維持するために飼う家畜の他に，馬・駱駝・犬を飼っている。そして，これらのものの役目は，羊や牛のように食糧や衣料を供給することではなくて，牧畜の仕事を助けることである。これらの補助的な動物は，遊牧民の傑作であり，それが彼らの成功の鍵であった。彼らの力を借りなければ，遊牧民の離れ業の強行は人間能力の及ぶところではない。しかも，人智の奇蹟によってのみ，この補助者を動員することができるのである。羊や牛は人間の役に立たせるために（相当に困難ではあったろうが），単に飼い慣らせばいいのであるが，犬・駱駝・馬は複雑な仕事をさせるためには，飼い慣らすだけでなく，訓練しなければならない。彼らが非人間的協力者を訓練したことは，遊牧民の最大の功績である。そして，この高度な遊牧民の技術を定住社会の条件に適応させ，特に羊や牛を飼い慣らすという比較的平凡な技術を定住社会の条件に適応させたことが，オットマン［オスマン］帝国とアヴァル帝国の違いであり，オットマン帝国が強大になり，長く続いたのはこのためである。オットマン帝国の主権者たちは，《人間家畜》の秩序を保たせるために，彼らを助ける人間補助者としての奴隷を訓練することによって，その帝国を維持した（アーノルド・トインビー［1970］『歴史の研究』5巻，p.43）。

である．家畜管理技術としての去勢と仲介者という技術は高度な人間管理技術として活用されていたのである．

　遊牧民による征服国家で例外的に長命だった帝国として挙げられるモンゴル帝国とオスマン帝国には，この《仲介者》育成システムが機能しており，奴隷や異民族から軍人や行政官を養成していた．例えば，オスマン帝国では，イェニチェリと呼ばれた親衛隊が皇帝を取り巻いて権力の中枢にいた．彼らは，① 両親がキリスト教徒かその子孫であり，② 皇帝の奴隷としてこの機構に入り，かつ，いかなる富と権力をふるえる偉大な地位に昇ろうとも，全生涯を通じて皇帝の奴隷のままであった．彼らは皇帝に対する絶対の忠誠心を持っていたので，皇帝は彼らを信頼して高位・高官に付けたのである．

　独裁者たる皇帝が信頼できるのは血縁者だけである．しかし，血縁関係者だけで多数の被支配層を治めることは不可能なので，中間的な管理者が必要になる．そこで，例えば，テュルク系の奴隷（マムルークと呼ばれた）などの奴隷を外部世界から導入したのである．《人間番犬》のシステムは，支配層の一部を血縁と家柄を無視して形成するのだから，人間を能力によって登用する遊牧民的な能力主義が敷かれていることになり，この限りで前近代社会では非常に革新的な制度であった．

　奴隷制の起源を遊牧民に求めることは，時代が古すぎるうえに，遊牧民は長い間，文字を持たなかったので，歴史的資料による証明は無理であろうが，全体として，牧畜から発生した管理技術として，去勢と《仲介者》とがあり，これを人間に応用して農耕民を《人間家畜》に作り変える一方，中間的に管理させる《仲介者》を養成して，他民族統治の技術として熟成させていったという一連の流れは十分に想定できよう[3]．

注）
1)「アッバース朝のバクダッド宮廷におけるトルコのイェニチェリ（オスマン皇帝の親衛隊）と同じものが，同時代の競争者であったスペインのウマイヤ朝カ

リフのコルドヴァの宮廷にもあった．それはヨーロッパ蛮族を奴隷として買い入れて組織した親衛隊であった．それはスペインのカリフが，隣接するフランク族から得たのである．フランク族は，彼らの領土を越えて奴隷狩りを行い，そうして得た捕虜をコルドヴァの奴隷市場に供給したのである．スペインのカリフに売られるためにフランク族によって捕らえられた蛮族はたまたまスラブ族Slavsであった．これが英語の奴隷を意味するslavesの語源である」(トインビー［1970］『歴史の研究』5巻，p.45).

2) 内堀基光［1988］「民族学からみた奴隷制」『世界大百科事典』20巻，平凡社，p.536.

3) 本書では，以上のように奴隷制度の発展を牧畜文化という視角から検討している．断るまでもなく，この視角は，今日に至る統治システムの発展を，奴隷制と牧畜文化という，ある特定の断面から展望しようという試みであり，これによって奴隷制の全面的な解明を目ざしたものではない．つい最近，世界の奴隷制の歴史に関して，オルランド・パターソン［2001］『世界の奴隷制の歴史』(明石書店) が出版された．浩瀚な文献の渉猟にもとづく同書の中で，パターソンは，奴隷に関してこれまで蓄積されてきた議論を総括的に検討している．本書の執筆においては十分にパターソンの研究成果を取り入れることはできなかったが，本章の議論との関連でいくつか指摘すると，パターソンは，(1)戦争捕虜は奴隷の起源ではあっても，「多くの戦争捕虜の運命は奴隷になること」(p.243) だと考えるのは間違いであり，奴隷の供給源としての戦争を誇張すべきではないと主張しており，(2)シナの歴代王朝における宦官についての議論 (pp.662-688) において，牧畜から派生した技術 (《仲介者》や去勢など) と奴隷という大量の人間管理技術との関連をさほど重要視していない(もちろん，無視しているわけではないが).

第Ⅵ章

古代ギリシアにおける奴隷と自由
―― 奴隷使用の正当化の論理 ――

　近代以降のヨーロッパ人はギリシア文明との繋がりを強調しており，あたかもヨーロッパ文明はギリシア・ローマ文明の正統な後継者であるかのごとき叙述を当然のこととしてきた．さすがにデーヴィス（[2000]『ヨーロッパ　Ⅰ　古代』別宮貞徳訳，共同通信社，525p.）など，ヨーロッパ史に関する現代の概説書においては，このあたりの表現は慎重ではあるが，しかし，ヨーロッパ史の始まりをギリシア文明に置くことには変わりはない．

　ギリシア・ローマ以来，文明は連続して発展しており，現代ヨーロッパはギリシア・ローマ文明の正統な嫡子だという主張こそ，ヨーロッパ至上主義の典型的な表現にほかならない．なぜなら，「ギリシア文明以来の人類の発展をわれわれヨーロッパ人が体現している」という，この《普遍性》の確信こそ，ヨーロッパの《普遍性》の根拠となっているからである．そして，《普遍性》こそ，対外的膨張と他民族支配の正当化への根拠となっている．

　しかし，この連続性の主張は，（嘘とは言わないまでも）自分たちに都合よく誇張されている．「古代」のギリシア・ローマ人たちと現代のヨーロッパ人とは，人種的・宗教的に直接的な繋がりはかなり薄いうえに，文化的にも近代のヨーロッパ人は「古代」の文明を間接的に，つまり，文献やアラブ人・ユダヤ人などを媒介にして学習したにすぎないからである[1]．つまり，現代ヨーロッ

第Ⅵ章　古代ギリシアにおける奴隷と自由　99

パは古代ギリシアと「繋がってもいるし，切れてもいる」のである．「古代」との関係が間接的であり，どちらかと言えば切れていることは，次章「ヨーロッパ中世社会」で見るように，西ヨーロッパ世界の成立の仕方（＝征服による）によく表れている．

Ⅰ　征服国家としてのポリスと「自由」

　古代ギリシアのポリス社会は，遊牧民を祖先とする民（ドリス人）による征服にその起源を持っている．紀元前1200年ころの草原地帯の気候冷温化によって（安田喜憲［1997］『森を守る文明・支配する文明』PHP研究所），ステップ地帯西部からの遊牧民（インド・ヨーロッパ語族と見られるドリス人）が周辺へ「押し出し」（＝爆発の第一波），ペロポネソス半島を占領した．花粉などをもとにした最近の研究によると，先住民によるミュケナイ文明は，その時点ではすでに自然破壊によって衰退しており，さらに「海の民」と呼ばれる西アジア出身の種族によって攻撃を受けて壊滅していた．いずれにしろ，ドリス人による統治形態は，遊牧民的な側面があり，二層構造を持っていた．それは，ポリスの構造にはっきり表れている．

　ギリシアにおける《個人の自由》と《動産奴隷制》を見ていこう．アテネのような都市国家（＝ポリス）は，社会的階層から見ると，《二階建て構造（ただし，中二階付き）》になっている．下層に属するのは奴隷であり，社会的になすべきだとされている活動，つまり，労働を行う．彼らは「家」（オイコス）に属していて，「家長」に絶対的に服従している．奴隷たちは，個人たる家長の動産になって，家長の個人的自由を経済的に保証している．これこそが動産奴隷制である．上層（中二階以上）に属するのが自由人であり，それぞれの「家」の「家長」たちである．彼らは奴隷に労働をさせているので，働かずにすむ．労働しないですむので，暇の時間を思索や勉強に充てることができる．奴隷の労働を収奪しているので，経済的に豊かである．そもそも古代ギリシア語には労働という一般的な概念を表す言葉も，一般的な社会的機能としての労

働という観念も存在しなかった．大きな「家」では管理の仕事が生じるが，それも管理奴隷にやらせていた．つまり，各「家長」には，それぞれオイコス（「家」）が属していて，「家長」の独立性を経済的に保証していたのである．これが，「家長」の個人的自由の源泉であった．オイコスごとに経済が自立していたことが重要である（フィンレイ，M. I. [1970]，p. 87）．

大規模な祭り，土木工事，戦争など，ポリス全体の事柄については，彼らは街の「広場」（アゴラ）に集まって，議論をしてポリス全体の方針を決定する．家長たちの領域がポリスであり，政治（または，国家）の領域である．これに対して，奴隷たちの領域はオイコス（家）の領域であり，経済の領域である．

ここには，「個人の自由を謳歌するような自立した個人（＝家長）は，労働などしない．労働する者（＝奴隷たち）には自由など微塵もない」という，鮮やかな対比がある．

アテネのように，個人の自由が最高潮に達したような都市国家は，それと同時に，動産奴隷制が最も発展した都市でもあった．古代ギリシア以前の世界（シュメール，バビロニア，エジプト，アッシリアなどの都市国家）は，…自由人が存在しない世界であった．この世界はまた，動産奴隷制が何ら重要な役割を果たしていない世界であった．動産奴隷制もまたギリシア人が発見したものであった．要するにギリシア史の一様相は，自由と奴隷制とが手を携えて発展したこと，これである．…自由とは，ギリシアの情況においては，全男子人口の常に一部分，そして，しばしば小部分である共同体の成員に対して局限されていた用語…アナーキストの理想である，束縛からの絶対的な自由は，ギリシア人の生活と思考の現実においては存在せず，ポリス共同体の権利・義務を遂行する完全市民が最高の自由人であった（フィンレイ，M. I. [1970]，p. 164）．

ポリスという共同体の成員であるということ，また，その限りで「自由である」ということは，「他人に迷惑をかけなければ，何をやっても良い」などと

いう,「制約を受けないのが自由」というような「アナーキスト的な自由」を意味していたのではない．あくまでもポリス全体の政治的経営，つまり，共同体全体に関する事項（戦争を含む秩序維持，公共事業，方針など）の議論と決定に参加するという能動的な義務・権利を意味していた．

II 奴隷によって実現された自由

上層の人々が個人主義的自由・文化・支配・富を独占し，下層の人々はかかる真・善・美から排除されて，ただ労働のみを行うという，このような《二階建て構造（ただし，中二階付き）》がヨーロッパ社会の基本的なあり方である．もっとも，二重構造自体は，ヨーロッパに特有ではない．むしろ，遊牧民による権力奪取と超世帯的国家が形成されたところには普遍的に見られる．ヨーロッパの特徴はそこではない．《動産奴隷制》という基盤のもとに，個人の自由を打ち立てたところにある．《個人の自由は私に》，《労働は彼らに》というのがヨーロッパ社会に基本的なあり方であり，「労働しないで，ポリスという共同体の経営に参画する」のが，最高の自由人の責務であった．

真・善・美を享受する自由市民と労働を強いられる奴隷という構図の中で，奴隷に労働を集約させたから，自由人たちは哲学に集中できた．ヨーロッパ人の基底にはかかる価値観が息づいている．この二重構造を端的に図式化したのが，図13「古代ギリシアの二重構造－ポリスとオイコス－」である．

図13 古代ギリシアの二重構造－ポリスとオイコス－

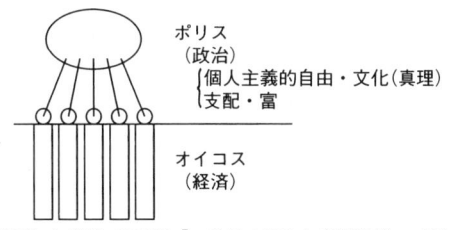

出所）加藤隆［2002］『一神教の誕生』（講談社）p.264.

古代ギリシアが奴隷社会であったのは間違いない．しかし，遊牧民によるいくつもの征服国家とは違う側面がある．その後のヨーロッパの思想的伝統となった「自由」が価値あるものとして賞賛され，専制統治国家にはない「民主主義」を作り上げたからである．古代ギリシア以来の「民主主義」の後継者を任ずる近代ヨーロッパ人の自信の根拠となっている．ただし，その「自由」は奴隷の労働に依拠していた．このような二重構造が西洋社会の基本的なあり方だとしても，もちろん，支配と従属の構造は，何もギリシアだけに固有ではなかった．ただ，古代ギリシアでは支配層が「文明」を構築したのが特徴であり，後のヨーロッパ的価値の生成をここに見いだすことができる．従って，ギリシア世界が自由という観念を初めて明示したのは特筆すべきであるが，しかし，その自由とは，労働から免れた，ごく少数の人間たちが行う政治的自由であった．

奴隷の起源としては，異民族間の戦争によって捕虜となった敗残者が，殺害されずに奴隷として使役されたというのが，最もあり得る場合であろう．債務などによる奴隷は，古代ギリシア・ローマでも見られたが，それはある程度文明が進んで，債務関係などが成立してからである．

　　ギリシア世界の人口の相当大きな部分が奴隷や他の種類の従属労働から成り立ち，それらの多数が異国人であったこと．だいたいにおいて各都市国家のエリートは閑暇を持つ人々であり，経済的な事柄の実務に気を取られることを完全に免れていたこと，彼らはこの可能根拠である労働力を売買し，それに対して広範囲の所有権と，同等に重要な［奴隷の身体への］物理的権限とでもいうべきものを持っていたこと，この隷属状態は，…うまく逃れおおせ［…ない］境遇であったこと，これらすべてを考え合わせるとき，…奴隷制がギリシア文明において土台を構成する1要素であったと，ためらわずに結論する…（フィンレイ，M. I. [1970], p. 97)．

III 対立の思想（「バルバロイは劣っている．劣っている連中は奴隷にする」）

ギリシアの奴隷制においては，バルバロイ（異邦人）たちが奴隷のほとんどを占めていた．債務奴隷の中にはギリシア人もいたが，戦争で捕虜になったので奴隷にされた者は，基本的にバルバロイであった．プラトンとアリストテレスなど，ギリシアの哲学者たちにとってバルバロイは，知的な面で劣った者と映った．バルバロイへの軽蔑感が「バルバロイはそもそも劣った連中だから，奴隷にされても当然だ」という奴隷天性論の理論的支柱になり，奴隷制を肯定する思想的支援になった．

これら二つの信念 [(1)自分たちギリシア人の文化は優越している．(2)バルバロイたちは絶対的専制下にあり，隷属に喜んで従っている]，すなわち，優越した文化を信じる気持ちと，バルバロイの政治的状態を事実上の奴隷制であると信じる気持ちとから，当然，二つの結論が導き出される．第一は，バルバロイは生まれながら奴隷身分のみに適するようにつくられており，それ故，これを奴隷にするのはギリシア人の特権であるばかりか，義務でさえあるというものである．第二は，ギリシア人は生まれながらに自由身分にふさわしくつくられているというものである．この結論のどちらもヘロドトスには見られず，両方とも前5世紀末までに一般の信じるところとなった（フィンレイ，M. I. [1970], p. 151）．

このようなギリシア的な「本質的に奴隷に依存した自由」という基盤から，ヨーロッパ対アジアという構図が生まれた．この構図において，ギリシア人たちは，自分たちは自由であるのに対して，アジア人（この場合は，ペルシア人）は専制統治下にあって不自由な立場にあるので，自分たちの方が決定的に優れているという確信を抱くにいたった．その後のヨーロッパが抱く「ヨーロッパ

文明の優位性」の思想的根拠がすでに表れている．自分たちは文明をもっており，バルバロイたちは専制体制下に甘んじているので，彼らがわれわれの奴隷になるのは当然だし，劣った彼らは奴隷になった方が幸せであると，ギリシア人は考えた[4]．ギリシア人は高貴で，バルバロイ（もともとは，「自分たちに通じない言語を話す者」という意味らしい）は野蛮だという認識である．このギリシア人の自己中心的な驕りは，自意識の底に流れる思想として，16世紀のヨーロッパ人にまで受け継がれてきた．「われわれは自由を享受する優れた人間だから，彼らを奴隷にして（彼らの自由を奪って）良い．そうすべきだ」という，後に15世紀末にカリブ海と南アメリカでヨーロッパ人がインディオに対して抱いた驕りと同じ構造の思想を，すでにギリシア人がアジア人に対して抱いていたことになる．16世紀以降に《新世界》で彼らが行った蛮行を思い出すと，ギリシア思想における異邦人に対する隔絶の思想，つまり，「われわれとやつら」，あるいは，ヨーロッパとアジアという対立の思想，この敵対の思想をヨーロッパ人は克服することなく，16世紀まで維持し続けたと考えざるをえない．

Ⅳ 労働蔑視の思想（「労働は奴隷がする．だから労働は卑しい行為」）

自由人たちは生活資料を得るための労働をする必要がなく，政治と軍務のみに専念するようになり，農作業から商業活動，工業活動まで奴隷にさせるようになると，労働とは奴隷が行う活動になる．ここから，ギリシア人における労働禁忌の思想が芽生えた．

事実，僭主制の時代までは，暗黒時代に征服されなかった国々には，いかなる奴隷労働もほとんど無かった．その後，ドリス人がギリシアの大部分を征服して古い秩序が崩壊すると，はじめて態度の変化が始まった．ドリス人は新しい土地に定着すると，従属民を，生活必需品の供給に資するようにさせ，自らは軍務のみに専心した．もちろん，奴隷であれ，農奴であれ，劣等階級に労働

がいったん制限されると，まもなくそれは本質的に下劣なものと見なされるようになった．この侮蔑感は，自然に職人や商人ばかりでなく，土地耕作者にも広げられた（フィンレイ，M. I. [1970], p. 156）．

ギリシア人にとって労働は卑しい活動であり，誇り高き自由人のするべきものではなかった．アリストテレス（前384-前322）の奴隷観が，その『政治学』に端的に語られているので，その有名な箇所から抜き書きすると，次のようになる．

> まず第一に，互いに他なくしてあり得ないものは，一対となるのが必然である．…生来の支配者と被支配者とが両者の保全の為に一対になるが如きである．なぜならば心の働き（ヂアノイアー）によって予見することの出来る者は生来の支配者，生来の主人であるが，肉体の労力によって他の人が予見したことを為すことの出来る者は被支配者であり，生来の奴隷であるからである．…完全な家は奴隷と自由人から出来ている．…家政術（オイコノミアー）も固有の道具を持っていなければならない．…家政家にとって…奴隷は生ある所有物である．そして下働人はいわばその他の道具に先立つ優れた道具といったようなものである．…梭が自ら布を織り，琴の撥が自ら弾ずるならば，職人の親方は下働き人を必要とせず，また主人は奴隷を必要としないであろう．…とにかく以上のことから，奴隷の自然（ピュシス［本性］）は何であるか，そしてその働きは何であるかということは明らかである．すなわち，人間でありながら，その自然によって自分自身に属するのではなく，他人に属するところの者，これが自然によって奴隷である．…そこで生あるものに限ると，それは先ず第一に魂と肉体から出来ていて，そのうち一方は自然によって支配するものであり，他は支配されるものである．…従って，以上論ずるところから，自然によって或る人々は自由人であり，或る人々は奴隷であること，そして後者にとっては奴隷であることが有益なことでもあり，正しいことでもあるということは明らか

である（アリストテレス『政治学』pp.32-46）．

ここでアリストテレスが，奴隷について述べていることを要約すると次のようになるが，これは，大きく二つのこと（奴隷道具論と奴隷天性論）にまとめることができる．
① 生まれつき主人は精神で，奴隷は肉体である．
② 主人と奴隷は一対（＝ワンセット）であり，両者が合わさって初めて家政（オイコノミー）が完成する．
③ 独り立ちできず他人に属する者が奴隷となる．
④ 主人にとって奴隷は道具である．
⑤ 奴隷は他者（＝主人）の命令を受けて肉体労働をするしかない．
⑥ 生まれつき劣った者が奴隷となる．
⑦ 劣った者が奴隷となるのは，自然の摂理であり，有益かつ正しいことである．

以上の①から⑤は奴隷道具論であるが，家政をひとりの人間になぞらえて，頭脳（あるいは，精神）と肉体の機能を分離・独立させて，それぞれを主人と奴隷に当てはめている．さらに，実際に作業をする肉体の機能を下位に落として，その自律性を否定するのが特徴である．一方，⑥と⑦は，奴隷天性論であり，「生まれながらの奴隷」という発想をもとに，奴隷となって主人の支配下に入るのは双方にとって幸福だと主張している．

奴隷労働を起源とする労働蔑視が確立したのは，ペルシア戦争（前492-前449）がきっかけであったようである．ギリシアでも初期の時代には，労働を行うという限りで，奴隷も自由人も本質的な区別は存在しなかったが，前8世紀から前7世紀にかけて，いくつかのポリスにおいて，奴隷労働に対する蔑視が始まり，その蔑視観は前6世紀から広くほかの諸都市へも広まり始めた．この時代においては奴隷労働を起源とする労働蔑視も手工業や商業における労働に限られていたが，とくに大量の捕虜を獲得したペルシア戦争後は，奴隷にし

かふさわしくない労働という観念が確立した．そして，次の段階に進むと，奴隷はこのような卑しい労働にしかふさわしくない（＝劣っている）という観念が定着したのである[5]．

V　精神・肉体の機能的分離と異人種への「同定」

　かくて，ペルシア戦争終結の前5世紀半ばまでに，次の三つの信念がギリシア人の間に定着した．
　①　ある種の仕事は奴隷のみにふさわしい（＝肉体労働の蔑視観）
　②　劣等人種がこれらの労働を行うべきだ（＝劣等人種論）
　③　すべてのバルバロイは劣等人種に入る（＝外国人への敵愾心）
　シェレイファーによると，①はすでに確立されていたので，プラトンとアリストテレスの仕事は，残りの②と③の信念を根拠づけることであった．そして，その根拠となったのが，「奴隷は魂の中の支配を行う要素を欠いており，それ故，この要素を所有する誰かによって支配される必要のある不完全な人間」[6]であるという主張であった．

　紀元前5世紀の時点で，頭脳と手足というメタファー（隠喩法）によって，① 人間的活動における指示と実行という機能が分離されたこと，しかも，② 指示は価値が高いが，実行は価値が低いと明確に価値付けがなされたこと，さらに，③ それぞれヘレネス（ギリシア人）とバルバロイ（＝異邦人，ペルシア人）という別の種族に分離されて理解されたことが決定的に重要である．かかる労働の理解は，いわば通奏低音として，労働と対外的関係において，後のヨーロッパ文明に大きな影響を与えたと考える．

　21世紀初頭の現代の倫理で，今から2500年ほど前のギリシア人を批判するつもりはない．当時は技術が今と比べて劣悪で，生産性が低かったのだから，自分たちの生活水準を上げるために，戦争の勝者が奴隷を使用したのは《常識》だった．ただ，注目したいのは，アリストテレスを始めとするギリシア人が奴隷使用の正当化のために開発した論理が，その後のヨーロッパ文明におい

て，いかなる痕跡をもっているかという点である．

　ギリシア人たちは,「われわれギリシア人は文明水準が高いから，奴隷を使用するのは当然だ」と考えた．彼らが考える自分たちの優位性は文明水準が高いことにあるが，それは，自分たちが「自由」を享受している点に集約された．しかし，実際は，奴隷を使用したからこそ，自由人たちは「自由」を享受できたのである．つまり，彼らギリシア人の文明水準が高いのは奴隷労働のおかげなのであるが，彼らは,「人間には知的に優れていて考えることができる人間と，無能で他人からの命令でのみ仕事ができる人間の二種類ある」と定式化して，自分たちの文明の高さを結局は人種的・民族的優位性に帰着させた．ここにはその後繰り返されたヨーロッパ文明固有の詐術がある．ほぼ2000年後の15世紀末以降，ヨーロッパ人が世界に打って出たとき,「われわれキリスト教徒は優秀な人間なので，遅れた異教徒たちを奴隷化できる」と自己正当化した．その論理と同じ脈絡である．

注)
1) ギリシア文明と現代ヨーロッパ文明との継承・断絶関係については，田中英道 [2002]『国民の芸術』(産経新聞社)に詳しく論じられている．
2) ここで《二階建て構造（ただし，中二階付き）》というのは，1階部分が下層の庶民（＝被支配層），2階部分が上層貴族（＝支配層），そして，中二階部分が支配層と被支配層の中間にあって，両者を取り持ち，支配構造を確固たるものにしている《仲介者》（＝遊牧民の言う人間番犬）が存在することを指している．
3) 加藤隆 [2002]『一神教の誕生』pp. 264-265にこの点に関する簡潔で要領を得た描写がある．
4) アリストテレスも,「それ故に詩人たちは,『ギリシア人が野蛮人を支配するのは当然である』と言っている，これはあたかも野蛮人と奴隷は自然に同じであるという風な考えである」（アリストテレス [1961]『政治学』山本光雄訳・岩波文庫, p. 33). もちろんアリストテレスは前4世紀に生きたギリシアの哲学者である．

5) シェレイファー, R. [1970]「ホメロスからアリストテレスまでのギリシア人の奴隷制理論」『西洋古代の奴隷制-学説と論争-第二版』(M. I. フィンレイ編著・古代奴隷制研究会訳, 東京大学出版会), pp. 188-189.
6) 同上

第Ⅶ章

ヨーロッパ中世社会
――安定的な分権社会の形成――

　ヨーロッパ史で「中世」と呼ばれる時期は，一般には，4世紀末，ローマ帝国の崩壊によるゲルマンの部族国家の成立（あるいは，800年のシャルルマーニュの戴冠）から，15世紀半ば，百年戦争終結までを指している．これは，16世紀のルネッサンス以降，ヨーロッパ人たちが自分たちの時代を「近代」として，ヨーロッパの起源だとするギリシア・ローマ時代を「古代」とし，その中間としての時代という意味で「中世」と命名したものである．つまり，ヨーロッパの4世紀（あるいは，9世紀）から15世紀までを指して「中世」と呼ぶという行為には，自分たちヨーロッパ人は「古代」のギリシア・ローマ人と歴史的に連続し，その文明を継承しているのだという認識が強く主張されている．

Ⅰ　征服王朝としてのゲルマンの部族国家

1．ゲルマン民族の大移動

　紀元2世紀ころまでには，ローマ帝国に隣接するヨーロッパ東北部にゲルマン人が部族国家を形成していた．ライン川とエルベ川に挟まれた地域（今のドイツ）には，西ゲルマン諸族（フランク，ザクセン，アラマンなど），ダニューブ川とドニエストル川に挟まれた地域には東ゲルマン諸族（東・西ゴート，

ヴァンダル，ブルグンド，ランゴバルドなど），そして，ユトランド半島と北ドイツには北ゲルマン諸族（デーン，スウェーデン，ノルウェー）が定住して，大麦などの栽培を行う農耕に従事するとともに，牛や馬を飼う牧畜も行っていた．

先に第Ⅳ章の遊牧民の《爆発》の第二波で見たように，チュルク系遊牧民であるフン族（漢と対峙した匈奴だという説が有力）は2世紀ころまでに中央アジアに移ってきていたが，さらに375年に西方に移動を始めると，ゲルマン人の中でもドニエプル川下流から黒海沿岸に居住していた東ゴート族・西ゴート族は恐慌を来たし，難を避けるために移動を始めた（図11．本書p.81を参照）．彼らは，ローマ帝国と蛮族との境界線になっていたドナウ河をわたる許可を求め，許されると376年に渡河して帝国領内に侵入し始めた．これが，ゲルマン人の《民族大移動》の発端であり，一般に以下の四つの波に分けて説かれる．

民族大移動の第一波において，西ゴート族は，378年にアドリアノープルでの戦闘で東皇帝ウァレンスを敗死させ，その後，40年間にわたってイタリアとガリアを移動していったが，418年，トゥールーズ（南フランス）に王国をつくった．ローマ帝国領内にゲルマン人が建国した最初の国家である．

第二波は，406年にヴァンダル，スェヴィ，アランがライン川を渡って，ガリアに雪崩込み，ブルグンドがガリア南部を，アラマンがアルザスを占拠した．

第三波では，スェヴィ族がガリアを横断してイベリア半島の北西部（ほぼ今のポルトガル）を征服し，ヴァンダル族は，今の北ドイツの地から出発して，フランス，スペインを横断し，さらにジブラルタル海峡を渡って，長駆して439年に北アフリカのカルタゴにいたった．

最後の第四波では，まず東ゴート族が，489年にイタリア征服を始めて，493年，族長テオドリックがラヴェンナ（イタリア北部）に東ゴート王国を建国した．一方では，アングル族やサクソン族がブリタニアに侵入し，現地のケルト人を征服した．なかでもクローヴィス率いるフランク族は486年以降ガリ

図14 ゲルマン部族の大移動

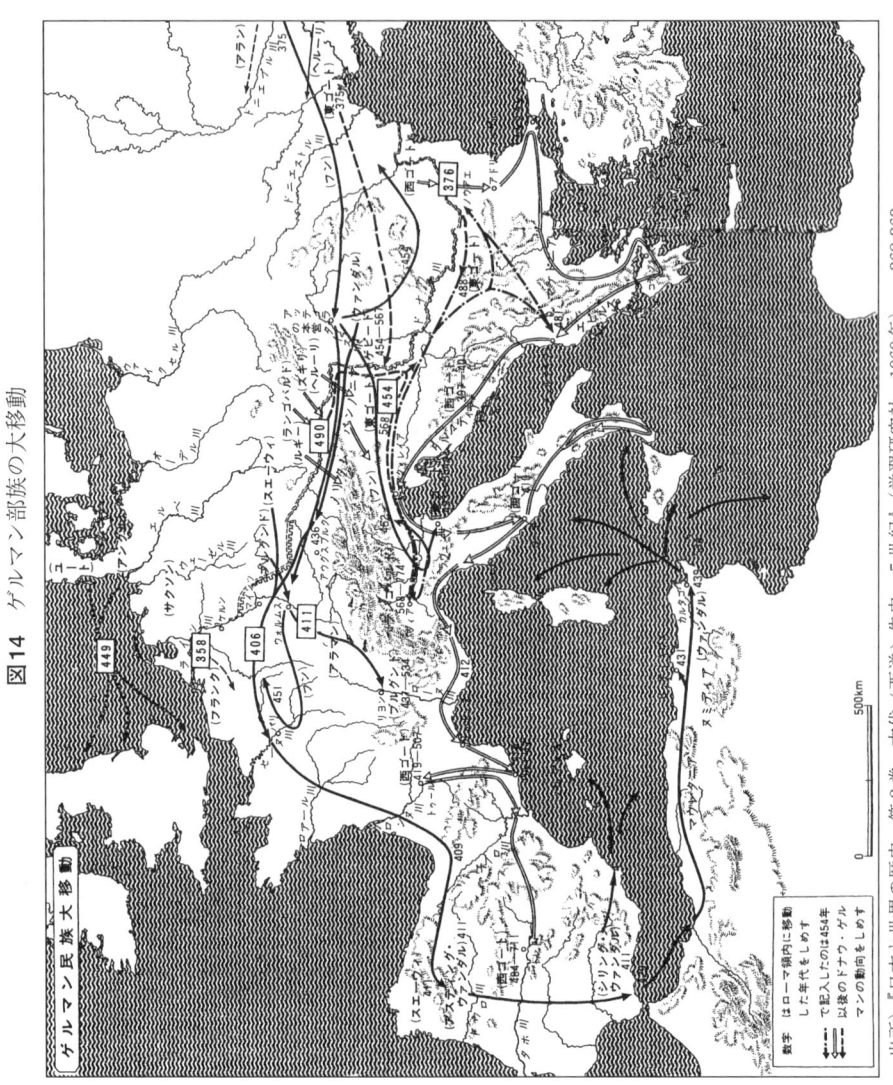

出所)『日本と世界の歴史 第2巻 古代〈西洋〉先史－5世紀』(学習研究社、1969年) pp. 362-363.

アの征服に乗り出し，フランク王国が成立した．507年に西ゴート族をスペインに追いやったことで，ほぼガリアの北部を制圧した．

　376年に始まったいわゆる民族大移動は，4世紀末（395年）にはローマ帝国の分裂を引き起こし，これらの四つの波が治まった6世紀初頭の時点で，東には，ビザンチン帝国が，西には，部族国家が分裂状態でうち立てられるという結果を生んでいた．中央ユーラシアのステップから侵入したフン族（匈奴といわれる）がゲルマン諸族を玉突きで押し出すことによって部族国家がヨーロッパで形成され，その後のヨーロッパにおける諸国家の地理的配置が決まったのである．

2．征服王朝としてのゲルマン部族国家

　かくてガリア（現在のフランスとスペインの一部）は，6世紀初頭にはゲルマン諸族によって征服され，分割された．侵入したゲルマン人の人口は，全体で40万から50万人であるのに対して，ガリアにはガロ・ローマン人と呼ばれる人々が約800万人いた．従って，征服者は，全体の5％程度を占めるに過ぎない少数派であった．近隣のゲルマン国家を滅ぼしてガリアを征服したのはフランク族であったが，ガリアへの侵入の時点で人口は10万人，うち戦闘員は2万人ほどであった．

　ゲルマン部族がケルト人を襲って，征服して，支配を確立したのだから，征服王朝の構図がここでも成立した．基本的なヨーロッパ社会の構造として，少数者の征服部族が多数者の被征服民衆を支配するという典型的な征服王朝として国家が形成されたのである．19世紀のフランスの社会思想家サン＝シモン（1760-1825）や歴史家オーギュスタン・ティエリ（1795-1856）などが，これはフランス革命まで存続した旧体制の基本的構図であると述べている．

　もっとも，征服者のフランク人が貴族となって特権や領主権を享受する一方，被征服者のゴール人たちは賦役を強制され，隷属状態に置かれ，支配されてきたのは，フランク人によるガリア征服戦争の結果であるというのは，「単純す

ぎる解釈」として，現在ではほとんど支持されていない．蛮族（ゲルマン人たちをこう呼んだ）による征服時のフランク族がそのまま貴族としてフランス革命まで君臨したわけではないし，ゴール人を祖先とする者からも多数が貴族や支配層に上昇したからである[1]．それに，大多数のフランス人は，自分たちの祖先が奴隷であったとは認めたくないであろう．

しかし，フランス革命以来，共和制であろうが帝政であろうが，フランス国民としての一体感を強調する政治体制が200年以上も続いて，今日ではフランス人は「フランス国民」としての政治的同質性を当然のこととして意識しているが，まだフランス革命の余燼がさめやらぬ19世紀初めの時点での，この点に関する認識はいささか異なっていた．後世の歴史研究によって否定されてはいても，当時は，いわゆる旧体制を擁護する保守派もそれを否定する急進派も，ともにゲルマン貴族－ゴール庶民という図式は強く意識されていた[2]．

しかし，「遊牧民による征服王朝はせいぜい120年しか続かない」とイブン＝ハルドゥーンも書いていたように，征服王朝は，本来は不安定で，長続きしないはずであった．確かにかかるゲルマン部族による諸国家は，ヴァンダルが533年，東ゴートが555年，西ゴートが711年，ランゴバルドが774年に滅ぶというように，比較的短命であった．しかし，ひとつだけ例外があった．フランク王国である．この征服王朝は，安定した社会をつくることができた．

3．ヨーロッパの封建制：その定義

中世の西ヨーロッパにおいて，封土（fiefあるいはLehn／Lehen）の授受を伴う人的な主従関係によって規定される権利と義務の関係を，通常，封建制と呼んでいる．すなわち，

Feudalism封建制＝vassality従士制（家士制）＋beneficium恩貸地制

「王朝は三世代しか存続しない」

　われわれは王朝の存続期間が一般に三世代を越えることはないと述べた．第一世代は田舎的遊牧的性格，質実剛健性，砂漠の野蛮性を保持している期間で，つまりその人は困窮に慣れ，勇敢で貪欲であり，またお互いに栄光を分け持っている．したがって，彼らはまだ連帯意識の力を保持しており，鋭敏で大いに恐れられ，人々は彼らに服従する．

　第二世代の人は，王権と安楽な生活のもとに田舎的遊牧的生活から都会の生活へ，困窮から奢侈と豊富へ，全員が栄誉を分担する状態からある者が栄誉を独占して，他の者が栄誉を競わず怠慢になる状態へ，誇り高い名声から卑しい追従へと変わる．こうして，連帯意識の力が多分に損なわれ，人々は卑賤と服従に慣れる．しかし，彼らには古い特性の多くがまだ残っている．というのは，彼らは第一世代の人やその生活状態に直接的な接触を持ち，彼ら自身の眼で第一世代の人の持っていた気高さや栄誉への努力，またみずからを守ろうとする意欲といったものを目撃していたからである．彼らは古い特性の大部分をなくしたとはいえ，そのすべてを喪失したわけではない．第一世代の人々に存在した状態が回復するであろうという希望のもとに生きるか，あるいはこれらの状態がまだ存在しているという錯覚のもとに生きている．

　第三世代になると，田舎的遊牧的生活と質実剛健性との時代を，あたかもそれが存在しなかったかのように完全に忘れてしまう．彼らは強圧的な支配を受けているので，名声の喜びとか連帯意識とかをなくしてしまう．またあまりにも繁栄と安楽な生活に慣れて，奢侈もその極に達するので，王朝によりかかって，保護を要する女や子供のようになってしまう．連帯意識はすでに完全に消え，彼らは保護や防衛や目標追求とかを忘れる．身に装う徽章，衣装，乗馬，洗練された武技などによって人々を欺いているが，実は彼らの大部分は，後方に残る婦女よりも臆病で，誰かに要求されると，それを排撃することができなくなる．そこで，支配者は自分を支持してくれる勇敢な者を別に求め，多数の家臣や重臣を採用す

る．このような者はある程度王朝を助けるが，それも神が王朝の崩壊を許すまでで，やがて，王朝は，これまで維持してきたあらゆるものとともに滅び去ってしまう（イブン＝ハルドゥーン [2001]『歴史序説（1）』森本公誠訳，岩波文庫，pp. 440-442）．

① 従士制（ヴァッサリティ）—忠誠の観念に基づく，条件付き奉公の戦士間上下関係
② 恩貸地制（ベネフィキウム）—従士的奉公に報いる形の土地の賜給

(1) **従士制（封臣制ともいう）**

託身と宣誓の儀式を通じて成立する人的な主従関係で，西暦1000年ころに成立した．主人と従士は相互に誓約を交わし，贈り物を交換して主従関係を結ぶが，これにより主人の側は従士を保護する義務，従士の側は主人を援助する義務を負う．ローマ末期からメロヴィング朝時代（500年ころから751年）のガリアに発展した，ケルト・ローマ的主従制度（それは特に有力者の私兵集団という形をとった）が中核になって形成されたと考えられるが，ゲルマン的従士制の観念の影響を受けて，初期になお残っていた隷属的性格を払拭し，双務的・契約的性格のものにいわば高貴化されたものと言える．従士関係はもともと人的な関係であるから，当事者の一方が死亡するとその関係は解消されるのが原則であったが，封土の世襲化と並行して，主従関係も世襲化されるようになった．

狭義の封建制，つまり封土の授受を伴う主従関係の基本的特徴は，自由人と自由人の間で結ばれる関係であり，従士（家臣）だけが義務を負うのではなく，主君の側も法的拘束を受けるという意味で，双務的である点に存する．

(2) **恩貸地制（beneficium）**

従士制はカロリング朝（751年-987年）を通じて強化され，カロリング朝崩壊後も続いた．1050年ころ，主君が従士に勤務と忠誠の対価として土地その他の財産（知行）を与える習慣（恩貸地制と呼ぶ）が，従士制と一対のものと

して結びついたとき，いわゆる古典的封建制が誕生した．日本の中世においても「御恩」が抽象的な意味以外に「所領の授与」を意味したのと類似の事態である．この借地形式は，初め教会，修道院領荘園において出現した．

9世紀末以来，家臣に貸与された土地，すなわち狭義のベネフィキウムを示す言葉として，「フェオドゥム」feodum（封）という用語が南フランスに出現した．英語のフィーフ（fief），フランス語のフィエフ（fief）はこの言葉から生まれた．

家臣（受封者）が封建的義務を履行しない場合には封土は没収されたし，受封者が死亡すると封土は回収されるのが原則であったが，次第に封土に対する受封者の側の世襲権が確立し，封土の没収も主従間の力関係いかんによっては実行不可能な場合もあった．とくにドイツでは13世紀以降，没収した封土は，1年と1日以内に新しい受封者に再授封しなければならないという，いわゆる授封強制の原則が成立した．

11世紀以降，「封建制の物（権）化」（従士に対して封土を授与するのではなく，封土を受けあるいは確保するために主従関係を結ぶという現象）が起きて，封土は世襲化されるようになった．

ヨーロッパは大きく以下の地域に分けられるが，そのうち典型的な封建制が成立したのは，中央地域と北方地域（言い換えると，フランス北東部とドイツ北西部，それにイングランド）であった．封建制といってもヨーロッパ全土に展開したのではなかった．

① 中央地域（サン・マロ―ジュネーブとライン河に挟まれた地域．北東フランス―ドイツ北西部）
② 東部地域（ライン河以東）
③ 南部地域（ローヌ河下流域と地中海沿岸）
④ 西部地域（フランス西部・南西部）

⑤ 北方地域（イングランド）

Ⅱ 西ヨーロッパにおける分権的社会の成立

西ヨーロッパが安定した社会を作り上げられた理由として，第一に挙げられるのが，外界からの侵略の脅威の消滅である．この点に関して，有名なピレンヌ・テーゼがある．

1．「陸地に閉じこめられたヨーロッパ」（ピレンヌ・テーゼ）

ベルギーの歴史家，アンリ・ピレンヌ（1862-1935）によると，7世紀以降，南方から襲った外圧（イスラム勢力）が古代と中世との間に決定的断絶をもたらした．地中海は古代にあってはローマ人が「われらの海」と呼んでいたほどであった．だが，地中海が「イスラムの海」になり，地中海の東部と西部との間で行われていた相互交通は遮断され，ヨーロッパは地中海から閉め出された．「ローマ帝国の成立以来はじめて，西ヨーロッパは世界のほかの部分から孤立した[3]」．カール・マルテル率いるキリスト教軍がトゥール・ポワチエの戦い（732年）でイスラム軍を破り，両者はピレネー山脈を挟んで対峙することになった．こうして陸地に閉じこめられたヨーロッパは，かえって文化的統一体としての形を整えた．それが中世であり，「文化的統一体としてのヨーロッパ」を誕生させたのはイスラム化した地中海だという．つまり，トゥール・ポワチエの戦いでイスラム軍のヨーロッパ侵入を阻止し，シャルルマーニュの戴冠（800年）をもって，ヨーロッパは中世世界へと移行する．シャルルマーニュのフランク王国は，9世紀から11世紀まで封鎖状態におかれた内陸国家であったから，必然的に土地が唯一の富の源泉となる新しい経済秩序すなわち封建制を生み出さざるをえなかった．

ヨーロッパは，10世紀から11世紀にかけて，南・東・北からの脅威にさらされた．すなわち，10世紀にはイスラム教徒が南イタリアやスペインに侵入し，同じころマジャール人が東からヨーロッパを脅かし，侵入していた．10

世紀から11世紀にかけて北からはノルマン人（ヴァイキング）の襲撃が相次ぎ，ヨーロッパは北と南，東から強敵に取り囲まれていたのである．

このような三方からの脅威に囲まれた中で，ヨーロッパでは，キリスト教の普及が促進され，政治的統合がすすみ，そして，封鎖経済が発展していた．やがて12世紀以降において脅威が消滅すると，ヨーロッパの独自性が形成されてくる．フランスの中世史家，マルク・ブロック（1886-1944）は，外敵からの，とりわけ遊牧民からの襲撃がなかったことがヨーロッパ文明の独自性を育んだと述べている．

　　《最後の侵入》[イスラム教徒・ハンガリー人・バイキングによるヨーロッパ侵略]の研究がどれほど教訓に富むとしても，それらの教訓のために，侵入そのものの終焉というもっと重要な事実を見逃してはならないだろう．その時まで，外部から来た部隊によるあの掠奪と諸民族のあの大移動とが，西ヨーロッパの歴史にも世界の他の部分の歴史にも真に基盤を与えていたのであった．その時以後は西ヨーロッパはこの外民族の侵入を免れることになるが，世界の他の部分はそうならなかった，あるいは，ほとんどそうならなかった．後のモンゴル族もトルコ族も西ヨーロッパの辺境地域をかすめ通ったにすぎなかった．もちろん西ヨーロッパも抗争軋轢を経験したが，それは西ヨーロッパの内部事情であった．これらのことが意味するのは，外部からの攻撃や他所者の流入に妨げられることなく，はるかに規則正しい文化的・社会的発展が可能になったということである．これと対照をなすものとして，14世紀にチャム人とクメール人との栄華がアンナン人あるいはシャム人の侵入者の攻撃によって瓦解したインドネシアの運命を見ていただきたい．西ヨーロッパのもっと近く，近代に至るまでステップの諸民族とトルコ人が蹂躙した東ヨーロッパを特に見ていただきたい．ポーロヴィッツ族[4)]とモンゴル族がいなかったならば，ロシアの運命がいかなるものであったのか，少し胸に手を当てて考えていただきたい．われわれが日本以外のほとんどいかなる地域とも共有することのないこの異例の特権を，

深い意味における，言葉の正確な意味における，ヨーロッパ文明の基本的要素の一つだったと考えても決して不当ではない」（マルク・ブロック［1973］『封建社会Ⅰ』pp.56-57）．

このように外敵から隔離されて安全な世界となったときに，西ヨーロッパでは自生的な経済発展が生まれたという，「日本以外のほとんどいかなる地域とも共有することのないこの異例の特権」こそ，西ヨーロッパ社会の安定性をもたらしたものである．しかも，ここではこの特権を日本とのみ共有すると述べられていることに注目しておきたい．

2．ヨーロッパ中世キリスト教社会

征服王朝による建国なのに，フランク王国が長期にわたって存続したのは，安定的な社会構造をつくったからであるが，その秘密の一端は，キリスト教，正確には，カトリック教会にあった．

メロヴィング朝は，統治システムとして，カトリック教会を利用した．征服時にすでにあったカトリック教会の機構を生かして，国家機構として統治した．

フランク族の本拠地は，現在のオランダからベルギー北部にかけての地域であったので，彼らはローマ文明に接する機会を持っていたし，ガリアへの侵入後も西ゴート族が行ったヨーロッパを横断するような大きな移動は経験していない．従って，フランク族は，もともとローマ文明の大きな影響を受けていたと言える．フランク族は，486年にガリアに侵入したあと，496年にその族長クローヴィスは，3000人のフランク人戦士とともに集団でカトリックに改宗し，カトリックに改宗した最初のゲルマンの部族となった．ガリアのガロ・ローマン人たちが信じる宗教と同じ宗教を信じることになったのであるから，その後の統治に大いに役に立った．

当時の知的世界において，教会は学問を独占した．それなくしてはおよそ文

明の存在することができない「文字を書く」ということが，メロヴィング朝末期以降は全く教会の独占物になってしまった．彼らは世俗社会にとって必要不可欠な補助者になった．つまり，教会がローマ文明を保存し，体現していた．教会が幾世紀もの間，社会を支配し，その支配を維持したのは，教会がキリスト教のものであったからではなく，ローマのものであったからである[5]．

　武力に優れていても文化程度が低かったゲルマン諸族と比べて，ローマ化されていたケルト民族の方が，文明の程度は高かったのであり，ローマ文明が持つ威光は圧倒的であった．メロヴィング朝時代のガリアの教会は，末端レベルはもとより司教レベルでも教父たちの多くが文盲であったと伝えられているので，知的水準が非常に高かったとはいえない．にもかかわらず，ガリアでローマ文明の伝統を継承する組織は，教会だけであり，ガリアが野蛮状態に逆戻りするのを阻止できたのも，教会だけであった．つまり，フランク族が広大なガリアの統治機構に任用できたのは，教会スタッフしかいなかった．

　キリスト教国家であるという理由から，ゲルマン諸国家は，ローマ文明が全面的に浸透していた教会の忠実な僕となった．しかし，本来は聖職者が任命する各地の司教は，実際は王によって指名されていたので，精神的権力としては教会が支配するが，世俗的権力としては王家が支配することになった．

　フランク族は征服者であったが，キリスト教徒としては教会に服従していた．同じくガロ・ローマ人も教会に服従していたのであるから，同じ教会の権威のもとに「同じキリスト教徒」という幻想を抱く限り，両民族の融合が可能となったのである．

　遊牧民の統治の技術において，《仲介者》が重要な役割を果たすことはトインビーの引用でみたが，征服王朝としてのフランク王国では，カトリック神父を《仲介者》として活用した．教会組織の最小単位が教区（parish）である．中世初期にはまだ教区は設置されていなかったともいわれるが，通常，ひとつの村落にひとつの教区が設定され，農民たちの帰属意識の醸成に貢献した．各教区には，主任司祭がいて，誕生・洗礼から結婚，葬儀にいたるまでの農民の

人生における重要なイベントを司った．これら主任司祭は，一農民に過ぎないことが多く，ほとんど文盲であった．その多くが被支配者である農民出身の主任司祭は，《仲介者》として機能していたことになる．かかる《仲介者》は統治に非常に有効であったであろう．

III 西ヨーロッパ中世経済──西ヨーロッパ社会における農業と交易の発展──

1. 農業システム

(1) 三圃制 (three-field system)

8世紀以降，まずライン・セーヌ両河に挟まれた地域の群小集落で，先駆的に三圃農法（三圃制）をとる集村化が実現した．その後，12世紀ころまでに，南はシュワーベンおよびロアール川以北の一帯，北はドーバー海峡を越えてイングランド南東部平地地帯，東は遠くエルベ川の西岸に至るまでの広範な地域に，三圃農法による農地経営が普及した．この農法こそ，最も典型的な中世ヨーロッパの生産様式である．

その特徴は，穀物畑における3年単位の輪作にある．すなわち，耕地を三つの耕圃 (fields) に分割し，3年をひとつのサイクルとして毎年順繰りに作物を変えていく．あるひとつの耕圃を例に取ると，① 第1年度に冬穀物を栽培する．主として，小麦とライ麦であるが，これらはパンの原料となり，人間の食糧にする．休耕直後で地力が回復した耕地で人間のための食糧を作るのである．ついで，② 第2年度に夏穀物を栽培する．主として，大麦とエンバク（燕麦）であり，これらは家畜の飼料・ビールの原料となる．人間用の作物を栽培して多少地力が落ちた耕地で，家畜用のエサなどをつくる．そして，最後に，③ 第3年度を休閑とする．ここには飼料となる草を生やし，家畜を放牧する．家畜の糞尿が肥料になり，土地を肥やし，地力を回復させる．従って，同一年度で見ると，耕地全体は，冬畑，夏畑，休閑地にほぼ均分されている．

比較的広い土地があり，肥料の供給が少ない状況の下で，① 穀物を主たる

作物として連作を行うために，② 3分の1に及ぶ耕地を常に休息させておく（休耕）こと，しかも，③ 家畜の放牧（牧畜）と結合している点が特徴である．

　ヨーロッパはもともと粘土質の土壌であるから，深耕する必要があった．それゆえ，手鍬・手鋤では耕すことはできず，大型の動物に引かせる重量犂を開発する必要があった．大型動物（牛・馬）に犂を引かせるとUターンは頻繁にできないので，耕地は細長い方が効率がよい．その結果，ヨーロッパ独特の土地の形状ができた．

　一方，家畜を放牧するために土地をまとめる必要が生じた．その結果できたのが，開放耕地制であり，ヨーロッパ独特の村落共同体が形成された．

　かかる農業面での技術革新によって，農業生産性は大いに向上した．播種量に対する収穫量の比が，中世初期の2倍前後から，中世盛期には，4倍前後にまで増加した．にもかかわらず，エジプトなどの南の地域（同比は20倍だったといわれる）に比べると，格段に落ちる．ヨーロッパが食糧生産においては中世までいかに厳しい自然条件のもとにあったかがわかる．ヨーロッパ人は長い間，慢性的な飢餓状況に置かれていたのである．南の豊かな地域に対する羨望・野心を抱く一方で，厳しい自然条件を技術で克服しようとする意志・才覚を持っていたのがヨーロッパ人であった．

(2) **開放耕地制度**（open field system）

　ヨーロッパ中世に典型的に見られる共同体的土地制度である．石垣，生垣，溝などの恒常的仕切りによる「囲込み（enclosure）」を認めず，個々の農家の所有する耕地を「開放された状態（open）」に保つことによって，村落共同体による耕作規制の徹底を図ったために，このように呼ばれる．中世中期に成立した．その特徴は以下のようにまとめられる．

① 30戸程度を1単位として集落をつくった（典型的な事例）．
② 地条（strip）と呼ばれる地片が共同体の成員に分配された．
③ 各自の地片は複雑に混じり合っていたので，耕作は集団的に運営され

た．

家畜群による放牧という農法が，ここでもまた重要な要素になっていた．なぜなら，収穫後の耕地と休耕地は放牧地として利用されたので，共同体成員が自己の耕地を排他的に利用できる期間は，それを共同体的用益にゆだねる期間よりも短かったからである．土地所有関係は以下のようになっていた．

① 私的所有・個別的用益の対象である屋敷地・庭畑地
② 私的所有・集団的用益の対象である開放耕地
③ 共同体的所有・集団的用益の対象である森林・荒蕪地

このような開放耕地制はロワール・ライン間地域に典型的に見られたが，ヨーロッパの主要な平野地帯にも普及していた．しかし，中世末期以降は，商業的農業の展開に伴って，耕地の個別的利用への要求が高まり，農民間の交換分合や土地所有者による農民追放などを通じて「囲込み」が進行した．そして，村落共同体の消滅とともに開放耕地制は基本的には消滅した．

2．交易の発展による都市の勃興

ヨーロッパ中世において，各地で特産物の生産が始まった．アルプス以北の広い範囲に主穀生産力の高い農業（三圃制）が成立すると，10，11世紀のころから，その周辺の山地や干拓地の農村では，主穀生産よりもそれぞれの地域にいっそう適合した特産物の生産に重点を置く傾向が現れた．フランドルやイングランドの羊毛，シュワーベン山地の大麻・亜麻，ライン川中流やモーゼル川流域のブドウなどが，その顕著な事例である．各地の都市ではそうした近隣の生産地の原料による各種の手工業，とりわけ毛織物業や麻織物業が勃興したのである．

このような中世都市の発展につれて，主穀生産と特産物生産との一種の分業が成立した．それによって，市場都市が発生し，1300年ころには，西ヨーロッパ地域の都市の数は，5000以上であり，総人口の10〜15％が都市の住民であった．多数の都市からなる中世的世界経済が成立した．かかる都市は農村に

とってはその生産物の販路となったので，市場経済と接触することが可能になった．このようにして各地で局地的市場圏が形成されていった．

しかし，東ヨーロッパでは17世紀末から18世紀初頭においてさえ，都市的集落の数はわずかに250そこそこにすぎず，全人口に占める都市住民の割合は，1630年の時点でわずかに2.5％，18世紀末に至ってもようやく4％強にすぎなかった．

東ヨーロッパでは，16，17世紀に至るまで，農業はきわめて粗放な，生産力の低い焼畑または穀草経済の段階にとどまり，中世を通じて圏外へ輸出されたのは，毛皮，蜂蜜，木材，穀物などの第一次産品と奴隷が主であり，遠隔地商人による南方の先進世界からの奢侈品も，一貫して農村の頭越しに特権貴族の需要のために流入したにすぎず，一般民衆にほとんどかかわりのない商業交易であった．一方，市場への「連絡口」をふさがれた閉鎖的な農村地域には，いわば村抱えの多様な手工業者が存在したものの，そこから市場目当ての工業生産の場，つまり手工業都市が成立する余地はほとんどなかった．

都市が市場となって交易が盛んになった西ヨーロッパと，交易が低調なままであった東ヨーロッパとの相違点は大きかったのである．

さきに見たように，中世ヨーロッパでは，商業都市が大いに発展し，現在ヨーロッパの都市のほとんどは11・12世紀から15・16世紀の間に形成された．商業都市は，商業の復活と十字軍などをきっかけにして各地で成立し，貨幣経済の強固な担い手となっていた．

貨幣経済の展開とともに商業が盛んになったが，商人たちが遠隔地間の交易を円滑に行なうには空間の合理的な把握が必要となったので，空間意識も均質化された．

3．中世における技術の発展

ホワイトによると，ヨーロッパで実用化された重量犂こそが《人間による自然の支配》を加速した．

最近まで〈先進〉社会においてさえも，農業が主な仕事であった．従って，耕作法のどんな変化もきわめて重要であった．初期のすきは，二頭の牛にひかせ，普通は土をひっくり返さず，ひっかくだけであった．従って，十字にすくことが必要で，畑は四角な形にされていた．近東や地中海の比較的軽い土と半乾燥性気候のところでは，それでうまく行っていた．しかし，そのようなすきは，北ヨーロッパの湿った気候としばしば粘つく土のところでは不適当であった．ところが，紀元後7世紀の後半までに，その始まりは曖昧なのだが，ある北方の農民が全く新しい型のすきを使っていた．そのすきには畝の溝の線を切り揃える垂直のナイフと，土くれを砕く水平のへらと，土をひっくり返すすき刃がついていた．このすきと土との摩擦は大きく，普通二頭ではなく八頭の牛が要った．これは非常な力で土を攻撃するので十字にすき直すことは不要で，畑は細長い形にされたのである．

　ひっかくだけのすきの時代には，畑は個々の家族を支えるのに足る単位に分配されていた．農業をして生き続けられるというのが，大前提であった．しかし，どの農民も八頭の牛は持っていない．新しいより有効なすきを使うために，農民は大きなすき組を結成するためにそれぞれの牛をプールし，元来は，それぞれの分担に比例して，すかれた長い畑を受け取ったように思われる．このようにして，土地の分配はもはや家族の必要にではなく，むしろ土地を耕す動力機構の容量に基づくことになった．人間と土地との関係が深刻な変化を蒙った．以前には人間は自然の一部であった．しかし今や人間は自然の搾取者となった．世界中の他のどこでも，農夫は何かそれに似た農業器具を発展させたことはなかった．これら北ヨーロッパの農民の子孫たちが，その自然に対する無慈悲さを持った近代技術を大々的に生み出してきたというのは，偶然の一致だろうか（ホワイト［1999］，pp.84-85）．

4．ヨーロッパ中世技術の卓越性

　近代科学革命以前からヨーロッパでは技術的に大きな進歩を遂げていた．中

世がその技術の揺籃となった．

　技術と科学の面における西洋の指導権は，17世紀のいわゆる科学革命や18世紀の産業革命よりもはるかに古くからのものである．…少なくとも紀元1000年までに…西洋は水力を穀粒をひくこと以外の産業過程に応用し始めた．その次に来るのは，12世紀後期の…風力の利用である．西洋はごく簡単な始まりから，しかし型は着実に一貫させて，急速に動力機構，省力装置，自動化を発展させる技能を磨いてきた．中世後期のラテン語圏西洋は手仕事においてのみならず，基本的な技術能力において，洗練され，こみ入り，美的には壮大なビザンツやイスラムという兄弟文化をはるかにしのいでいた．…15世紀の終わりまでには，ヨーロッパの小さな互いに敵意を持った国民がこぼれ出て世界の残り全体に行き，征服し，略奪し植民地化できるまでに，その技術は卓越したのであった．この技術的卓越性の象徴は，西洋で最も弱い国の一つであるポルトガルが東インドの主人となり，1世紀もその地位に留まりえたという事実である（ホワイト [1999]，pp. 82-83．一部，訳文を変更した）．

Ⅳ　中世末期ヨーロッパの危機

　先史時代と古典古代を通じて，西・北ヨーロッパが先進地域であったことはなく，長い間，辺境地域として留まっていた．中世初期においてもヨーロッパでは依然として小さな村落が散在していた．1000年頃のヨーロッパの人口はせいぜい3600万人（うち，フランスが500万人，ドイツが400万人，イングランドは150万人）であったが，この後，300年間にヨーロッパの人口は急増した．1100年に4500万人，1200年に6000万人，1300年に8000万人と増加したのである．

　9世紀から12世紀にかけては中世温暖化と呼ばれる気候温暖化の時期に当たり，ヨーロッパにおいて農業生産が増加した．11世紀から12世紀には，三圃制と重量犂が普及し，ヨーロッパの独自性が形成され始めた．その間，森林

の開墾が進んだので，1200年ころまでには，ヨーロッパ西部で最も肥沃な地域から森林が一掃された．その結果，人口は増加したが，しかし，森林の破壊による環境の悪化によって，ネズミの繁殖が盛んになったので，14世紀においてペストが大流行した．このペスト，つまり《黒死病》によって，ヨーロッパの人口は激減した．

1．気候の寒冷化と森林の枯渇化

中世温暖期は，紀元800年から1300年ころまでに該当するが，その後は寒冷期にはいり，穀物の収穫量が減少し，ペストが流行した．

12世紀は，ヨーロッパにおける大開墾時代であった．すでに見たように，ヨーロッパの森林の土壌は，重粘土質であるから，重く粘りがあり，地中海沿岸で使われていたような軽い犂では開墾ができなかった．そのために大型で大きな車を持ち，数頭の牛馬で引く重輪犂が開発された．開墾された森の中へは豚が放牧され，放牧された豚は木の芽を食べるために，人工的に植林でもしない限り，森が再生することはなかった．

12世紀以降，森林が破壊されると，クマネズミの繁殖に適した牧草地や農耕地が拡大した一方で，ネズミを餌としていた鷹，フクロウなどの天敵が激減し，クマネズミが繁殖した．

都市化の進展によって，都市という限定された空間の中に多数の人が住む環境が生まれ，ペストという伝染病の蔓延を促進したのである．

2．ペストの流行

ペストは，本来，シナやユーラシア大陸東部の草原地帯に起源を持つ病気で，もともとクマネズミのような齧歯類が菌を持っていた．ペスト菌を持つクマネズミなどにノミがつき，そのノミが別のクマネズミや人間を噛むことによって感染する．

明らかにペストと確認された史上最初のペスト禍は，540年ころエジプトに

発生し，60年ものあいだ全ビザンチン帝国を混乱に陥れた「ユスティニアヌスの疫病」と呼ばれた大流行である．コンスタンティノープルでは1日5000人あるいは1万人もの死者が出たという．その後，散発的な流行を経て，14世紀ヨーロッパに《黒死病》（ブラック・デス，Black Death）の大流行をもたらした．ヨーロッパでの死者は，3人に1人，総計で3500万人とされている．

　従って，14世紀のヨーロッパは大きな隘路に陥っていた．そのような危機から脱出する方途のひとつが，西への進出であったのだが，幸運なことに西インド諸島と南北アメリカを「発見」することができた．羅針盤の開発や航海技術の発達など，ヨーロッパ自身の力で切り開いたという側面はあるが，しかし，全体としてみると，《新世界》の「発見」は，またとない僥倖だったというべきであろう．

注)
1) 「すべての原始社会は神話的起源をもった貴族層を知っている．しかし，そうした貴族層は，やがて文明の発生とともに消滅してしまう．ゲルマンの旧貴族層の場合もそうであって，彼らは侵入の後には生き残らなかった」．侵入から5世紀後の10世紀に成立した貴族は，この神話的貴族とは異なる（ピレンヌ，p.122）．
2) ここにヨーロッパ（特にフランス）における階級闘争の信念の起源がある．この階級闘争の信念は，のちのマルクス主義的な暴力革命論の起源に位置するので，たとえ妄想かも知れないが，ゲルマン貴族・ケルト庶民という図式がフランス国民に意識されたことは重要である．
3) ピレンヌ［1991］，p.29.
4) チュルク語系キプチャク族のロシア名．ポロベツ人とも言う．もともと遊牧民系の部族で，非常に戦闘力に優れていることで著名である．11世紀の半ばには，アラル海からカスピ海，そして，黒海に沿った広大なユーラシア・ステップを支配するに至った（その広大な支配地域は，今日でもキプチャク草原という名称にその名を留める）．その結果，11世紀から13世紀にかけて，周辺の諸国家（ビザンチン帝国，キエフ公国，ハンガリー，ペチュネグ人）と恒常的に紛争を引き起こした．1221-1223年に，モンゴル軍がキエフ公国を侵略した際

には，キプチャク人たちはモンゴル側に付いたり，キエフ側に付いたりしていたが，1237年のモンゴル軍の第二次侵攻ではとうとう打ち破られ，キプチャク・ハーン国が成立した．モンゴル族の支配下に下ったキプチャク人たちの中には，ハンガリーやビザンチン帝国内へと逃亡した者もいたが，多くの者が奴隷となった．キプチャク族出身者は当時のイスラム世界での主要な奴隷源となり，アユブ朝ではキプチャク族出身奴隷をマムルークと呼んだ．彼らはエジプトやシリアで大きな役割を果たし，マムルーク朝を打ちたてたほどであった．当時のヨーロッパでは，キプチャク人たちは残虐な部族として恐れられていた．

5) ピレンヌ [1991], p.34.

第VIII章

ユダヤ・キリスト教の歴史観
── 絶対神の恩寵と発展の論理 ──

　16世紀以降の，いわゆる《大航海時代》に南北アメリカを「発見」して，いわば《金の卵》を手に入れたヨーロッパ人は自らの幸運を絶対神に感謝し，キリスト教徒としての信仰を強めていった．本章では，ヨーロッパ人が世界制覇に乗り出すまでに確立されていたヨーロッパの歴史観（＝自己認識）を確認していこう．

I　最初の「ヨーロッパの歴史家」── ヘロドトスとアリストテレス ──

　ヨーロッパ人が抱き，今日，世界に広まった歴史観は，発展・対立・支配をその軸に据えているが，その哲学的起源は，古代ギリシアに存在する．ヨーロッパ文明を地中海文明からの発展形態だと見なすのなら，古代ギリシアにその歴史観の起源を見いだすことができるのである．

　岡田英弘によると，世の中には「歴史のある文明」と「歴史のない文明」があり，「歴史のある文明」を生んだのは「地中海文明」と「中国文明」だけである．その「地中海文明」の歴史観は，その後，ヨーロッパ文明に受け継がれたので，ヘロドトス（前484年ころ-前430年以降）は，ヨーロッパ歴史学の始祖と称されている．彼の著した『歴史』（前430年）は，前5世紀におけるギリシア諸都市とペルシア帝国との対立・抗争の経過をその原因から叙述したもので

あるが，この書において，ヘロドトスはのちのヨーロッパにおける世界観を決定づけるほどの壮大かつ強烈な枠組みを打ち出した．

ヘロドトスの『歴史』の序文の趣旨は，① 世界は変化する，② 変化は対立・抗争から起きる，③ ヨーロッパとアジアは永遠に対立するという3点にまとめられる（岡田［2001］『歴史とはなにか』, p. 59）．つまり，ヘロドトスは，西洋（ヨーロッパ）は東洋（アジア）と宿命的に対立せざるをえないが，西洋の先進性と東洋の後進性のゆえに，その両者の対立・抗争は最終的に西洋の勝利をもって終わると高らかにうたいあげたのである．この《三点セット》はこののち長く西洋の世界観を支配していくが，なかでも最も重要なのが「世界は変化する」という信念であった．

1．世界は変化するという信念

ニスベットによると，ギリシアにおける哲学的な理念で重要なのが，フュシス（physis）であった．これは文字通りには《成長》を意味するが（ラテン語に《自然》と訳されたのは誤りだとニスベットは言う），ギリシアの哲学者たちは種子や動植物の成長と衰退を観察した結果，そこからフュシス（成長）という出発点を得て，ギリシアの科学や世界観を構築した．つまり，彼らは，あらゆる事物・事象（人間，犬，木，国家，宇宙など）に対して，このフュシス（成長）という見方を適用することで，その成長の過程，つまり，それ自身ないしその類型に固有の存在と生成の行程を発見するよう，努めたのである．これは，人間の社会を有機体になぞらえること（＝メタファー）で理解しようとすると言いかえることができよう．

アリストテレスもまた，西洋哲学において最も重要な認識のひとつであるこの概念（フュシス）に基づいて，その思想を打ち出していた．アリストテレスらギリシア哲学者たちは，フュシス（成長）を持つ万物を，四つの観点から，つまり，① 起源，② 形態，③ 作用因，④ 目的因から考察するべきだと考えた．[1]

ギリシア人たちは，かかるフュシス（成長）の観念を持っていたからこそ，

宇宙の万物がフュシス（成長），つまり，発展の内在的な型，諸段階の固定的な継承・目的を持ち，さらに，こうした抽象的実在が認められるような時間と空間のいかなる次元においても，それはフュシス（成長）を持つと認識した[2]. ここでのちのヨーロッパの歴史観にとって重要なことは，「生成と質量から離れて，純粋な，独立・不動・永遠の理性的存在を想定し，それをそれら一切の第一の『不動の動者』（神）であるとした」（岩波文庫版 [1959]『形而上学（下）』，p.411 の出隆の解説）点である．われわれの眼前に拡がる現実世界を超越した理性的実在があり，それが発展・進化していくというこの信念が，のちのヨーロッパ歴史観の基礎となった．

2. 変化は対立・抗争から起きるという信念

ヘロドトスの考えでは，上記のような変化は対立・抗争から起きるというのだが，かかる対立的な世界観の基礎に，ゾロアスター教（紀元前2千年紀中頃から紀元前7世紀ころ）の影響が認められる．ゾロアスターによれば，世界は相反する根元的な2霊，スパンタ・マンユ（Spanta Mainyu，聖霊）とアンラ・マンユ（Angra Mainyu，破壊霊）の闘争の中にあり，各人は自由意志でその両霊のいずれかを選択し，善と悪，光明と暗黒の戦いに身を投じるとされる．ゾロアスター教は，多神教ではあるが，一神教への志向性を持っていて，その教義は強い終末論的色彩に彩られ，ユダヤ教へ強い影響を与えたとされる．

3. ヨーロッパとアジアは敵対している（最終的にはヨーロッパが勝利する）という信念

勝者の論理としてのヨーロッパ中心史観は，「歴史」を，内在的な論理の正当性の発露として理解しようとする．ヘロドトスの『歴史』がその先鞭をつけてしまったが，この世界観が定着してしまったために，「アジアには勝たねばならないし，必ず勝つ」という強迫観念がヨーロッパ人に染みついてしまった．ヘーゲルなどの19世紀歴史学によってかかる自意識はやがて社会進化論とし

て完成されてゆく．かくて，ヘロドトスの『歴史』とともに，のちのヨーロッパ歴史観の骨格が定まった．[3)]

II ユダヤ教の直線的歴史観

ヨーロッパの歴史観を形成しているのは，上記のギリシア哲学とともにユダヤ・キリスト教的な歴史観である．キリスト教はもともとユダヤ教の異端として出発した宗教であり，ユダヤ教に起源をもつが，特に歴史観（直線的な発展観）と人間至上主義を受け継いでいる．

ユダヤ教は唯一絶対神を信仰する一神教であり，現在では，これから出発したキリスト教とイスラム教というユダヤ教系の一神教が地球を覆い尽くさんがばかりに広まっているので，今や人類の宗教的スタンダードになっている．しかし，そもそも唯一絶対神を信仰する一神教という信仰のあり方は，非常に特異な環境から生まれた特異な信仰であった．通常は，前621年のヨシュア王による申命記改革をもって，一神教としてのユダヤ教の確立とされるであろう．

エルサレムのユダ王国のヨシュア王は，ユダヤ教の改革を志し，彼が行おうとする改革こそ絶対神の望む改革であることを示すために，劇的なパフォーマンスを企画した．すなわち，紀元前621年，エルサレムのヤハヴェ神殿の修復を行った際に，神殿から「律法の書」（『旧約聖書』に申命記としてはいっている）が見つかったと公表し，これを民衆の前で朗読すると全国に御触書を出した．この「律法の書」の内容は，「イスラエルの民は，ヤハヴェ神と契約を結び，ヤハヴェ以外の神を信仰しないと誓っておきながら，その契約に背いたので，ヤハヴェはイスラエルに対して怒っており，罰としてイスラエルを滅ぼそうとしている」というものだった．これまでイスラエルの宗教は多神教であったし，ここで言う契約とはかつての十二部族同盟の契約であり，そこには「ヤハヴェ以外は信仰しない」という契約はなかったが，ヨシュア王はこれ以降，異教的要素を排除し，ヤハヴェ神のみを信仰するという，この契約を厳密に実行するよう命じた．つまり，王は，エルサレム神殿のみを残して，地方の祭壇や神像

第Ⅷ章　ユダヤ・キリスト教の歴史観　135

を破壊し，祭司たちを祭壇の上で殺した．ここに世界最初の一神教国家が誕生した．これ以降，ユダヤ教徒は「イスラエルよ聞け．あなたは心をつくし，精神をつくし，力をつくしてあなたの神，主を愛さなければならない」と唱え，一神教としてのユダヤ教の起源となった[4]．

　ユダヤ教における歴史観は，終末論とメシア待望論に集約されよう．『旧約聖書』によると，絶対神はアダムとイヴをエデンの園から追放した．それ以降，人間の歴史は終末へ向かって下降を続けるが，最後の審判に際して，ヤハヴェ神との契約を守った選民のみが天国へと昇天できるというものである．ここでは，「歴史は始源から終末までの有限な時間であり，すべての出来事はその中で特定の位置と意味を持っている」という，ある最終的な目的へと向かうという直線的な歴史観がユダヤ教として披瀝されている．やがて，後世のカバラ神秘主義（ユダヤ教の分派）では，「現在は悪が支配する世界だが，やがて到来する世の終わりには，神が悪を滅ぼして正義を確立する」と主張される．

　キリスト教がユダヤ教から受け継いだもうひとつの柱が，人間至上主義（人間は自然を思うがままに支配できる）である．

　旧約聖書の創世記の冒頭に，「生めよ，増えよ，地に満ちよ，地を従わせよ，海の魚と空の鳥と地に動くすべての生物を治めよ」とある．

　　神はノアと彼の息子たちを祝福して言われた．『産めよ，増えよ，地に満ちよ．
　　地のすべての獣と空のすべての鳥は，地を這うすべてのものと海のすべての魚
　　と共に，あなたたちの前に恐れおののき，あなたたちの手にゆだねられる．動
　　いている命あるものはすべてあなたたちの食糧とするがよい．わたしはこれら
　　すべてのものを，青草と同じようにあなたたちに与える』（『創世記』9.1）．

　アメリカのL．ホワイトによると，この言葉に象徴される教義により「神による物的創造のすべての項目が人間に奉仕するという以外の目的を持っていない」ことを人間に明示し，「自然の感情に関心を持たずに人間が自然を搾取で

きるようにした」のである．つまり，西欧社会の基礎をなす宗教が環境問題を誘発するような自然の理解を原理としている．世界の大半の宗教は自然を崇拝するアニミズムを起源とするが，西欧の主流となった宗教はアニミズムを否定することによって確立された．

　キリスト教は人々に，その環境との関係について何と告げているのであろうか．
　多くの世界の神話が創造についての物語をもっているのに，奇妙なことにギリシア＝ローマの神話はこの点で首尾一貫していない．アリストテレス同様，古代の西方の知識人は目に見える世界が始めを持つということを否定した．事実，始めという思想は彼らの周期的時間概念の枠の中では不可能であった．これと鋭い対比をなして，キリスト教はユダヤ教から繰り返さず直線的な時間概念だけでなく，驚くべき創造物語を受け継いだ．段階を追って愛と全能の神は，光と闇，天体，地球，すべての植物，動物，魚を創造したのである．最後に神はアダムと，それから考え直して男が淋しくないように，イヴを創造した．男はすべての動物に名前をつけ，このようにして動物すべてに対する支配権を確立した．神はこれらすべてのことを明らかに人間の利益のためと，また人間に対する命令として計画したのである．物理的創造のうちのどの一項目をとっても，それは人間のために仕えるという以外の目的をもってはいない．そして人間の身体は粘土からつくられたが，人間は自然の単なる一部ではない．人間は神の像を象って作られているのである．
　キリスト教の，とくにその西方的な形式は，世界がこれまで知っているなかでも最も人間中心的な宗教である（ホワイト [1999]，p. 87）．

ホワイトを待つまでもなく，ユダヤ教における人間とは，「絶対神ほどではないにしろ，絶対神にほんの少し劣る程度にまで価値を持つ」存在であり，万物を思いのままに支配することを絶対神から許された存在なのである．このユ

ダヤ教の立場からさらに進んで、キリスト教は人間中心主義を徹底して、合理主義的自然観を確立してゆく。それは、自然から神性を奪うことであり、デル＝コラールによると、これこそキリスト教による人類への最大の貢献となった[5]。

かかる人間至上主義の起源はどこに求めることができるのだろうか。鯖田豊之は、それは「動物の肉を食う」という肉食の思想から発生したのではないかと考えている。動物を殺して（屠畜）、その肉を常食とするのが、肉食である。他の生物（植物や魚類・甲殻類など）に比べて哺乳類は人間に似ているにもかかわらず、屠畜・常食することの罪悪感はないのだろうか。あるはずだ。鯖田豊之によると、その罪悪感を免れるには、たったひとつしかない。「人間は動物などとは違う。人間は動物とは隔絶した存在であり、はるかに偉いのだ」と、信じることである。このような動物との隔絶への強迫観念が人間至上主義を生んだ。

　動物愛護と動物屠殺の同居するヨーロッパ特有の条件から、どのような思想的な方向が生まれたのであろうか。予想される解答はひとつしかない。人間と動物とのあいだにはっきりと一線を劃し、人間をあらゆるものの上位に置くことである。そうすれば、いっさいの矛盾は解消し、動物屠殺に対する抵抗感もなくなるはずである。歴史的にみて、こうした思想的立場をもっとも鮮明にうちだしたのが、実はキリスト教であった（鯖田豊之 [1966] 『肉食の思想』中央公論社，p. 58）。

III　キリスト教による『神の王国』の論理

1．キリスト教の《摂理の観念》

(1) アウグスティヌスによる抽象的単一物の聖なる発展

　ユダヤ教の歴史観とは、歴史は絶対神の恩寵によって始源から終末まで直線的に進展するという信念であった。また、先に見たギリシア哲学の歴史観は、

万物は，原因と結果を持ち，生成と衰退を繰り返すというフュシス（成長）という思想を持っていた．この二つの思想は，互いに相容れないように見える．しかし，この二つの歴史観を融合した人物こそ，北アフリカ生まれの教父，アウグスティヌス（354-430）であった．それは，いかにして可能であったのか．

アウグスティヌスの出発点は，当時（4-5世紀）のローマにおける諸困難はキリスト教の国教化（コンスタンチヌスの勅令）によるという非難を論駁することにあった．彼は，異教に対する徹底的な攻撃を仕掛け，ローマの難局がキリスト教の公認によるのではなく，万物が免れえないフュシス（成長），つまり，発生と衰退の必然的な循環に由来すること，この循環はアダムとともに始まり，近いうちに可視的な世界の最終的な破壊をもって終焉すると主張した．この循環は，絶対神がアダム以後の人間の栄光と挫折のすべての種子をあらかじめアダムの中に蒔いていたことから生じていると主張したが，この歴史理解は，非常にユダヤ的であったというべきであろう．

ギリシア哲学の基礎となったフュシス（成長）の観念によれば，万物は，生成と衰退を繰り返す．アウグスティヌスはこの観念を熟知していて，その派生語（例えば，内在性・発生的継続性・目的的成長・目的性・動力因…）までよく使いこなせた．これらの概念を彼は発展論的循環の文脈に位置づけた．

しかし，ニスベットによると，肝心なのは「循環の再発」という発想は受け入れなかったことだったという．「循環の再発」という，この考え方は「異教徒的」であり，キリスト教における重要な信条（キリストの復活という一回性と神聖性）に対してアウグスティヌスが与えた意味づけとは両立しなかったからである．

まずギリシア哲学のフュシス（成長）から再発という考えを取り除いて，「1回限りの発展」という観念を得て，さらに，この「1回限りの発展」は絶対神によって予定調和的に決定されていると考えることで，ギリシア哲学とユダヤ教的な歴史観の調和が可能となった．ここにおいて，ある抽象的な単一物（人間・文明・社会など）が長期にわたって自己を実現すべく段階的な発展を

たどるという考えが出てくる．この考えこそ，以後のヨーロッパの歴史観を大きく規定していくのである．

　聖アウグスティヌスの中には内在的構想の思想が見いだされる．すでに見たように，ギリシア人から彼はフュシスの理念や，初めから内在する成長の型を学んだ．ユダヤ人からは聖なる歴史の理念，つまり，聖にして唯一回の歴史の理念を学んだ．これら二つの画期的な理念の結合において，歴史的必然という西洋的理論は始まったのである（ニスベット［1987］，p. 115）．

アウグスティヌスによってこのような理念的結合がなされた結果，個々の事件や人物をある特定の発展段階に位置づけることが可能となった．

　ローマの災難は，キリスト教公認の派生物ではないし，一時的・偶発的なものでもない．キリスト教が公認される前から始まっていた衰退過程の必然的な帰結と考えるべきだと，アウグスティヌスは主張した．これは，人間社会がこうむる災難はその事物に内在する原因によって必然的であり，やがて崩壊にいたるという，抽象的実体の必然的過程という見解を準備した．例えば，その後，19世紀になって，カール・マルクスが現代社会の諸矛盾を資本家たちによる一時的・偶然的な災難としてではなく，資本主義そのものに内在する根深い原因として見るべきだと主張したのと同一の軌道にあり，その信条を準備した．

　アウグスティヌスにおいて，ユダヤ教とギリシア哲学との融合から「聖なる発展」という観念が形成されたのである．

(2) **歴史的必然性**

「絶対神があらかじめ決めた必然的な段階を発生と衰退を経過してたどる」．アウグスティヌスがその核をつくった，この世界観が後期ルネッサンスになるまでキリスト教化された世界での人間観を支配してきた．この人間観は，17世紀になって，生成と衰退のメタファーがアウグスティヌスのそれよりもさらに影響力のあるものとして修正されることにより，「無限の進歩」なる思想が

形成されるまで，キリスト教化された世界で，支配的であった．17世紀以降，後世の学者たちはアウグスティヌスの見解を修正し，世俗化した．ニスベットによると，例え歴史的必然の思想の輪郭が古典思想の多くの領域で明白であったとしても，アウグスティヌスの著作『神の国』こそが，歴史的必然論の嚆矢であり，その後のヨーロッパ思想におけるこの知的伝統（歴史的必然論）を準備したのである．かかる知的伝統に連なるのは，19世紀以降だと，コンドルセ，コント，ヘーゲル，マルクスらの社会進化論者たちである．その理論は，摂理・精神・弁証法・明示的運命など，いずれの形式をとるにせよ，西洋思想において多数の，そして，しばしば決定的な帰結を伴った理論である．

　思想のこうした伝統に基本的なことは，第一に，人類を全体として，つまり，特定の民族――エジプト人やユダヤ人やギリシア人やローマ人等の――の個別的生活史から構成されるが，いわば実存的な現実性を付与された超実在として，観察することである．第二に，この超実在としての人類の内部では，継続的な時期ないし時代を形成する歴史上の諸民族の個別的生活史とともに，単一で単線的な発展型が識別されるはずである．そして，第三に，ここでの目的にとって最も重要なものだが，識別された型は必然的なものだ――究極的には神によってとしてもいいが，最初から過程の中に含まれていた諸々の力の存在によって必然的なものとされた――という確信である．こうした視点のすべてを単一の偉大な構想のもとに結合させているということこそ，『神の国』を照らしだし，私のいう伝統における歴史的先駆性をこの本に与えているのである．神に陶酔しているアウグスティヌスと唯物論に駆り立てられているカール・マルクスとのあいだの裂け目はなるほど広いものだが，マルクスが鉄の必然性と呼んだものを通じて導出したと解されている単一の歴史理論によっても架橋されえぬほど広いわけではない．アウグスティヌスにとって万能の神という存在は基本的なものであって，このことは彼をコントやマルクスから確実に引き離している．しかし，これは全く当然のことだが，さしあたりは神を抜きにして，アウグス

ティヌスによれば神の意思がおのずから実現されているという構図や仕組みに目を転じれば，理論的な距離は確実に狭められる（ニスベット［1987］, pp. 111-112）．

(3) 闘争による歴史の進展

アウグスティヌスによれば，歴史の必然性を動かすもの（＝作用因）は，冷酷で激動的な闘争である．この争いは，そもそもの初めから卑しさと高貴さという，人間の二つの本性の間で行われてきたのであり，この二つの自然本性はアウグスティヌスのいう「人の国」と「神の国」として最も典型的に表現されている．アウグスティヌスのいう二つの国の間の闘争は，西洋の歴史哲学が過去1500年間にわたって築き上げてきた闘争——善と悪，利己主義と利他主義，抑圧者と被抑圧者の間の——を動機づけるあらゆるものの原型である（ニスベット［1987］, p. 122）．

このように見てくると，必然性と闘争というアウグスティヌスの二つの要素は，19世紀の社会進化論に枠組みとしてしっかりと受け継がれていることがわかる．というよりも，それをニスベットは先回りして論じているのであろう．

ギリシア哲学（フュシス）と，ユダヤ教（絶対神の決定）は，その歴史観において非常に異質である．どうして，アウグスティヌスの説を，当時のキリスト教徒たちは受け入れたのか．ニスベットによると，初期のキリスト教徒となった3世紀のローマ人がギリシア的な教養を基礎にしていたことによる（ニスベット［1987］, p. 98）という．いずれにしろ，この時点で，人類の全史を絶対神の摂理の具体化と人類への救済の過程とみなす（アウグスティヌス）という，キリスト教的な歴史観が形成された．

しかし，それにしても，この段階では，ヨーロッパ人が持つ「歴史」観において，「神の国」は絶対神の摂理として，人間の手に届かない彼岸にあった．やがてこの「神の国」は地上で実現される（とヨーロッパ人たちは信じるように

なるが）のだが，それは，いったいどのようにして，実現したのか．つまり，「神の国」はいかにしてヨーロッパ人にとって此岸化（この世のものとなる）したのか．

2．中世におけるヨーロッパの（緩慢な）カトリック化
(1) 《異教》との角逐

キリスト教はローマ帝国において，392年に国教となり，ガリア（今のフランス）など植民地においても次第に広まっていった．今日の視点から見ると，中世成立までにヨーロッパ人がキリスト教化（少なくとも，その開始）したことは，人類の歴史上の一大転換点となったと言うべきであろう．

ヨーロッパのキリスト教化の歴史的段階としては，クローヴィスの改宗が政治的・社会的に大きな意味合いを持っている．メロヴィング朝フランク国王であるクローヴィスは，すでにカトリック教徒であった王妃の勧めもあって，496年に，戦士3000人とともに洗礼を受けて，カトリック正統派（アタナシウス派）に改宗した．フランク族の支配を受けていたガリアのガロ・ローマン人たちはすでにカトリックを信仰していたので，被支配者との融和に寄与し，そのガリア支配の安定化にとって重要な行為であった．

さらにフランク族による異教徒の征服において，その侵略行為を正当化するのにも役だった．例えば，8世紀末に実施された「異教徒」ザクセン族の殲滅は，一神教の攻撃性（「文明」は異教の存在を許容できない）を示していて，その後のキリスト教文明の名による残虐行為のプロトタイプになった．

(2) ひとつの宇宙という観念の成立

古代ゲルマン人の死生観は，「死はただ彼岸への移行にすぎず，死者はときには現世に戻ってくることさえ可能である」というもので，伝統的な日本人の死生観（「この世」と「あの世」との循環）に非常によく似ている．「森の民」であった古代ゲルマン民族は樹木に対する特別な信仰心を持っており，この点でも，日本人の伝統的な信仰心と近似している．一神教的世界観に改宗させら

第Ⅷ章 ユダヤ・キリスト教の歴史観 143

れる以前の人々の世界観は，世界各地で同じ性格を持っていたらしい．

　一方，キリスト教の死生観は，「人はこの世に 1 回生き 1 回死ぬのみであり，死後は現世における罪業のいかんによって天国か地獄に行くべく運命づけられている」という，直線的な性格を持っている．これは，歴史に対する考え方に強烈に反映しており，キリスト教徒にとって，「世界史は創世神話からキリストの生と死，復活を中心として最後の審判に向かって直線的に進行していく時間の展開」にほかならない．

　キリスト教化が進むにつれて，ヨーロッパの社会生活の全面において二つの宇宙（「この世」と「あの世」）という観念は否定され，現世と天国という図式が支配するようになった．ヨーロッパ民族はもともと一神教徒ではなかったのであるから，キリスト教への改宗はそれまでの原始的信仰心の排除によって行われた．

　しかし，ヨーロッパ人の間にキリスト教が広まり始めたとはいえ，アニミズム（霊魂の普遍的存在を信じる信仰）的な精神のありようがいっさい霧散してしまったのではない．キリスト教化は，都市，上層階級，知識人のレベルに留まっていて，深層のヨーロッパでは，近代まで，まだまだ異教的な部分が残存していた[6]．15世紀以降に猛威を振るった魔女狩りこそ，キリスト教側からする異教徒駆逐に向けての攻撃であって，これと宗教改革とによって，ヨーロッパは名実共にキリスト教化されたといえる．

　近代（宗教改革あるいは大航海時代）以降，キリスト教化は急激かつラジカル（根本的）に進行し，かつての原始的な精神は急激に根絶させられ，ヨーロッパ人の精神から一掃された．今日，ヨーロッパ人は骨の髄から一神教徒に改宗させられてしまったように見える．この急激な改宗過程が，なぜ，かくも徹底的に進行したのか，あまりはっきりわかっていない．ヨーロッパ人のキリスト教化が十分に解明されていないことは，今なおアニミズム的な信仰心を抱いている日本人には不可解に映る．しかし，「一神教こそ最高の宗教で，それ以前の多神教は邪教だった」と信じる人々には，キリスト教化は，それこそ自然な

「進歩」であり，当為とすべき事象であって，「そもそも，なぜキリスト教化されてしまったのか」という疑問は生じなかったのであろう．

いずれにしろかかるキリスト教化によって，ヨーロッパから原始的な多神教・アニミズムが駆逐された．アニミズムを放棄したことで，ヨーロッパ人の精神において，森林が神聖性を喪失した．以後，森林（＝自然）は，生命を持つ神聖なるものではなく，人間が自由に処分できる対象になったのである．

しかし，この段階で彼らヨーロッパ・キリスト教徒にとって，「神の国」は，まだ彼岸にあった．「神の国」が此岸に，つまり，この世に実現するためには，新大陸の征服という「僥倖」を待たねばならなかったのである．

注）
1) ニスベット，ロバート・A［1987］『歴史とメタファー』（堅田剛訳・紀伊國屋書店），443＋viip．なお，物事の真理たる四つの原理原因は，出隆訳では，質料・形相・始まり（始動因）・終わり（目的因）となっている（アリストテレス［1959］『形而上学（上・下）』出隆訳，岩波文庫）．
2) 以上，ニスベットによる．
3) もっとも，ただちに「今日のヨーロッパ人たちは，必ずしもギリシア文明の直系の子孫ではない」と言わなければならない．遺伝子という観点から見ても，現代ヨーロッパ人と古代ギリシア人とのつながりは薄い．文化的にも，一度中世で切断されている．綿々とつながった文化ではなく，後から勉強し直して修得したものである．古代シナ文明と日本人との関係に近い．古代シナ人と日本人とは遺伝的に非常に薄い関係しかない．文化も主として，書物を通じて学んだ．相違点は，ヨーロッパ人の場合，古典古代の文明を建設した民族は崩壊してしまったが，古代シナ文明を担ったと称している人々の子孫が，依然として「歴史の一貫性」を主張していることである．
4) 岡田［2001］『歴史とはなにか』, pp. 62-63．ディモント［1984］（上），pp. 61-63.
5) デル＝コラールは，ヨーロッパ文明の優位性について語った傲慢ともいえる書物の中で，キリスト教の人類への貢献は自然から神性を奪うことにあったと，次のように述べている．

このような二千年も前から，西洋的な人間によって既に破壊されている自然と人間との結合を回復しようということは，たしかに今日の多くの人間の憧れであろう．かれらは，かつていにしえの超越者に対する希望で満たされていた，あの神々しくもおおらかな昔の場所へ，なんらかの形で再び甦らんとする止みがたいおののき，あの空想の島を征服したいのである．だがしかし，自然から神性を奪うということこそ，キリスト教が人間のために打ち建てた，一歩も譲り得ない最も本質的な前提ではなかったか．この前提に立って初めて，人間たるものは宇宙のなかにあって，みずからの自由をもち，アダムのごとく被造物の主人となり，——あたかも詩篇の作者ダビデがいっているように，「神々よりは少しばかり劣りはするが」——みずからの理性と意志との支配の下に，被造物を征服せしめることができたのではなかったか（デル＝コラール，ディエス [1962]『ヨーロッパの略奪』小島威彦訳，未来社，p. 280）．

6) ヨーロッパ人の心の基層に，異教の豊饒神崇拝，大地崇拝が流れており，それが魔女信仰と何らかの関連をもつのではないか，と想像するのは自然である．植物呪術，樹木崇拝をふくめて，太古の豊饒神と地母神から絶えることなく魔女信仰へと連続する基層がある．これに対してキリスト教は，脱魔術化…の運動を起こしながらも，少なくとも中世初期までは，民衆の心の表層にしか浸透せず，基層にある呪術的なものを一掃することはできなかった（上山安敏 [1998]，p. 77）．

第Ⅸ章

《大航海時代》におけるヨーロッパ世界の膨張
―― 鉄砲と十字架 ――

　15世紀までのヨーロッパは，地中海地域を除くと，世界の後進地域であった．しかし，1492年のコロンブスによる「アメリカ発見」に始まる500年間は，一転して，ヨーロッパ人による地球的規模での侵略と他民族支配・資源収奪の歴史となる．ヨーロッパ人は，この時代以降，軍事的かつ思想的に他民族を支配すると，その世界観と天然資源の利用方法を根本的に変革し，自らの利益に沿うように，各地を開発していった．この世界制覇実現の武器になったのが，軍事力（鉄砲・鉄製刀剣を始めとする武器と組織的攻撃）とキリスト教であった．

Ⅰ　東西の交流

1．東西交易の歴史における三つの道

　16世紀以降のいわゆる《大航海時代》においてヨーロッパが対外的に進出し，地理的に膨張した原因を理解するには，当時の交易の状況を知る必要がある．古くからヨーロッパとアジアとを結ぶ東西交易路には，三つの主要な道があった．

　第一が，ステップの道である．前5世紀に，ヘロドトス『歴史』が，黒海の北岸地方から東進して，ボルガ川，ウラル山脈を横切り，アルタイ山脈を経て

第IX章 《大航海時代》におけるヨーロッパ世界の膨張　147

さらに東方ないし東南方へと進む東西交通路（草原の道あるいはステップロード）があったことを記録している．黒海北岸のスキタイ文化（前6〜前3世紀中心）が東方へと伝播し，前3世紀の匈奴の興隆を促した．アルタイ山脈東部域のパジリク古墳群（前3〜前2世紀ごろ）から，ペルシア産の絨緞，インド産の貝殻，シナ産の絹布や青銅器などが出土した．文化交流史において重要な交易路であった．このユーラシア大陸のステップ地帯では，1206年に，モンゴルのテムジンが，チンギス・ハーンの称号を受け，やがて，彼の死後，1271年にモンゴル帝国が建国された．広大な版図を持つモンゴル帝国の領内では，パックス・タルタリカ（モンゴル系の一部族である韃靼の意．ヨーロッパ人はモンゴルのことをタルタルと呼んだ）とも呼ぶべき交易の保証によって，東西交流が大いに発展した．

　第二が，オアシスの道（別名はシルクロード）である．前2世紀の張騫の西方旅行と漢の西域経営は，《オアシスの道》を通じての東西の交流を活発にした．汗血馬と呼ばれる大宛の名馬や，ブドウ，ウマゴヤシ，ザクロなどの西方の物産が漢代のシナに輸入され，またシナの絹に代表される諸物産が西方のローマ人の世界へと運ばれ，シナは紀元前後のローマ人に《絹の国》として知られるようになった．この道を通じて，西から東へは，仏教，衣食住における《胡風》，イラン系の諸宗教・美術が，逆に，東から西へは，養蚕術，製紙法などが伝播した．

　第三が，海の道（別名セラミックロード，あるいは，スパイスルート）である．7世紀以降のイスラムの成立・拡大，特に8世紀中ごろのバグダードに都するアッバース朝の成立以来，インド洋・ペルシア湾ルートが東西貿易の幹道となった．16世紀までのインド洋での交易を支配していたのはイスラム商人であった．610年ころ，ムハンマド（マホメット）がイスラム教を創始した後，アラブの大征服運動が開始され，イスラム教徒がヨーロッパと東南アジア・シナとの間で交易の仲介を行うようになった．

　イスラム商人はペルシア湾岸のシーラーフ，バスラ，ウブッラを中心にシナ，

インドと西アジア間の貿易を独占する一方，またアレクサンドリア，カイロを中心に地中海貿易をも制圧して東西貿易の利益を独占した．バグダードを中心とするイスラム文化の発達は，東西貿易によるこのような富の蓄積を背景にして達成され，その高度の文化は，12・13世紀の十字軍運動を通じてもヨーロッパに伝えられ，ルネサンス期に至るヨーロッパの文化の発達に少なからぬ影響を及ぼした．

宋代，特に12世紀，南宋のころからシナ商船が宋の銅銭，陶磁器，特に磁器などを大量に積んで南方諸国へ積極的に進出し，胡椒その他の香料・香辛料，真珠・宝石類，象牙，サンゴ等の南方物産を持ち帰るようになった．

イスラム教徒が運送したインド綿布（13世紀中ごろと推定される糸車の導入で生産が増加した）は，東アフリカで黒人奴隷や象牙の購入に用いられるなど，インド洋全域への最も重要な商品であったが，特に東南アジア産の丁子（クローブ），ニクズク（ナツメグ）などの香料入手にその対価として不可欠で，彼らは新興のマラッカ王国で大きな影響力をもった．

2．東南アジアの物産

古くから東南アジアは，国際商品の一大供給地域であった．例えば，主要な産物として，綿製品，香辛料・胡椒，陶器，絹織物，染料，茶，コーヒー，砂糖，真珠などの国際商品があった．これらの産物は，当時，東南アジア以外では産出されなかったので，ヨーロッパ人は，これらの国際商品を是が非でも欲しがっていた．

例えば，綿織物である．1660年，綿織物製の下着が初めてヨーロッパにもたらされたが，綿は衣料用の素材として非常に優れた性質を持っている．度重なる洗濯に耐える上に，すぐに乾くので，蚤の繁殖を防いだからである．本格的に庶民にまで綿織物が普及するのは19世紀以降の話であるが，綿製品を身につけられるようになると，ヨーロッパ人の衛生水準は大いに向上した．

当時，ヨーロッパ人が求める国際商品と言えば，胡椒が代表的であった．な

第IX章 《大航海時代》におけるヨーロッパ世界の膨張

ぜ，ヨーロッパ人は，かくも熱心に香料を求めたのか．まず，肉を常食している人々にとって，いかに肉を保存し，日数が経過した肉でもいかにして食することができるかが，大きな関心事になった．肉の保存方法としては限られた手段しかなかった当時，半分腐ったような肉を食するにはスパイスが不可欠であって，スパイスなくしては保存して置いた肉を食することはできなかった．

しかし，それだけでなく，胡椒は，実は，悪疫に対する薬・防腐剤と考えられていた．14世紀にヨーロッパで《黒死病》（ペスト）が猛威を振るったが，胡椒はそれに対する予防薬として珍重された．ヨーロッパでは人口の3分の1が死亡したといわれる疫病のもたらした影響は大きい．中世医療を構成していた重要な医療薬の中に，ほかならぬ胡椒やさまざまの種類の香辛料が含まれていたのである．疫病に罹らずに済むとなれば，命の代価となるので，いくら高くても売れたのが香辛料である．貨幣のかわりに使われたこともある．従って，莫大な利益をもたらした物産であった．高くても買わざるをえなかったのである．砂糖，茶，コーヒー，いずれも最初は薬としてヨーロッパに入った．

ヨーロッパとアジアを直接結ぶ遠洋航路がまだ開拓されていなかった16世紀まで，ヨーロッパの東にはモンゴル帝国とその末裔たちの諸帝国，南にはイスラム諸国が勢力を張っており，ヨーロッパは東と南への進出を塞がれた状態になっていた．この間，イタリア商人がイスラム勢力圏やアジアとヨーロッパを仲介する交易において大いに活躍し，富を集積したのである．

喜望峰経由の航路が開拓され，16世紀以降，ヨーロッパ人たちはアラビア商人の仲介を中抜きして直接東南アジアにやってくるようになった．ヨーロッパ人は工業製品を売りに来たというよりむしろ，東方の物産を買いにはるばる危険を冒してやってきた．当初の目当ては香辛料・胡椒であった．だが，彼らはほどなくアジアにふんだんに存在した木綿，絹織物，染料，茶，コーヒー，砂糖，陶器，真珠等の多彩な物産に注目し始めた．彼らは，それらと自国産の毛織物との交換を期待したが，しかし，期待はずれであった．高温多湿な東南アジアにおいては，毛織物製品に対する需要はなかったからである．東南アジ

アの物産との交易において，ヨーロッパ人が交換に供せるものとしては金や銀しかなく，特に銀で支払わなければならなかった．実際，イギリスとオランダの東インド会社によるアジア貿易支払いの80～90％が金貨・銀貨でなされていたのである．ヨーロッパ人がアジアにやってきた1500年ころから1800年ころまで，この300年間を通してヨーロッパは地銀の流出に悩まされていた．

Ⅱ ヨーロッパの膨張——キリスト教の暴力的《布教》——

1. ザクセン族の暴力的征服とキリスト教への強制改宗

　カロリング朝フランク王国のシャルルマーニュが772年から804年にかけてザクセン族に対して仕掛けた征服戦争は，キリスト教ヨーロッパが行った最初の宗教戦争だった．ザクセン族（西ゲルマン部族のひとつ）はもともと北ドイツのホルシュタイン南西部を故地とすると考えられているが，当時はフランク王国の北東方面，エムス川とエルベ川の中間地帯に定着し，古くからの民族的宗教を堅持していた．このザクセン族の一部は5世紀ころからブリテン島にわたり，やがてその名を冠した部族国家を建国するが，大陸に残ったザクセン族はキリスト教化されずに，周囲のゲルマンの部族がキリスト教化されても純粋にゲルマン的なままで，信仰とともに原初的な諸制度も強固に保持していた．この部族は，フランク国家への帰属ではなく，独立を望んでいて，独立のシンボルとして，また，その保証として民族的な宗教に固執していた．

　この30年に及ぶザクセン戦争は辛酸を極めた．ザクセン族は自分たちの神々を必死に守り抜こうと戦ったが，結局はシャルルマーニュの軍隊に蹂躙された．その結果，ザクセン族は，強制的に受洗させられ，キリスト教徒になったが，それでもなお偶像を拝み続ける者はことごとく処刑された．

　この戦争は，国家宗教となったカトリックの教義が引き起こす一連の流血の惨事の開始を告げている．異教徒に対する過酷な処置は，フランク王権が帯びて間もない教会的性格の結果であった．なぜなら，国王は，絶対神から権力を授けられているから，その臣民の間に礼拝あるいは信仰に関して不一致のある

ことを許すことはできなくなっていたからである．洗礼を拒否することは，カトリック教会を離脱することであるとともに，法の保護外へと自分を置くことを意味した．つまり，洗礼拒否は，教会と国家に対して，二重の背信行為を意味した．ザクセン族に対する大虐殺も，また，ザクセン族の必死の抵抗も，その理由から生じたのである．

それまではゲルマン人に対するキリスト教改宗は平和裏に行われていたが，ザクセン族の強制的改宗は，征服という暴力によって行われた．ザクセン戦争は，国家宗教となったキリスト教を信仰するヨーロッパ人が異教徒を暴力によってキリスト教化した最初の事例であると同時に，激しい民族的抵抗と殺戮による鎮圧の最初の事例でもあった（ピレンヌ [1991], pp. 56-57）．

国家公認の宗教となり，普遍的な宗教となったキリスト教にとって，改宗されないままに過ごす人間がいることは許されなかった．キリスト教への改宗が拒絶されれば，キリスト教自体が普遍的ではなくなるからである．かかる普遍性の観念的横暴さにゲルマン部族に固有の暴力が加わると，壮絶な暴力的情景が生まれる．《異教徒》は必ず改宗させねばならなかったし，拒絶された場合には凄まじい虐殺を引き起こしたのである．

2. 《十字軍》

《十字軍》とは，1095年にクレルモン会議において宣言された第1回十字軍から，1291年のアッコン陥落まで何回かにわたって西ヨーロッパ・キリスト教徒の軍団が行った中近東各地への軍事遠征を指している．このころまでには各地に教区が設置され，それを束ねる大聖堂が建設されて，カトリック化が進んだため，日常的な宗教的行事の定着とともに，聖地への巡礼が習慣として定着し始めていたことが，その宗教的背景として挙げられる．そして，その直接的動機としては，もちろん，「異教徒」に占拠された聖地エルサレムの解放という大義名分があった．一方，十字軍が繰り返し出発したこの11世紀から13世紀にかけては，西ヨーロッパにおける農業発展の時期であった．農業用

の耕地の拡大と耕作技術の革新（水車や馬に引かせる犂，そして，とりわけ三圃農法）によって農業生産は飛躍的に拡大した．その結果は，とくに人口増加に顕著に表れている．

かくて経済的発展と宗教的使命感の高揚とによって西ヨーロッパ人たちが軍事的に東地中海世界を襲撃したのであるが，彼らの主観的使命感あるいは経済的・内発的な要因が何であれ，後進地域の人間が富と文化の盛んな先進地域を武力で襲撃し，富を収奪したという事実は動かせない．アミン・マアルーフ『アラブが見た十字軍』は，襲撃される側からの証言を再構成したものだが，ここでは，フランク（彼らはそう呼ばれた．まだヨーロッパは成立していなかったから）は，はるか彼方からやってきて，突然ムスリム（イスラム教徒）の世界に現れると，残虐の限りを尽くして，略奪するという，「ひどい身なりの野盗の類」として描かれている．マアルーフはさらに，アラブがその文明の高さと経済力にもかかわらず，フランクの侵略を許した理由は，アラブ世界が分裂していたために，有効な防御を取れなかったこと，そして，何よりも，フランクが占領地に安定した「法治体制」を築くことができたのに対して，アラブは不安定な人治体制で統治されていたことにあると述べている．

アラブを支配した人々は「遊牧民的血統」にあるから，領主の専制的支配にはいかなる歯止めもないうえ，権力基盤が制度化されていないので，跡目争いは常に内乱を引き起こす．これに対して，フランクは，その社会では「権利の分配者」であり，彼らが建国したエルサレム王国では，ムスリムである住民たちは「安楽に暮らしている．彼らの家屋は彼らのものだし，財産も手を付けられていない．…フランクは平等を旨として行動するのに，この同胞たちは同宗のものが行う不正に苦しんでいる」（マアルーフ[1990]，pp.395-397）．

フランクの振る舞いに関するアラブ人の描写は非常に示唆的である．フランクたちは，東地中海世界のような文明が高度に発展したところを占領すると，権利の分配者として統治するので，すでにハルドゥーンのいう「遊牧民的血統」を抜け出ていたが，しかし，《新世界》のような未開のところでは，一転して

暴力を持って支配するのである．

やがて200年後には，アラブは，これらフランクたちを追い払うことに成功するが，十字軍による侵略の代償はあまりに大きく，その後今日に至るまでのアラブ世界の停滞の原因をつくったというのが，マアルーフの結論である．

3．《東方植民》

10世紀から1300年頃まで，ゲルマン人が盛んに東方へ侵略した．狭義には，12〜13世紀にネーデルラントやドイツ西部からエルベ川以東に多数の農民，市民，騎士が移動し，遠くウクライナまで足跡を残した移住現象（より正確には，征服・侵略活動）の全体を，東方植民（東ドイツ植民）運動と呼ぶ．「異教徒」へのキリスト教伝道に名を借りたこの侵略は中世後期までつづき，1300年ころ，「東方植民」は終息した．しかし，ひとたびとだえたのち，17〜18世紀に再びドイツ人の東進運動が起きた．この「東方植民」は侵略活動に他ならないが，のちのバルカン半島における深刻な民族問題の起源となった．すでに中世の段階からヨーロッパ民族による世界征服が開始されていたのである（山内進［1997］『北の十字軍』講談社選書メチエ）．

4．レコンキスタ（国土回復運動）

レコンキスタ（スペイン語のreconquista．「再征服」を意味する）とは，イベリア半島におけるキリスト教徒とイスラム教徒との戦いのことであり，8世紀初頭から1492年までの約800年間続いた．

たえまない内紛に対処しながらも，後ウマイヤ朝アル・アンダルスはキリスト教スペイン諸国をドゥエロ川以北に釘付けにし，それ以上の南下を阻止した．しかし，11世紀前半に事態は流動化し始めた．第一に後ウマイヤ朝が崩壊（1031年）してアル・アンダルスが政治的統一を失い，次にキリスト教スペインにはきわめて野心的なカスティリャとアラゴンの2国が新たに成立（1035年），これを経済成長と人口増加期を迎えたピレネー以北の西ヨーロッパが背

後から支えた．そしてやがてトレド（1085年），サラゴサ（1118年），リスボン（1147年）の3都の奪回に見るように北の優位は確かなものになっていった．

　キリスト教徒の進撃によって危機感を抱いたイスラム教徒は，対岸モロッコから援軍を仰いだ．結果は国土回復戦争の激化で，しばらくの間イベリア半島は東のパレスティナに次ぐ二つの宗教と二つの文明圏の係争地となった．1212年，トレド南方のラス・ナバス・デ・トロサの原野で，キリスト教スペイン諸国の連合軍はムワッヒド朝軍を破って優位に立ち，13世紀中葉までにアラゴンとポルトガルはそれぞれの国土回復を完了した．カスティリャもコルドバ，セビリャ，ムルシア等の重要拠点を奪回したものの，ジブラルタルの制海権を握るまでにはあと1世紀，そしてグラナダの征服で国土回復を完遂するには，その後さらに1世紀半を要した．

5．イスラム勢力との角逐

　15世紀，ヨーロッパの東と南には，強大なイスラム帝国が存在していた．ヨーロッパ人たちは西（大西洋方面）に出て行くしかなかったのである．

Ⅲ 《新大陸の発見》と征服

1．コンキスタドール（Conquistador）

　グラナダ王国の征服によって，何世紀にもわたって継続されたひとつの過程が終結した．つまり，何代にもわたってスペイン人が営んできた領土獲得，キリスト教布教，社会的・経済的上昇という三つの面を持つ任務が完了したのである．レコンキスタは十字軍運動であったが，その改宗勧誘，領土拡張，主戦論という聖戦の精神が「発見」を機にインディアス（新大陸におけるスペイン領植民地）に移る．

　コンキスタドールとはスペイン語で「征服者」を意味するが，特に新大陸征服者，すなわち16世紀前半に南北アメリカ大陸を征服したスペイン人を指す．彼らは征服によって新しい領土を獲得し，黄金・財宝を貪欲に探し求めたが，

第IX章 《大航海時代》におけるヨーロッパ世界の膨張

同時に偶像崇拝，人身御供などを伴う「邪教」を絶滅し，キリスト教を未知の世界の人びとへ伝えるという「使命感」も持っていた．彼らは現世的利益への渇望と福音伝道の熱意とを同時に持ち合わせていたのである．その背景には，キリスト教徒のスペイン人が約8世紀にわたってイスラム教徒を相手にレコンキスタ（国土回復戦争）を戦ってきた歴史がある．

　コンキスタドールの行う征服は，国王の認可を必要としたが，自らの生命と財産を賭す個人的事業であり，ほとんど国家の財政的援助はなかった．そのため軍の規模は小さく，征服自体，投機的性格の強い企てであった．H. コルテスは当初600名ほどの兵士，F. ピサロは200名足らずの兵士を率いて，それぞれアステカ王国，インカ帝国の大部隊を相手に戦い，滅ぼし，莫大な財宝を手に入れた．総勢で，わずか5500名だったといわれる．
　ここには，キリスト教布教という狂信と富への飽くことなき渇望がある．
　コロンブスによれば，アメリカ『発見』は，聖書に啓示された神の意図の実現であり，『ヨハネ黙示録』にいう『新たな天と地の発見』を意味した．…コロンブスは『新たな天と地』への福音伝道こそ，自らに課せられた最大の使命と確信していた．改宗によりインディオは偶像崇拝から解き放たれ，キリストの体である教会に一体化する．彼らは全世界のキリスト教徒とともにイェルサレム十字軍に参加し，神の王国の実現に寄与するであろう．…ローマ人の後継者を自認した16世紀のカスティーリア人は，法と正義にもとづく普遍帝国の樹立を自らに課せられた神的使命と理解し，普遍帝国を担う王権への直属下にインディオの『文明化』＝キリスト教化を推進した．コルテスもこうした世界観を共有しており，世俗的利益の追求と国王への奉仕，伝道への使命が分かちがたく結びついていた（関　哲行・立石博高編訳［1998］『大航海時代―スペインと新大陸―』同文館，pp. 15-23）．

スペインのアメリカ事業は，イベリア半島内のイスラム勢力に対する何世紀

も続いたレコンキスタが終結したのと同じ年に，劇的ともいえる思いがけない展開により始まった．この偶然の一致については，800年におよぶ根気強い努力に対する褒美であり，当然の報酬であり，神の御業に他ならないという見方がその当時からあり，それは後の時代にも続いた．

そこで，《新大陸》はこれまでイベリア半島で「異教徒」成敗のために艱難辛苦に耐えて戦ってきたわれわれの労苦に報いるために神が与えてくれた「恩寵」だと解釈したコンキスタドールたちは，征服の成果（金銀財宝の獲得やインディオ奴隷化による富の蓄積）をわがものにすることは「神のために頑張ったわれわれには当然の権利だ」と考えたのである．

　［かくて，］コンキスタドールは，中世のレコンキスタの宗教理念をインディアスに持ち込み，展開した．ただ，レコンキスタでは十字架のキリスト教徒軍と半月刀のイスラム教徒軍が対峙したのに対し，それに続くアメリカ大陸での宗教戦争ではキリスト教徒と未信徒（バガーノ）の対立という別の図式となった．その際，キリスト教布教の実働部隊になったのがコンキスタドールであった（フランシスコ・デ・ソラーノ「スペイン人コンキスタドール―その特徴」関・立石編訳前掲書，pp. 237-265）．

2．カハマルカの惨劇
(1) 黄金郷をめざすピサロ隊

　スペイン人コンキスタドールであるフランシスコ・ピサロ（1475?-1541）が，1532年11月16日，奸計によってインカ皇帝アタワルパを捕虜にし，かつ，数千人のインディオを虐殺したと伝えられる《カハマルカの惨劇》は，ヨーロッパによる南北アメリカ征服史の中でも画時代的な事件となっている．歴史上有名なこの惨劇の経過は，当時，この遠征に参加したスペイン人たちによって征服者の側からの記録として残されている．そのうちのひとつ，『無名征服者によるペルー征服記（1534年）』ほかを参照して，その概要を再現してみよう．[1]

第Ⅸ章 《大航海時代》におけるヨーロッパ世界の膨張　157

すでにパナマに1513年に入植していたピサロ（当時38歳前後）は，南の方にペルーと呼ばれる黄金郷が存在することを知ると，1531年（同じく56歳前後），同志を募って，総員250名（うち，騎兵80名［ヘレスによると総員が180名で騎兵が38名］）で征服のためにペルーに向かった．途中の町や村を攻撃して，翌32年に皇帝（あるいは，大領主）アタワルパを討伐にサン・ミゲル（トゥンベスとカハマルカの中間の町）を出発したときには，病死その他の

図15　16世紀初頭のインカ帝国全図

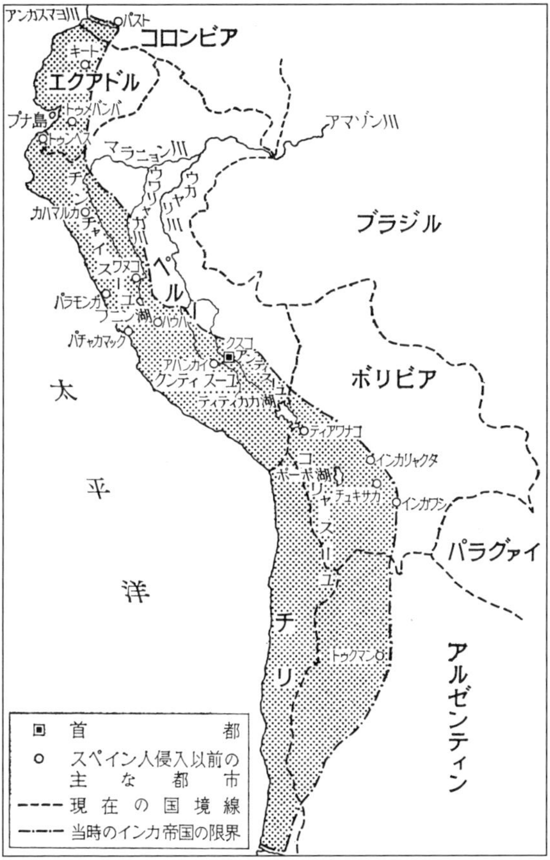

出所）アコスタ［1966］『新大陸自然文化史（下）』大航海時代叢書Ⅳ（増田義郎訳，岩波書店）p.327.

脱落者がいて騎兵60名と歩兵90名（ヘレスによると，騎兵が62名で，歩兵が102名）を従えていた．翌年に彼らが獲得した莫大な「戦果」に比べて，この無頼漢たちの部隊は，総勢でわずか150名前後の驚くほど小規模な部隊であった．このときペルーには，インカ帝国という道路・首都・飛脚制度などを有するかなり高度な帝国が成立していたが，ヨーロッパ人が持ち込んだ感染症がその領内にまで拡散し，相当な数の患者が出ていたうえ，皇位継承をめぐってアタワルパと異母兄弟のワスカルとの間で内戦状態にあったので，国家としては非常に疲弊していた．

皇帝アタワルパはピサロ隊の接近を知ると高官を斥候として派遣して，ピサロと接触させて，その部隊の状況を偵察させた．この高官が，帰還して，ピサロ隊の人数などを報告すると，アタワルパは「大したことない」と彼らを侮り，過小評価するという致命的な過ちを犯すことになる．

1532年11月，皇帝アタワルパは，ペルー北部の山岳地帯にあるカハマルカという高原都市で，8万人の兵士とともに，スペイン人ピサロと彼の部下たちの到着を悠然と待っていた．しかし，実は，苦労して山を登ってくるピサロ隊を大部隊によって包囲して殲滅するのは容易であった．アタワルパがピサロ隊を途中で襲撃して殲滅しなかったのは，海（コチャ）からやって来たピサロたちを当初は，インカの創造神であるビラコチャ（《海の泡》の意）の再来ではないかと訝しんだため，直接会う必要を感じたためともいう．あるいは，彼は，ピサロたちが持っていた「このうえなくすばらしいものに思われた馬や牝馬を，子を産ませるために捕らえ，また，エスパニャ人［ピサロたち］を捕虜にしようと決心していた．彼は習慣にしたがって，ある者は太陽の生け贄に捧げ，その他の者は去勢して，彼の宮殿や女たちの警護に使おうと思っていた」と考えていたためという（捕虜になってからの供述をスペイン側が記述したものだから，真偽は不明）．また，当時，帝国の正統性をワスカルと争っていたアタワルパにとって，スペイン人はビラコチャではないとわかっていたが，ピサロた

第Ⅸ章 《大航海時代》におけるヨーロッパ世界の膨張　159

ちを味方として懐柔すればビラコチャとして帝国の統治に利用できるであろうという下心があったのかも知れない．しかし，いずれにしろ，アタワルパは移動中のピサロ隊を襲撃しなかったのだから，やはり油断してこの絶好の機会を逸したと言うべきであろう．結局，それこそが彼の破滅の原因となった．

(2) **バルベルデ神父による《催告》（レケリミエント）の読み上げ**

ピサロ隊が，カハマルカ近郊に着くと，11月15日，ピサロは，弟のエルナンド・ピサロとソトを予備折衝のために使いに出した．アタワルパは，町から数キロ離れた野営地（温泉）にいたので，そこで彼ら二人と会った（「図16 温泉での予備会談」を参照）．アタワルパは，翌日に，町の広場でピサロたちと会うことに同意した．

翌16日，ピサロは奸計をめぐらして，あらかじめ会見場の近くに鉄砲・鉄

図16　温泉での予備会談[2]

注）征服者のベナルカサル（実はソト）（右奥）とエルナンド・ピサロ（右手前）が，カハマルカ近郊の温泉に滞在していたアタワルパ（左）を訪問した．
出所）Guaman Poma, *El primer Nueva corónica y buen gobierno*, ca. 1615.

剣を装備した部下たちを潜ませておいた．正午過ぎに，目映いばかりの金銀の装飾品を身につけた数千人の家来たちの行列とともに，美しく着飾ったアタワルパが深い青の揃いの服をまとった首長たちによって担がれた輿に乗ってやってきた．インカ軍は総勢で8万人，アタワルパとともに会見場にきた兵士だけでも数万人に上ろうという大部隊の到着を隠れて待ち受けていたスペイン人たちの中には，恐怖と緊張のあまり失禁する者もいたほどであった．しかし，インディオたちは，「スペイン人のことなどほとんど眼中になかった」（ユパンギ『インカの反乱』p. 26）という慢心ぶりで，綱と小刀以外の武器を持っていなかった．これが命取りになる．

　アタワルパは，「スペイン人が帝国内で荒らし，破壊し，奪ったものをすべて返せ」と要求した．ピサロが，「自分は偉大なる王の使いとして来た．友人として話をしたい」と述べると，アタワルパは，「お前は遠いところからやってきたのだから，お前を派遣するほどの王は偉大なのであろう．しかし，私も自分の王国の偉大なる王なのだ」と威厳を持って答えた．家臣の身分にあるお前などと友人つき合いはできないという意であるとしたら，それは当然である．そこで，ピサロと行動をともにしていたスペイン人神父バルベルデが，アタワルパの前に進み出て，《催告》（レケリミエント）と呼ばれる通告文を朗読した（図17「カハマルカの謁見」参照）．それは，おそらく以下のような内容であったろう．

　　カスティリャおよびレオンの気高くかつ偉大な王の僕であり，未開の人々を征服する命を受けた使者であり隊長である私，フランシスコ・ピサロはここに通告する．……唯一永遠なる我らの偉大なる神は，天と地を創造し，我々と，この世のすべての人間の祖先である一人の男と一人の女を造られた……天地創造以来5000年と少しにわたって，この世に生を受けた多くの人々のために……これらすべての人々を治めるために，神は聖ペテロをお遣わしになった．それ故，私は要求する……教会を女王として，世界と宇宙の総督として認め，教皇

第Ⅸ章 《大航海時代》におけるヨーロッパ世界の膨張

図17　カハマルカでの謁見

注）征服者たちであるフランシスコ・ピサロ（手前左），アルマグロ（ピサロの向う側），神父バルベルデ（手前右）が跪いて，皇帝アタワルパ（中央の人物）に謁見している．右端の人物（帽子をかぶっている）は通訳であるインディオのフェリピリョ．
出所）図16と同じ．

と呼ばれる高僧をその御名において，［スペインの国王］陛下を女王の代理として，支配者であり，王として認めよ……もし，これに従わなければ……神の加護のもとに力をもって汝らに立ち向かい，いたるところで，あらゆる手段で戦いをしかけ，汝らを教会と国王陛下に服従させ，陛下の命により女子供を捕らえて奴隷にし，売り飛ばし，悪の限りを尽くし，容赦なく損害を与えるだろう．その結果として人が死に，町が破壊されたとしても，それは汝らの自業自得である（ライト［1993］『奪われた大陸』香山千加子訳，NTT出版，pp.93-94）．

この《催告》の内容は，要するに，「邪教を捨てて，唯一の正しい宗教としてのキリスト教に改宗しろ．絶対神の代理としてお墨付きをもらっている教皇

から支援されているスペイン王に服属しろ．嫌なら，暴力で征服し，奴隷にする．それもお前たちの自業自得で，非はお前たちにある」というものである．きわめて傲慢であり，自己中心主義の極致と言うべきであろう．突然にこのような強迫を受けても，おいそれと「はい．わかりました」と言える訳がない．アタワルパは，「お前たちの言う教皇とかいう人物が，自分のものでもない国々を与えるなどと言うのは，気が狂っているに違いない．自分は決して滅び

図18 アタワルパ皇帝と征服者ピサロの会見

注) 1534年4月，セビリャのバルトロメ・ペレス書店から出版された，無名征服者による『ペルー征服記』の表紙．スペイン人征服者とアタウアルパ［アタワルパ］皇帝の出会いが示されている．
出所) アコスタ［1966］『新大陸自然文化史(下)』大航海時代叢書Ⅳ（増田義郎訳，岩波書店）扉口絵．

ることのない太陽と，われわれの掟が定めた神殿と神々以外は信仰しない[3]」と明確に拒絶した上で，「いったい誰がお前にそのようなことを告げたのか」と尋ねた．

　神父バルベルデが「この聖書です」と言うと，アタワルパは「それが私にどう口を利くか知りたい．寄こせ」と言ったので，神父が聖書を差し出したが，しかし，皇帝は，本をどう開くのかわからなかった．インカには文字も書物もなかったので，アタワルパはそれが何であるかを理解できなかったのである．神父が本を開くのを教えようと手を伸ばして聖書を皇帝から取ろうとした（専制帝国において，誰であろうと王族以外の人物がかかる行動を取るのは不敬と見なされよう）ので，アタワルパは激怒し，神父の手を振り払った．彼の顔面は怒りで真っ赤に紅潮していた．渡された聖書を開いては見たが，結局アタワルパはそれを投げ捨ててしまった．すると今度は神父が怒りに燃える番である（もっとも当初からシナリオはできていたのだが）．ピサロらに向かって，次のように叫んだ．

　　クリスチャンたちよ！　出てくるのだ！　出てきて神の御業をしりぞけた犬どもと戦うのだ！　あの暴君は私の，聖なる教えの本を地面に投げ捨てた．あなたたちは何が起きたか見たであろう．平原がインディオたちでいっぱいのときに，この思い上がった犬に礼儀正しくふるまう必要もなければ，卑屈になる必要もない．出てきて戦うことを私が許す！（ダイヤモンド [2000] 上, p.106）．

(3) ピサロ隊の奇襲攻撃

　それを見ていたピサロが，隠れて待機していた部下たちに合図を送ると，スペイン人騎兵・歩兵たちが一斉に飛び出してきて，トランペットの大音声とともに，けたたましく銃をぶっ放した．ピサロは，数人の従者とともにインディオたちの中に分け入ると，「サンティアゴ！（スペインの守護聖人）」と叫びな

がら，早々にアタワルパを生け捕りにしてしまった．騎馬隊や大きな音を出す銃などに驚愕したインディオたちは，大混乱に陥った．もともと武器を持っていなかったインディオたちは，パニックに陥り，逃げまどい，つまずき転び，折り重なって多くの圧死者が出た．武器を持たず，抵抗しない者たちを殺戮することほど容易なことはない．スペイン人たちは，戦う気力をなくしたインディオたちに次々に襲いかかり，鉄剣でめったやたらに斬りまくり，槍で突き刺して廻ったので，瞬く間に広場はインディオたちの死骸で埋め尽くされてしまったという．

スペイン人たちの記録では，いずれも数多く（2000人から8000人と幅がある）のインディオが虐殺されたと書かれている．1時間半ほど続いた虐殺が終わったとき，現場の「幅15マイルから20マイルの盆地全体がインディオ［の死体］で埋め尽くされた．それは驚くべき光景だった．あたりは夕闇で暗くなりかけていたが，われわれ［スペイン人］の騎兵はまだインディオを刺し殺していた．そして，やがてトランペットが鳴らされ，われわれは陣営に戻った．…もし夜が来なかったら，4万人のインディオの兵士のうち，生き残った者はほとんどいなかっただろう」（ダイヤモンド，前掲書，pp. 107-108）．

わずか170名程度の兵力で，数万人のインディオを征服したスペイン人たちは，「これは奇蹟だ．神のご加護によって初めてなしえた偉業だ」と，絶対神に感謝した．ピサロは，アタワルパに向かって，「天と地とすべての創造主である神は，われわれがお前たちを征服することを許し，お前たちに野蛮な獣の如き生活を悔い改めさせ，神を知らせたもうたのだ．これまで犯してきた自分たちの過ちがわかれば，スペイン王陛下の命によってわれわれがお前たちの地にやってきた幸せがわかるだろう」と，お為ごかしに教えをたれるのであった．そして，例の『無名征服者によるペルー征服記』によると，ピサロは十字架を一本つくるとアタワルパに渡し，「いいか．お前の家臣たちは全員がこのような十字架をつくって，持っていなければならない．明日の朝，われわれキリスト教徒の騎兵と歩兵が外に出て，もし十字架を持たぬ者を見たら，殺す」と告

げた.

(4) アタワルパの提案とピサロの騙し討ち

アタワルパは，ピサロたちの強欲さを見て取ると，身代金として，一部屋一杯の金と二部屋分の銀を差し出すことを提案した．その提案が受け入れられると，家来たちに命じて金銀や財宝，美術品などを運ばせた．各地の神殿や宮殿から金銀財宝が徴収され，帝国中からリャマの背に乗ってカハマルカへと集まってきた．アタワルパが当初想定した日数（40日間）よりもかかってしまったが，それでも約7トンの金と約13トンの銀によって部屋が満たされた．ピサロは，インカ芸術の粋である装飾品までも含めて，これらを溶解させて，金銀の延べ棒にした．「1オンス400ドルとすると，黄金だけで6500万ドルほどの価値になったろう．しかしこの数字だけでは，当時の価値を正確に伝えたことにはならない．ヨーロッパ中を探しても，これ以上の資産を有する王侯貴族

図19　幽閉の身のアタワルパ

注）カハマルカの牢獄に囚われの身となったアタワルパ（左）.
出所）図16と同じ．

はいなかった」とライトは書いている（ライト［1993］『奪われた大陸』p. 112）[4]．

身代金をまんまとせしめると，ピサロは，またしてもアタワルパを騙して，彼を放免せずに火あぶりで殺すように命じた．捕獲から9ヶ月間の拘禁中，アタワルパはキリスト教への改宗を拒んできたが，バルベルデ神父はアタワルパを是が非でも改宗させようとして，1533年8月29日，彼に対して，「生きたまま焼き殺されるか，あるいは，キリスト教に改宗すれば，より慈悲深い方法である絞首によって殺してやるが，どちらがよいか」と尋ねた．インカには霊魂への信仰があり，ミイラにされた王族たちは生きているときと同じように行動すると信じられていたから，ペルー人たちにとって火あぶりの刑ほどおぞましいものはなかった．肉体なくしては死後の世界を過ごすことができないからである．

アタワルパは，やむを得ずキリスト教への改宗を承諾し，そして，その日，

図20　アタワルパの処刑

注）ここでは斬首刑として描かれているが，実際には絞首刑であった．
出所）図16と同じ．

哀れにも，洗礼名ドン・フランシスコ・アタワルパとして，首を絞められて殺された．身代金として膨大な財宝を詐取されたうえで殺されただけでなく，むりやり改宗させられ洗礼名まで付けられて，さぞかし無念であっただろう．[5]

以上は，《アタワルパの提案》として，また，それを受け入れて助命を約束したにもかかわらず（ピサロは，巧妙にも，助命を約束していないという説もある），財宝を入手すると約束を反故にしてアタワルパを処刑した《ピサロの奸計》として歴史上有名な逸話である．

最後の（傀儡でない）皇帝となったアタワルパの処刑は，インカ文明の終焉であり，ヨーロッパ人による南北アメリカ征服の決定的段階となった．

(5) なぜ，ピサロはインカ帝国を制圧できたのか

ピサロは，わずか180名に満たない兵力で，アタワルパの8万人もの軍隊（油断していて非武装だったので軍隊と呼べるかどうかは疑問だが）を制圧してしまった．先に見たように，コンキスタドーレス（コンキスタドールの複数形）は総勢でせいぜい5500人と推定されており，数千人のスペイン・ポルトガル人たちがカリブ海・南アメリカ全体で数千万人のインディオたちを暴力的に征服したのだから，この《カハマルカの惨劇》は決して例外であったのではない．他にもコルテスがわずか600人の部隊でアステカを征服したという，有名な事例もある．

なぜ，ピサロはかくも目覚ましい勝利を収めたのか．ジャレド・ダイヤモンドは［2000］『銃・病原菌・鉄（上）』の中で，「ピサロが皇帝アタワルパを捕虜にできた要因こそ，まさにヨーロッパ人が新世界を植民地化できた直接の要因である」と述べて，具体的に，① 銃や鉄剣などの武器，② 騎馬に象徴される軍事技術，③ 感染症に対する免疫，④ 航海技術，⑤ ヨーロッパ国家の集権的な統治機構，⑥ 文字による情報の伝播を挙げている（pp. 109-120）．

① 武器および ② 軍事技術については，スペイン人を始め，ヨーロッパ人たちが圧倒的に優勢であったのは疑いがない．その時点まで，ヨーロッパ人たちは地方分権制である封建時代に数百年間にわたって，互いに争い，軍事技術を

磨いていた．数世紀間，戦闘技術の向上に切磋琢磨してきたことが，この時期，ヨーロッパ人には幸いしたのである．とりわけ，武器である鉄剣・鉄砲と騎馬が威力を発揮したことが特筆される．主として棍棒しか持っていなかった先住民たちにとって，鋭利な鉄剣や槍をもつヨーロッパ人に立ち向かうのは至難の業であったし，また，彼らの銃器に度肝を抜かれたことは想像に難くない．さらに，馬を始めとする大型の草食獣は南北アメリカでは知られていなかったから，騎馬隊による密集攻撃は大きな威力を発揮し，棍棒しかもたない歩兵ではとても太刀打ちできなかった．

さらに，③感染症についても，南北アメリカや太平洋地域においては，病気はもともと少なく，天然痘，ハシカ，発疹チフス，腸チフス，ハンセン病，梅毒，結核などの病気は存在していなかった．南北アメリカの先住民はモンゴロイドであり，今からおよそ1万2000年ほど前に，ユーラシア大陸からベーリング海峡を越えて，移住してきた人々である．このとき，病原菌を持ち込むことはなかったのである．恐らくは，シベリアからベーリング海峡にかけての極寒のために，ユーラシア大陸の病原菌は寒冷地域を経過する際に死滅したのであろう．さらに，大型の群棲草食動物を家畜として飼い慣らし，動物の身近で生活することもなかったから，家畜を発症源とする感染症に罹病することもなかった．従って，ヨーロッパ人が15世紀末以降に南北アメリカに到来したとき，彼らが持つ病原菌に対する免疫をインディオたちは欠いていたのである．感染症が猛威を振るってインディオたちを肉体的に消耗させていただけでなく，感染症にかからない白人たちを見て，その「神秘性」を想定して，抵抗する気力をさらに一層喪失していた．

また，④航海技術に関しては，そもそもピサロたちヨーロッパ人がはるばる大西洋を越えて南米にまで到達できた理由であるし，⑤ヨーロッパ国家の集権的な統治機構についても，コンキスタドールたちを資金的・人材的・技術的に支えて，彼らの遠征を可能にしたのは，スペインなどの確固たる中央集権的権力であった．インカ帝国では権力が皇帝個人に集中していた結果，アタワ

ルパが囚われの身になると，侵略者に対する有効な反撃も打てないまま，あっという間に崩壊してしまった．

　ダイヤモンドが強調するのが，⑦ 文字による情報の伝播（正確には，その欠如）であり，ヨーロッパ人は文字を使用して情報を伝達し，拡散させ，蓄積していたのに対して，インカには文字がなく（《新世界》では，今のメキシコ近辺で一部の人々が文字を使用していただけ），インカの人々はスペイン人が何者で，いかなる意図を持ち，いかなる武器を使用するのか，ほとんど知らなかったのである．「スペイン人の侵略は1510年にインカ国境から北にたった600マイル（約960キロ）のパナマで始まっている．にもかかわらず，インカ人はピサロたちがペルーの海岸に上陸する1527年になるまでスペイン人の存在を全く知らなかった」（ダイヤモンド，前掲書, pp. 117-118）．しかも，先に見たように，アタワルパが，ピサロたちを創造神ビラコチャの再来ではないかと疑っていたのであるならば，正確な情報の欠如こそが致命的な敗北をもたらしたことになる．スペイン人たちが単なる侵略者であると認識していれば，たとえ装備は大幅に劣るとしても，圧倒的に多数の兵員を率いていたのだから，途中でピサロ隊を敗走させることは不可能ではなかったに違いない．一方，ピサロの方では，エルナン・コルテス（1485-1547）が成功したアステカ王国の征服（1821）を文字情報によってよく研究しており，その経験（特に，モクテスマ2世が，コルテスの出現を神ケツァルコアトルの再来と思い込んだこと）を利用できたので，彼我の情報の質・量の格差は決定的に大きかった．

(6)　《カハマルカの惨劇》に見るヨーロッパ・キリスト教徒の「異教徒」征服パターン

　「アタワルパ…をはじめとする数多くのアメリカ先住民の指導者たちがヨーロッパ人にだまされてしまったのは，スペイン人に関する詳細な情報を得ることができなかったからである」（前掲書 p. 118）というダイヤモンドの叙述は，現代に生きるわれわれにとっても示唆的である．なるほど今は，情報が溢れるばかりに飛び交うインターネットの時代であるが，われわれは，本当にヨーロ

ッパ人のビヘイビアー（行動様式）をわかっているのだろうか．

　ダイヤモンドはその本の中で触れていないが，忘れてならないのが，キリスト教の役割である．アタワルパがスペイン人に関する正確な情報をもっと持っていたのなら，こんなにもたやすく騙されることはなかったであろうとダイヤモンドは書いている．それはそれで正しい指摘だと思うが，しかし，この一連の出来事には，ヨーロッパ・キリスト教徒が異教徒の征服を企てるときに実行する行動と論理展開のパターンが象徴的に現れていることが重要である．

　カハマルカでは，まずピサロが「友人になりたい」と言って，友好的に接近した．ついで，聖職者であるバルベルデ神父がアタワルパに，「邪教を捨てて，キリスト教に改宗せよ」と迫った．聖職者が侵略の先兵となることが象徴的であるが，神父はキリスト教に改宗しなければならない根拠として，「聖書に書かれているから」と聖書を出した．これも絶対神の言葉が書かれている聖書を持つ啓典宗教に固有の行動である．一神教においては，絶対神の言葉は絶対に正しいのであり，人間がそれを疑うことは許されない．それに対して，「異教徒」は当然，拒絶反応を示す．アタワルパが聖書をうち捨てると，神父は「キリスト教に対する冒瀆だ．彼らを殲滅せよ」と叫び，ピサロたちが突如として武力を発動して，インディオたちを虐殺した．

　上記のカハマルカでの出来事を，《新大陸》やアジア・太平洋諸島でその後に起きたヨーロッパ人の世界制覇を念頭に置きつつ一般化すると次のようになる．

　それまで接触のなかった異教の地にまず派遣されるのが，宣教師たちである．宣教師たちは，自分の信仰する宗教であるキリスト教を広めるための布教活動を行う．キリスト教の教義と異教徒のそれとはおうおうにして相容れないが，邪教に対して議論の余地なく自己の宗教の方が優れていると確信する宣教師たちは，たいてい非妥協的である．非妥協的である以上，しばしば現地の権力から布教の制限を受ける．まさしくここで《普遍的理念》の出番となる．「信仰の自由」という《普遍的理念》を冒瀆した以上，異教徒は殲滅されねばならな

いという理由で，武力に訴えて，征服するのである．そもそもキリスト教の布教というヨーロッパ人宣教師のアクションさえなければ何事も起こらなかったはずなのだが，しかし，征服し虐殺するキリスト教徒の側には，「奴ら異教徒はわれわれの《信仰の自由》という崇高な理念を冒瀆した．悪いのは奴らだ」という，自分たちの虐殺行為を免責する言い訳がちゃっかりと残されることになる．

彼らの行動をパターン化すると，次のようになる．
① 友好的につき合いを始める．
　未知の土地へ赴き，多数の住民が実際に住んでいるところに少数で訪ねるのであるから，当初は友好的にふるまうのは当然であろう．敵情視察を兼ねた情報収集という目的もある．そもそも土地に慣れていないため，食糧その他の必需品を土地の住民に依存しなければならないという事情もある．
② 《普遍的理念》を提示して，それへの服属を要求する．
　《普遍的理念》が「真実である」ことを前提に，自分たちこそがそれを体現しているという強固な信念を有している．そのうえで，キリスト教への改宗を要求するというのは，《普遍的理念》への帰属を要求することである．
③ 相手が拒絶すると，一転して，暴力で相手を征服する．
　相手の拒否は，《普遍的理念》への冒瀆であり，《普遍的理念》を体現する自分たちに逆らうのは「絶対神の言葉」に反逆することと同じだと見なして，それを理由に暴力的に制圧する．

しかし，相手が自分の《普遍的理念》に帰依しないからといって，虐殺してしまう心理は何なのか．それは「やはり不可解だ」と言わざるをえない．極限状態に置かれれば，場合によってはありうるかも知れないが，暴力を行使して実際に殺人まで犯してしまうのは，通常の人間ではむずかしいだろう．当時のヨーロッパ人キリスト教徒の全員が《カハマルカの惨劇》のような虐殺に手を

下せるとは思えない．

　ここで最も肝心なことは，ピサロら「征服者」たちがまさにそうであったように，《普遍的理念》を体現している（と主張する）者たちは，《普遍的理念》を他者に対して押しつける一方で，同時に，おうおうにして，自分たちをかかる《普遍的理念》の「縛り」から巧妙にも除外していることである．キリスト教でも「人を殺すな」という教えはあるのだから，他者（この場合はインディオ）に《普遍的理念》たるキリスト教を強要するのであれば，当然，その一部である「人を殺すな」という「縛り」に拘束されて，暴力でもって制圧することはできないはずである[6]．

　従って，「札付きの無法者」（ラス・カサスはピサロをこう呼んだ）のように，初めから相手を征服してしまおうという下心を抱いている場合（あるいは，階級闘争の強固な信念を抱いている場合や，裕福な階級を殲滅したいというルサンチマン［怨念］に駆られている場合など）には，《普遍的理念》はきわめて有効な「武器」となる．《普遍的理念》は「敵」を倒すには非常に有効な武器であり，しかも，あらかじめ自分たち少数グループはその適用から外しているので，自分たちの極端な行動（殺戮など）は正当化されるからである．一致団結して結束できるのは，小さなグループであることが必要条件だから，《普遍的理念》を体現するのはおうおうにして少数派である[7]．飽くことなく黄金の獲得と《神の国》の実現を目ざすピサロ隊も150名程度という少数であった．

　あらかじめ権力を掌握したいと考えている小グループが，《普遍的理念》を標榜して，自分たちこそがそれを体現していると主張しつつ，一方では，巧妙に自分たちを《普遍的理念》の適用から除外する．つまり，「《普遍的理念》を自分たちだけが体現していると信じる少数のグループが，自分たちを《普遍的理念》から除外しつつ，暴力を持って多数者を統治する」という，以後，ヨーロッパの歴史で繰り返し現れてくる統治モデルが，この《カハマルカの惨劇》においてすでに確認できるのである．

3．南北アメリカの征服

　南北アメリカの征服は，先住民社会の崩壊を伴っていた．ヨーロッパ人たちは先住民の社会を根こそぎ破壊したのである．

① サント・ドミンゴ島（コロンブスが最初に到着した島のひとつ）では，スペイン人が征服した当初，100万人の人口があった．ヨーロッパ人による搾取・虐待・疫病によって，その後の40年間で200～300人にまで減ってしまった．

② 1519年に，メキシコではコルテス（1485-1547）に率いられたスペイン人たちがアステカ帝国を征服したが，ここではさらに深刻な事態が発生した．16世紀初頭のアステカの人口はおよそ2500万人であったが，これが1550年には600万人になり，1600年頃には約100万人にまで減少した．

③ ペルーでも1530年代のインカ帝国征服後，先住民の人口は約4分の1にまで激減した．これは，スペイン人の入植や宗教勢力によってなされた強制的な食糧の搾取，家畜リャマの大量屠殺，持ち込まれた疫病の流行，労働搾取などが直接の原因であった．

④ 北アメリカのインディアンも，南アメリカのインディオと同様の苦難を味わった．1500年ころ，現在のアメリカ合衆国の領土内にはおよそ100万人の先住民が住み，多彩な文化を発展させていた．しかし，その後の400年間にこれらの人々は事実上アメリカから一掃されてしまった．実際，イギリス人が最初に入植したジェームズタウンのような初期の植民地は，インディアンの助けがなくて存続させることができなかった．しかし，初期の入植地がいったん安定してしまうと，ヨーロッパ人がインディアンに対して潜在的に持っていた敵意が表面化した．ニューイングランドでは，ヨーロッパ人の入植後わずか数年の間に，清教徒とインディアンとの間で戦争が始まった．清教徒は，異教徒であるインディアンの殺戮が神の意思に叶うと信じていたのである（上記のヨーロッパ・キリスト教徒による異教徒征服パターンを参照）．

(1) **奴隷労働**

先住民に強制された労働のうち，低地でのコカの栽培とポトシ鉱山（1545年に発見された）での労働がとりわけ危険であった．アンデスの高地から連れてこられた先住民にとって低地での生活はきわめて困難であり，半数が「アンデス病」と呼ばれる病気で死んだ．銀山では，当初はアフリカ人奴隷が連れてこられたが，このような高地では生活できなかったために，1550年以降は現地のインディオが駆り出された．17世紀の初頭までポトシ銀山では常時6万人のインディオが強制的に働かされていた．

ポルトガル人やスペイン人は，インディオは動物のように好きなだけ酷使してかまわない下等な存在だと考えていた．宣教師は先住民の魂（および労働力としての肉体）をわがものにしようとした．つまり，初期の植民地のヨーロッパ人は自分では働こうとせず，代わりにもっぱらインディオを働かせることを考えたのである．

(2) **背景となる人種的優越感**

隣人への愛を説くキリスト教を信仰するヨーロッパ人に人種差別の意識がなかったなどと主張することは，偽善に等しい．彼らはきわめて明確な人種差別の思想に凝り固まっていた．次の引用文は，南アメリカではなく，アフリカの事例であるが，それが明瞭に表われている．

ヨーロッパ人は，牢固とした人種差別意識に裏打ちされた優越感を生来持っていた．中には，医療や教育の活動を通じて現地民の生活向上のために努力した者もいたが，大半のヨーロッパ人は，自分の文化を押しつけることで固有の文化を破壊した．しかも，そうした文化破壊を意識する者はほとんどいなかった．…ヨーロッパ人の心の中には，アフリカ人に対するほとんど隠そうともしない侮蔑の念があった．たとえば，1900年6月にドイツ人入植者の一人が南西アフリカの植民地政府に提出した次のような嘆願書が残っている．「遠い昔から，原住民たちは怠惰と粗野と愚行に慣らされてきました．彼らは悪に手を染めて

第Ⅸ章 《大航海時代》におけるヨーロッパ世界の膨張　175

いなければ安心できないのです．われわれは現地民に交じって生活していますが，ヨーロッパ人の感覚では，どう考えても彼らが人間であると信じることはできません」(ポンティング [1994], pp. 226-227)．

Ⅳ　ラテン・アメリカ支配によるヨーロッパの富の蓄積

1．銀

　アステカでもインカでも，貴重な財宝のほとんどが溶かされてヨーロッパに運ばれた．1500～1650年の間に，新大陸からスペインには200トンの金と1万5000トンの銀がもたらされた．

　1545年にペルーのポトシ（現，ボリビア領），1546-48年にメキシコのサカテカス，グアナフアトで豊かな銀山が発見され，1560年ころからインディオを強制的に労働させて本格的に採掘された．水銀アマルガム精錬法もこのころ導入され，銀の生産増大に貢献した．その産額は最盛時には年約450トンに達して（ドイツの生産量の10倍余），世界総産額の80％をこえ，中南米が銀の一大産地となった．この大量の銀はスペインの船団によって本国へ運ばれた．

　銀は燭台や食器にも利用され，高位者の遺産目録には中世から散見された．銀の燭台はルネサンス末期から，特に宮廷・サロン文化の全盛の17～18世紀に，室内装飾を兼ねて上流階級に愛好された．食器の使用が普及するのも17世紀以降で，銀の食器はロココ文化や19世紀のブルジョア文化の時代にステータス・シンボルとして愛好された．

2．価格革命

　ペルーとメキシコからの大量の銀がスペインに流入した．

　スペインに流入した銀は，中世以来フッガー家などの財政を支えてきた南ドイツ銀山を壊滅させながら，スペインの帝国政策の代償として全ヨーロッパに拡散した．これが一因となってヨーロッパ全域に激しい物価騰貴を引き起こしたのである．16世紀初めからほぼ1世紀半にわたって続き，スペインのマド

リッドでは，この約150年間に，物価は約13倍になったといわれる．まずスペインで，そしてヨーロッパ各地で価格高騰をもたらしたこの現象を価格革命と言う．

　このインフレをうまく利用して企業活動を展開したイギリスのジェントリー層は経済力を高め，イギリスの国力伸張に寄与した．インフレに見舞われたスペイン・ポルトガルの産業は，イギリスなどの産業に太刀打ちできず，壊滅させられた．ヨーロッパに流入した銀の大部分は，ポルトガルのインド省やイギリス，オランダ両国の東インド会社などによってアジアに転送され，当初は胡椒や香料と，ついでインドの綿布や中国の茶と交換された．この当時のアジアは，ヨーロッパからはなにも買いたいものがなく，ただ銀のみを対価として受け取ったので，ヨーロッパからアジアへと大量の銀が流出した．

3．砂　糖

　原住民インディオの労働に支えられた新世界の銀生産は，早くも1620年代くらいから枯渇しはじめる．これに代わって重要になるのが，すでにブラジルで展開されていた砂糖生産である．サトウキビ栽培の中心はやがてイギリス領およびフランス領の西インド諸島に移るが，この産業は常に大量の黒人奴隷を必要としたために，西アフリカからの奴隷貿易を軸として，《三角貿易》が成立した．ヨーロッパからアフリカに火器や綿布が送られ，西アフリカでそれをニグロ奴隷にかえ，これを新世界の砂糖プランテーションで砂糖にかえるものである．

　商業革命はこうして，新世界やアジア，アフリカから多数の新商品をもたらし，商人階級はもとより，資本家的地主をも勃興させ，港湾都市を成長させることで，ヨーロッパ人の生活をも一変させた．これを「生活革命」と呼ぶ．

V　おわりに

　《発見の時代》とヨーロッパ人たちが呼ぶ16世紀に，彼らが対外的に押し

第IX章 《大航海時代》におけるヨーロッパ世界の膨張

出していったとき，現在の中東から東南アジアにかけては，すでにイスラム商人やインド商人たちによって盛んな域内貿易が営まれていたので，遙々やってきたヨーロッパ人たちは，東南アジアの豊かな物産を，ヨーロッパから（後には，南米から）の銀で購入するという，相対的に軽微な役割を演じただけであった．アジア人はヨーロッパの物産など何も必要とはしなかったが，ヨーロッパ商人は，アジアの物産を喉から手が出るほど欲していた．しかし，ヨーロッパ人は，銀の他には何も対価として提供できなかったのである．ヨーロッパ人は基本的に商人としての役割を演じたのであり，16世紀の時点で，直ちにアジアを武力で征服できたわけではない．

しかし，西インド諸島や南米では大きく事情は異なった．ヨーロッパ人が西インド諸島や南米に足を踏み入れたとき，そこには民度の低い，戦闘力に欠ける先住民がいた．人口では圧倒的に多かった先住民たちは，不覚にも，ごく少数のヨーロッパ人の餌食になってしまったのである．ポルトガル人やスペイン人たちは，ごくわずかな人数で広大な領土と捕虜を手に入れて，多数の先住民たちを奴隷にした．先住民がほとんど絶滅するとアフリカから連れてきた黒人奴隷を活用して，金・銀などの財宝を獲得し，砂糖生産のために酷使した．

ヨーロッパ人たちが，この時点で西インド諸島と南米において膨大な資源とアフリカで気の遠くなるほど多数の奴隷を獲得したことは，彼らにとってまたとない幸運な巡り合わせであった．16世紀と17世紀に，西インド諸島と南米で手に入れた財貨とそれに基づく富の増殖システムこそ，ヨーロッパ人たちがその後に世界制覇に繰り出したときの《原資》となったからである．

注）
1) この匿名の本が出版されたのは，ペルー征服直後の1534年4月であり，この著者が遠征に参加した人物であるのは確かなようである．ただ，そのわずか3ヶ月後の1534年7月には，同じく遠征に参加したフランシスコ・デ・ヘレスが『ペルーおよびクスコ征服実録』を出版して，前記の匿名本による記述に不満を持ち，個々の場面での具体的な数字などを訂正している．ここでは，日本

語訳に添えられた訳者（増田義郎）の注にヘレス本との異同が記載されているので，必要に応じてカギ括弧に入れて補足した．これに加えるに，およそ20年後に書かれたラス＝カサス［1976］，三十数年後に書かれたユパンギ［1987］，ほかに現代におけるガレアーノ［1986］，ライト［1993］，ダイヤモンド［2000］（上）などによってたどることができる．なかでも，増田［2002］がこの惨劇について１章（第10章　カハマルカの悲劇）を割いて，平易なことばで叙述している．資料を熟知した歴史家による詳述となっている．なお，煩瑣になるので，参照した文献のページは注で表示されていない．

2) 以下，図16・17・19・20は，Guaman Poma, *El primer Nueva corónica y buen gobierno*, ca. 1615. による．グアマン・ポマは1535年ころに生まれ，1615年ころに亡くなったインディオ出身のペルー人作家・歴史家である．すべて手書きであり，総頁数が1188，デッサン数が398枚という大部な同書は，1908年にコペンハーゲンのデンマーク王立図書館で発見された．不正確な部分が散見されるとはいえ，スペイン人によるインカ帝国の征服活動からその初期の支配を原住民の立場から描き，批判した同時代の歴史書として，現在では第一級の史料と見なされている．この原本は，インターネットでデンマーク王立図書館（http://www.kb.dk/elib/mss/poma/）にアクセスすれば，その全文（デッサンを含む）をたやすく参照できる．

3) ライト［1993］p. 109が，アタワルパはこのように返答したと書いている．確かにもっともらしいが，石原保徳［1992］『インディアスの発見』（田端書店）によると，「同時代のインディアスに関する最初の地理書とされるエンシーソの書物（1519年刊）に書きとどめられた一エピソード」として，征服者の一人であるエンシーソがレケリミエントを読み上げたときに，あるインディオがすでに「教皇は酔っぱらいか，さもなくば気が狂っている」と反論したことを紹介している（pp. 85-86）．

4) 仮に金価格を１グラム1400円，銀価格を１グラム180円（いずれも平成15年２月時点の市場価格）とすると，金は98億円，銀は23億4000万円という現在の価値となる．史上最高額の身代金には違いない．しかも，現在の通貨制度は，金本位制などの貴金属本位制から離れており，金銀などの貴金属は正貨の材料という，重要な需要先を失っている．そのため，金銀は現在では商品世界全体の中で相対的な地位を低下させているので，ライトも書いているように，当時のヨーロッパ社会において，これだけの量の貴金属は現在の通貨による表示額

第Ⅸ章 《大航海時代》におけるヨーロッパ世界の膨張　179

とは比較にならないほど大きな価値を有していたと考えられる．
5) ピサロの破廉恥ぶりは徹底していた．二度もアタワルパを騙したついでにもう一度約束を破り，一説によると，彼は処刑したアタワルパの死骸を焼却するように命じたという．
6) 実は必ずしもそうではなく，「絶対神の言葉に忠実であろうとすればするほど，異教徒惨殺に邁進せざるをえない」という啓典宗教に特有の事情があるのだが，しかし，ここでは，『ヨシュア記』（旧約聖書）に関する議論には立ち入らない．ただ，「神の命令は絶対だから，敬虔であればあるほど，異教徒は殺さなければならない」と言う小室直樹を引用するにとどめる．

　「未開の地」に上陸したヨーロッパ人は，冒険家も宣教師も，罪もない現地人をバリバリ殺した．殺戮につぐ大殺戮である．ではなぜそんなことをしたか．何故に異教徒を殲滅しなければならなかったのか．その答えは，『旧約聖書』の「ヨシュア記」を読むとわかる．神父も牧師も日本にキリスト教を伝えるものは，パウロの「ローマ人への手紙」だとか「創世記」の一部（もっとも第19章30〜38は，近親相姦のストーリーだから教えないが）だとか，日本人のセンスに都合のいい箇所は教えるけれども，「ヨシュア記」は教えない．だが，この「ヨシュア記」にこそ＜宗教の秘密＞は隠されているのだ．…神はどう答えたか．「異民族は皆殺しにせよ」と，こういったのだ．神の命令は絶対である．絶対に正しい．となれば，異民族は鏖（みなごろし）にしなければならない．殺し残したら，それは神の命令に背いたことになる．それは罪だ．…このようにして，31の王とその町々がジェノサイドされた．異教徒の虐殺につぐ虐殺，それは神の命令なのである．神の命令だから虐殺する．日本のクソ真面目な歴史家は，大航海時代の歴史を書くときに，「こんな善良な人々が，なぜこんな恥知らずな殺戮を行って良心が痛まないのか」と妄説を吐く．そんなもの，痛むはずがないのである．敬虔であればあるほど，異教徒は殺さなければならない（小室直樹［2000］『日本人のための宗教原論』徳間書店, pp. 21-23）．

7) ハイエクは，少数派こそグループ内で意見を集約できるので，集産主義体制のもとでは少数独裁になると書いている．
　中央計画に機能を依存する社会では，その統制が，多数派の合意を得られるかどうかに左右されることは許されない．そこではしばしば，全く少数派でしかない者の意見が国民に強制されることが必然的になる．というのも，そのよ

うな少数派こそ，論争の対象となっている問題について，内部での合意が可能になる最大のグループだからであるからだ．…「資本主義」が私有財産の自由な行使に基づいた競争体制を意味するのなら，そのような体制でのみ民主主義は可能になることを理解することこそ，はるかに重要なことである．集産主義の教義によって経済体制が支配されれば，民主主義は自己崩壊を避けることができないだろう（F.A.ハイエク［1992］『隷属への道』西山千明訳，春秋社，pp. 86-87).

　もちろん，ピサロのように，数千人を惨殺してまでも《普遍的理念》を実現しようと意思するのは少数であろう．少数派だからこそ結束が強固になり，《普遍的理念》を利用しやすくなる．暴力的に統治しようとする者は，どうしても少数派になる．

第X章

近代における奴隷制とヨーロッパ
――なぜ，「敬虔」なキリスト教徒が異教徒を大量に奴隷化したのか――

I 砂糖の西漸運動と奴隷労働

1．砂糖生産と奴隷制度

のちに，西インド諸島や南米で展開された奴隷制の雛形は，大西洋島嶼（マデイラ諸島など）における砂糖生産において形成された．ヨーロッパでも地中海世界においては中世から奴隷が存在していたが，ほとんど家内奴隷であり，広範に生産に従事させられていたのではなかった．彼ら奴隷の出身地域も多様であった．

16世紀初めのマデイラ諸島（リスボンから南西約1000kmにある大西洋上の群島）の全人口1万5000人から1万8000人のうち，約2000人が奴隷であり，彼らは，サハラ以南のブラックアフリカから連れてこられた黒人たちであった．すでに，先住民グアンチェ人たちはヨーロッパ人の支配下において壊滅させられていた．原住民の人口激減とその後における黒人奴隷の大量導入という，後に中南米で見られるパターンがすでに確立していた．つまり，ヨーロッパ人が来襲し，現地人を奴隷労働に駆り立て酷使すると，耐えきれなかった原住民が壊滅する．原住民が絶えると，彼らの代わりにヨーロッパ人は大量のアフリカ人奴隷を導入して，商品作物を栽培し，生産物をヨーロッパへ輸出するというプランテー

ション制度が確立した.

　ヨーロッパ人による近代奴隷制は，まず砂糖生産において確立し，発展した．砂糖生産は，サトウキビの栽培という農業と，それを原材料とする砂糖の精製という工業からなっている．原料となるサトウキビの栽培には，高温（年間平均気温が20℃以上）と強い日射，それに頻繁なスコールを必要としたので，その生産に適した土地は限定されていた．熱帯・亜熱帯地方にある水はけの良い土壌が必要だった．収穫までの12ヶ月間，採種から始まって，雑草取りや伐採など，栽培の全工程にわたって大量の単純労働力を必要としたが，サトウキビの栽培に適した土地は概して山の斜面に開発されたので，作業は強い日差しのもと，長時間，屈んだ姿勢を強いられる過酷な労働となった．労働条件が劣悪であったため，先に見た過酷な気候条件と併せて，使役する側には奴隷の使用が好都合であった．

　サトウキビから粗糖をつくる製糖過程は，サトウキビの中にある糖分を液化し，それを冷却して凝固，そののち再び加熱して液化して凝固するという，液化・凝固の作業を繰り返すだけの原理的には単純な工程である．こうしてできた粗糖をさらに純粋な白砂糖に精製するという精糖工程はもっと複雑になるが，しかし，粗糖を作る技術は古くから知られていた基礎的なものである．ただ，伐採したサトウキビはただちに搾らないと品質が劣化してしまうので，収穫したら迅速に粗糖工程にまわさなければならない．従って，ここでも大量の労働力が必要だった．さらに，加熱工程を行う工場内は灼熱地獄のような高温になるので，作業環境は劣悪であった．

2．砂糖の西漸運動

　十字軍の遠征はヨーロッパ人に多くのことを教えたが，なかでも砂糖の生産方法を学んだことが重要である．十字軍時代（12世紀ころ）には，エルサレム王国（1099-1187）において，ヨーロッパ人が現地アラブ人のサトウキビ畑と設備を奪って習得し，生産方法をアラブ人から学んだ．十字軍の結果，この時，

初めて実際にヨーロッパ人が砂糖生産の管理者となったのである．つまり，ヨーロッパ人による砂糖生産は，技術的にはアラブ人が地中海東岸で行っていた生産方法を模倣することから始まった．その後，ヨーロッパ人による砂糖生産は，地中海東部から始まって西に移動していくという歴史的経過を辿った．

十字軍が崩壊する13世紀末以降，ヨーロッパ人たちは地中海の島嶼（キプロス・クレタ・シチリア）に逃げのびて，そこに砂糖生産を移植した．これら地中海での砂糖生産は，14世紀後半から15世紀に栄えた．

同じころ，イベリア半島（スペイン南部やポルトガル）においても砂糖の生産が開始されたが，砂糖の歴史で大きなステップは，大西洋島嶼（マデイラ諸島・カナリア諸島）への砂糖生産の展開であった．15世紀半ば以降，地中海よりも条件の良いこれらの島嶼へ砂糖生産が移転された．この移転には，ジェノバ人などのイタリア商人が大きな役割を果たした．これら大西洋島嶼における砂糖生産こそ，砂糖生産の中心地が，地中海から《新世界》へと移行する際の踏み台となった．それと同時に，のちに《新世界》で展開する砂糖の大量生産のための《プランテーション》（酷使された原住民が壊滅した後に，アフリカから黒人を奴隷として大量に輸入して労働力として使う）の雛形ともなった．

Ⅱ　ラテン・アメリカにおける奴隷制

1．スペイン・ポルトガルによる南米の奴隷制

(1) 黒人奴隷制の最初の事例

1441年に，エンリケ航海王子（1394-1460）の家来だったポルトガル人がギニアのリオ・デ・オロで12人の黒人を捕らえ，うち4人を殺したのが黒人奴隷の最初の事例とされる．黒人奴隷はコロンブスの第2回航海（1493-96年）で初めてラテン・アメリカに導入された．ポルトガル人は当初はモーリタニアからギニア，コンゴにおいて，自分たちで武力を使って捕獲していたが，危険を伴い効率が悪いので，早々に交易拠点をアフリカに確保して交易による調達に切り替えた．ポルトガル人は早くから黒人の捕獲に乗り出しており，黒人奴隷の

導入に積極的であったことがわかる．

(2) **スペイン人・ポルトガル人によるインディオ虐殺**

征服直後からコンキスタドール（征服者）たちは，ラテン・アメリカ原住民（インディオ）を大量に虐殺したが，その一方では，インディオたちを金銀の鉱山における強制的労働へと駆り立てた．その結果，インディオの人口が激減するとともに，その虐待に異議を唱える原住民保護運動（スペイン人宣教師ラス・カサスが有名）も勢いを増した．

17世紀初頭にはアシエンダ（hacienda, 大農園制）が確立され，そこでのサトウキビ生産に必要な労働力として，アフリカ黒人に目をつけ，黒人奴隷の需要が増大した．

(3) **砂糖プランテーションにおける黒人奴隷の大量導入**

アシエント（asiento）とは，16世紀から18世紀半ばにかけてスペイン政府が特定の個人ないし外国政府と交わした，スペイン領《新世界》植民地への黒人奴隷供給契約をいうが，これによってスペイン領へと大量の黒人奴隷が導入された．黒人奴隷制は，17世紀中ごろまで，ブラジルを除く大陸部を中心に展開された．

17世紀後半以降，オランダ，イギリス，フランスが相次いでカリブ海に進出し，プランテーション経済（砂糖）を確立していく．これらヨーロッパ諸国が揃うことでアフリカ奴隷貿易の最盛期を迎えた．カリブ海地域がその中心となった．18世紀初頭以降は，金鉱開発と熱帯農業が発展し，ポルトガルは，自国の植民地ブラジルへアフリカ黒人奴隷を大量に投入した．

2．奴隷貿易

(1) **黒人奴隷輸出地域**

ヨーロッパ人による病原菌の持ち込みによってインディオが急激に減少すると，ヨーロッパ人たちは西アフリカ（特に現在のガーナからナイジェリアにかけてのベニン湾岸）の黒人に目をつけた．黒人たちは屈強な上に，何よりも，感

第Ⅹ章 近代における奴隷制とヨーロッパ

染症に対する免疫を持っていたからである．特に，黒人奴隷の絶好の捕獲対象として，西アフリカの黒人たちが餌食になった．それは，幸か不幸か，西アフリカのニグロのみがマラリアに対する免疫性を持っていたからである．

　ある人々，とりわけ西アフリカのネグロはマラリアに免疫である．奇妙なことにその血液型によって，寄生虫の赤血球に対する破壊作用から守られているからである（ホブハウス［1987］『歴史を変えた種―人類の歴史を創った5つの植物―』, p.4).

いうまでもなくマラリアは人類にとって，湿潤な低地に居住するようになって以来，最も恐れるべき感染症であった．海岸近くや河口近くの沼地など水が淀む場所は，いわば天然の灌漑設備が備わっている場所である．本来ならば植物栽培に適しているので，初期農耕民などが居住するのに絶好の場所であろう．しかし，マラリアは蚊を媒介にして感染するので，そのような淀む水がある地域は人間が定住できる場所ではなかったのである．

　キニーネがマラリアに対して薬効があることはすでに以前からわかっていたが，それでも19世紀の半ば頃までいぜんとして高価な薬であり，裕福な者しか使用できなかった．
　カリブ諸島と南北アメリカに白人が植民した最初の150年間にはキニーネがなかったために，それまでマラリアを全く知らなかったアメリカ原住民と，ヨーロッパでマラリアを知っていた白人年季奉公人との死亡率は非常に高かった．…19世紀の最後の四半世紀まではマラリアを征することができなかったから，それ以前の4世紀の間は世界の黒人が熱帯地方の全般にわたって有望な労働力であった．安価な解熱剤がなかったからマラリアにかからない黒人が他の人種にもまして奴隷人種に選ばれたのだと，言い出すのは行き過ぎであろう．しかし，カリブ諸島とラテン・アメリカで安価なトタキンが手に入るようになると

すぐに，インド人と中国人が契約労働者として導入されるようになったのは確かである（ホブハウス［1987］, p.52）.

(2) 西アフリカ部族国家と奴隷輸出

いずれにしろ，西アフリカ地域が奴隷の主要な調達地域となった．ポルトガル人がこの地域にやってきた当初（15世紀半ば）は彼ら自身が，直接，奴隷狩りをすることもあった．当時はまだ黒人奴隷に対する需要が少なかったので，大量に確保する必要に迫られていなかったからという事情もあったが，やがて現地の部族から捕獲した捕虜を買うことによって調達するようになった．ヨーロッパ人が上陸して原住民を捜しても，彼らは容易に奥地へ逃げのびることができたし，深追いすればヨーロッパ人自身の身が危険になった．従って，ヨーロッパ人による奴隷の主たる調達方法は，交易によっていた．現地の部族の間での戦争で捕獲された捕虜を購入したのである．

現在はガーナ領となったこの地域は，もともと黄金海岸と呼ばれていたように，金の産出で有名であるが，ヨーロッパ人も奴隷と並んで金を主要な貿易品として取り扱ってきた．やがてカリブ海とブラジルでの砂糖生産の進展によって，17世紀半ばころから黒人奴隷を大量に使用してのプランテーションという方式が確立・拡大すると，黒人奴隷に対する需要が一気に高まった．その結果，1670年以降，この地域の部族国家の有り様を劇的に変えていく．

ダホメ王国が発展し，この地域での覇権を確立するにあたって，いかに奴隷貿易を利用したかは，カール・ポランニー（［1975］『経済と文明—《ダホメと奴隷貿易》の経済人類学的分析—』）によって詳述されている．16世紀末にギニア湾から内陸に60マイル（約100km）のところにある高原に起源を持つこの部族は，19世紀末にフランスによって植民地化されるまで領土を拡大してきた．この地方は何の変哲もない叢林に覆われているだけで，自然の資源もフロンティア（軍事的に利用価値の高い河川や山地）もなかったので，自然環境の面では防御に適していたとはいえない．そこでダホメ部族は，対外戦略上，どうして

も優れた武器を調達しなければならなかったし，その調達はヨーロッパ人との交易によるしかなかった．そして，ヨーロッパ人に対して売ることのできる唯一の《商品》が奴隷だったのである．建国後1世紀の間に，黒人世界で最も進んだ君主制を確立したダホメは，まさに内陸の後背地（奴隷の確保）と海岸（奴隷の輸出）との中間に位置するという好条件を利用して，奴隷貿易に邁進した．奴隷貿易で得たヨーロッパ製の武器を使って近隣諸部族を攻撃して，王国を拡張させ，その過程で得た捕虜を奴隷としてヨーロッパ人に売り払ったのである．

　かくてヨーロッパ人は，ダホメ王国やベニン王国など沿岸の黒人国との間で，ヨーロッパの商品（雑貨，火器など）と奴隷を交換するという，交易を行っていた．原住民にとってヨーロッパ人がもたらす雑貨などは非常に魅力的なものと映ったのであり，彼らはヨーロッパ製品ほしさに他の部族を襲って捕虜をあさった．特にヨーロッパ人がもたらす武器は自分の部族が生き残るためにも必要不可欠であった．ヨーロッパ人たちにとって，「黒人たちは，われわれが自分で捕まえたのではない．他の黒人部族が捕まえたのを買ったのだ」という言い訳は，ある種の免罪符となったが，しかし，黒人たちが戦争を仕掛けて捕虜を捕獲しようとしたのは，どのみちヨーロッパ人に売るためであった．

(3)　**イギリスによる三角貿易**

　イギリスは，1713年，ユトレヒト条約でフランスを退けてスペインのアシエントを獲得した．当時のイギリスの貿易は，《三角貿易》として有名である．すなわち，

　① イギリス（綿布，銃・火薬，ビーズ玉などの装飾品，雑貨）→② アフリカ（奴隷）→③ 西インド諸島（貴金属，粗糖，綿花）→① イギリス

　なかでも，アフリカから西インド諸島への航海は，「中間航路」(middle passage) と呼ばれる過酷な航海であった．航海は，きわめて劣悪な条件下に行われた．奴隷船の多くは100トン前後の帆船で，そこに数百人の黒人が詰め込まれたため，劣悪な衛生状態・食糧などによって，約5週間を要した航海中

の死亡率は10～20％に達した．仮に100トンの船に300人が詰め込まれたとして計算すると，船内の1 m³当たり，3人が詰め込まれたことになる．なお，この航海は，鎖で縛られて船底にぎゅう詰めにされた黒人たちだけでなく，白人船員にとっても同様に過酷であり，航海中の死亡率は黒人たちと同水準の高さであったという．黒人奴隷は無事に西インド諸島やアメリカの現地に着いても，さらに，そこで3・4年間にわたる適応期間（シーズニング）を経なければならなかったが，その期間中の死亡率は30％にも上ったという．

アフリカで捕獲された黒人のうち，半分以上が途中で死亡し，無事に（？）現地で奴隷として労働させられたのは3分の1以下と見られている．

17世紀にはロンドン，ブリストル，18世紀にはリバプール，さらに，フランスのルーアン，ボルドーなどが奴隷船の母港として興隆した．これら今日でも著名な諸都市は，奴隷貿易によって莫大な富を蓄積し，栄華を誇った．例えば，イギリスでは，奴隷貿易そのものの膨大な利潤と綿花の輸入によって，リバプール市の急激な成長をもたらし，その後背地マンチェスター周辺の綿工業の展開に大きく貢献した．

(4) アメリカ合衆国における奴隷制度

1619年，20人の黒人がバージニア植民地のジェームズタウンにオランダ船によって連れてこられたのが，北アメリカにおける最初の黒人奴隷の例であった．

1641年，最初の奴隷制度がマサチューセッツ植民地においてできた．北部では，家内奴隷が主だったが，しかし，プランテーション経営（タバコ，綿花）が発展していた南部では，大量の労働力確保のために黒人奴隷が求められた．奴隷化された先住民インディアンは逃亡の可能性が高く，また伝染病に弱かったこと，白人の年季契約移民は労働力として費用が高かったことなどの事情もあずかっていた．18世紀半ばの南部では，バージニアの植民地人口29万人（1756年）のうち12万人が，サウス・カロライナの場合13万人（1765年）のうち9万人が奴隷人口であった．

アフリカから連れてこられた黒人奴隷は，南北アメリカ全体で，1100万人から1200万人と推計されているが，これは実際に南北アメリカに到着した者の数であるから，現地アフリカの奥地で捕獲されて海岸まで搬送中に，さらに，アフリカから南北アメリカまでの中間航路中に死亡した者（18世紀の平均年間死亡率は13％だったとされる）を考慮すると，アフリカで実際に奴隷にされた人間の数は，その2倍（2400万人）にはなるであろう[1]．

Ⅲ　日本における奴隷制の欠如——秀吉の激怒——

このヨーロッパ人による世界的規模での奴隷獲得活動は，当時の日本人にも無縁ではなかった．ポルトガル人は，1540年代に初めて日本に到着するやいなや，日本人を捉えては奴隷として盛んに輸出し始めた．16世紀後半には，ポルトガルはもとより南米にも日本人奴隷が多数送られたという．天正10（1582）年にローマに派遣された天正少年使節たちも世界各地で数多くの日本人が奴隷の境遇に置かれているのを見て，驚愕すると同時に悲嘆な思いに駆られた．

池本幸三ほか [1995] によると，秀吉の言動を伝える『九州御動座記』にも，「バテレンどもは，諸宗を我邪教に引き入れ，それのみならず日本人を数百男女によらず黒船へ買い取り，手足に鉄の鎖を付けて船底へ追い入れ，地獄の呵責にもすくれ［地獄の苦しみ以上に］，生きながら皮をはぎ，只今世より畜生道有様」とある．ポルトガル人宣教師に対して，「なぜ，バテレンは耶蘇教の普及にかくも熱心になるのか．そして，なぜ，日本人を奴隷として売り飛ばしているのか」と詰問した秀吉は，南蛮人との貿易がもたらす珍奇な物産に魅惑され，莫大な収益を手に入れながらも，南蛮人との交易が日本人の大量奴隷化を招いていることに，驚愕すると同時に憤激していた．

かくて，天正15（1587）年，秀吉は宣教師追放令を発布した．

　　大唐，南蛮，高麗え日本仁［日本人］を売り遣い候こと，曲事［犯罪］也．

つけたり，日本において人の売買は停止（ちょうじ）のこと．右の条々，堅く停止せらんおはんぬ．もし違反のやから，これあらば，たちまち厳科に処せらるべき者也（伊勢神宮文庫所蔵『御朱印師職古格』．ただし，語句は現代語風に変えた）．

―――― 山本七平・岸田 秀「日本に奴隷制はなかった」――――

岸田 日本は，人種的に言えば，他人種の混合，混血だそうですけれども，このせまい島国の中で一応同一民族であるという幻想は持っているわけで，その《血縁幻想》の中に住んでいると，この血縁から外れた神というものを持ってくる必要はなかったろうと思うんです．

山本 結局，彼ら［遊牧民］の社会では，聖所を中心とした契約みたいなものが「組織」であって，部族というのは「血縁」です．その二つははっきり分かれていて，別々の原則があるんだけれども，日本はこの二つが全然分かれていない．だから，社会学者は，日本は厳密な意味での血縁集団ではないと言いますよね．「血縁イデオロギー集団」．

岸田 日本では血縁が擬制なのですね．…だから，いわば血縁集団を超えたより大きな集団の組織をつくる場合に，日本では血縁を拡大解釈して，擬制としての血縁をどんどん拡げていく．しかし，アラブもユダヤもヨーロッパも，血縁は純粋な血縁として横に置いといて，血縁と関係ない原理をもってきた．…ヨーロッパではなぜ，血縁関係を拡大して集団をつくっていかなかったのか…．血縁という幻想によって集団をまとめるための条件を欠いていたのではないか．

山本 私はね，ヨーロッパが血縁幻想を持つための条件をなくしたとすれば，それは二つあると思っています．一つは奴隷制ですね，人間を買ってくる．もう一つは僧院制，これは独身主義です．血縁ができない．したがって，これらは真の意味の組織だけになってくるんです．奴隷制度はヨーロッパに唯一神の現れる前から，一種の組織だったんですね．あの時代の自由の概念はきわめてはっきり

第X章　近代における奴隷制とヨーロッパ　191

> していて，契約の対象か売買の対象かで自由民か奴隷かが決まるんです。
>
> **岸田**　そうすると，ヨーロッパが非血縁集団的社会に向かった起源を考える今の話からすると，なぜローマには奴隷制ができたかというところまで遡らなければならないわけですかな。
>
> **山本**　ええ。人間を売買の対象と考えること，これはずいぶん古くからなんですね。
>
> **岸田**　やはりヨーロッパは家畜文化であるというところに，根本の起源があるのかもしれませんね。日本には奴隷制はなかったわけですからね。
>
> **山本**　ないです。「貞永式目」を見ると人身売買はありますが，ローマのような制度としての奴隷制はない。これははっきりしている。…ただ，現代文明がいいか悪いかは別として，それを担っている民族［ヨーロッパ・アメリカ］はことごとく最初は奴隷制をやっていたんですね。…日本はまだ部族制の国なんじゃないか。ま，これは比喩ですが，部族制のまま一気に資本主義文化のトップみたいになっちゃった。これは一体，どういうわけか（岸田秀・山本七平［1996］『日本人と「日本病」について』文藝春秋，pp.34-42）

いわゆるキリスト教の禁止はポルトガル人（宣教師を含む）による日本人の購入と奴隷としての輸出に端を発していたのである．

Ⅳ　おわりに——西ヨーロッパにおける奴隷制から農奴制への推移——

異なる部族・民族間で戦争が起きて勝敗が付くと，敗者は勝利者の所有下に置かれ，そのまま殺されるか，奴隷とされて使役されるか，あるいは，売り飛ばされるなど，生殺与奪の権を握られるのは，古代からの《常識》であることはすでに見た．

ローマ帝国が崩壊し，ヨーロッパで蛮族国家が建設されたとき，奴隷制の基盤は残っていたが，ゲルマンの部族国家の首長たちは，徐々に奴隷を解放していった．いわゆる古典古代のギリシア・ローマ時代に盛んであった奴隷制も，

ローマ帝国の解体後，西ヨーロッパでは衰退に向かった．

　キリスト教の教義においては，絶対神の前では人はみな平等だと見なされていた．この教義によって，ヨーロッパ中世初期の奴隷主たちが今わの際になって「善行」を積むためにしばしば奴隷を解放したことが知られている[2]．従って，キリスト教が奴隷解放を促進し，古代ローマ型の奴隷制（農村奴隷）が，西ヨーロッパでは衰退していったことは間違いないであろう．しかし，例えば，フランク王国においても，9世紀初めの時点で，自由民と並んで奴隷が存在していた．奴隷は，その後，土地保有や小規模な財産を認められ，家族を持てるようになって，徐々に農奴に変わっていったが，11世紀ころまでは奴隷が残存した．

　ヨーロッパ社会内部において，同じキリスト教を信仰する者を奴隷の境遇から解放したといっても，しかし，だからといって，異民族を捕獲して奴隷として売買するという古代からの《常識》は決して消滅していなかった．西ヨーロッパにおける古代ローマ型の奴隷制とは別に，もうひとつの奴隷制の型として，南ヨーロッパでは，本格的な奴隷売買とその使用が15世紀ころまで地中海沿岸でしっかりと存続していたからである．

　この場合，奴隷の供給地域は大きく二つあり，① 黒海の北部・東部沿岸地域からスラブ系のロシア人やブルガリア人（ここに英語などのslavesの語源があったことはすでに見た）と，② サハラ砂漠以南のアフリカから黒人（高く売れた）が供給された．奴隷商人は，カタルーニャ人や北イタリア人（ジェノバやヴェネチアの出身）であり，彼らは，上記の民族の他にも，ムーア人（レコンキスタによる戦争捕虜）を奴隷として本格的に売買した．奴隷たちは，イタリア，南フランス，カタルーニャなどで家内奴隷として重宝された．地中海および大西洋諸島における砂糖生産において成立した奴隷制もこの一環であり，ポルトガル人やスペイン人が《大航海時代》に乗り出していったときには，すでに地中海世界で奴隷制が強固に根付いていた．

　《新世界》での植民地事業を支えた大規模な奴隷制は，このような中世後期

第X章 近代における奴隷制とヨーロッパ 193

にいたるまでの地中海沿岸での奴隷制度の経験をもとに構築され，その延長線上に位置づけられる．また，一方では，オスマン・トルコが1453年にコンスタンティノープルを占領してビザンツ帝国を滅ぼすと，黒海沿岸との奴隷交易路が遮断されてしまったので，ヨーロッパへの奴隷供給が減少してしまった．15・16世紀のポルトガル人・スペイン人の探検活動が実施されたのは，黒海沿岸地帯に代わる新たな供給地域を探す必要からでもあった．

いずれにしろ，ヨーロッパ社会における奴隷の身分から農奴への身分の変更は，重要な発展であると言えよう．かかる発展をもたらしたのは，先に見た《ピレンヌ・テーゼ》にもあるように，まず何よりも，外部世界からの脅威が減少して，土地の生産力が主要な富の源泉になったという事情によっている．安定した社会になって，農業生産に人間の努力を集中でき，その結果，領主たちにとって，農民を奴隷身分から農奴身分に変えて，土地に定着させることが有利になったのである．

ヨーロッパは中世において，専制君主が多数の人民を自在に操るという専制国家体制を離脱して，非常に安定した社会を築くことに成功した．この安定的な社会は，二重の3層構造から形成されていた．すなわち，精神界では，聖職者・貴族（騎士）・庶民という3層構造であり，俗界では，貴族（騎士）・聖職者・庶民という3層構造である．ヨーロッパ社会内では，宗教的共同体であるカトリック教会に所属する者どうしとして，統合化が進み，奴隷は解放されていった．

しかし，ヨーロッパ人が対外的に押し出して，異教徒と対峙した場合には，征服した敗残者たちを奴隷化することに躊躇しなかった．キリスト教は異教徒を奴隷にすることは容認していたのである．十字軍の時代，エルサレム王国など，民意の高い地域を支配するときは，征服した異教徒に対して部分的に権利を与えて懐柔した一方，南米など，民意の低いところでは，徹底的に奴隷化した．カリブ海や中南米におけるヨーロッパ人による原住民やアフリカ黒人の奴隷化は残虐な行為であった．だが，不思議ではない．《絶対神の前に平等》と

いっても，それはキリスト教徒のみに関わることであって，そもそも異教徒，とりわけ黒人やインディオは《人間》のカテゴリーには入らなかったからである[3]。

注)

1) パターソン［2001］『世界の奴隷制の歴史』（奥田暁子訳，明石書店）pp. 356-362.
2) ブロック「古典古代奴隷制の終焉」（フィンレイ編［1970］，pp. 283-319）．
3) 1537年，ローマ法王パウロ3世が，「インド人，黒人，新大陸のアメリカ原住民も，ほんものの人間である」と宣言した．つまり，それ以前は，「人間ではない」と考えるキリスト教徒が多数いたのである．

第XI章

市場経済の深化と拡大
―― 社会に埋め込まれた経済から，社会を飲み込んだ経済へ ――

I　人間の物的生活を維持する三つのやり方

　人間は生活していくためにさまざまなものを入手しなければならない．「さまざまなものを入手して生きていく仕方」，つまり，（現代社会でいう）財・サービスを生産・分配・消費すること，これが経済である．われわれはひとりだけで孤立して生活することはできず，ほかの人々と何らかのつながりの中でしか生活できない．従って，経済活動とは，人々にとって，《もの》を手に入れるための（人と人との）つながりの仕方でもある．ポランニーによると，つながり方には，これまで，大きく分けて，以下の三つのやり方（あるいは，様式と言ってもよい）がある．

(1)　互酬性（助け合う・共同体）
(2)　再分配（指図する・組織化）
(3)　交換（取り替える・市場）

　基本的に人間は，この三つのやり方を多かれ少なかれ平行して採用してきた．

カール・ポランニー（Karl Polanyi, 1886-1964）はユダヤ系のハンガリー人で，経済人類学の創始者のひとりである．彼は，上記の点について，経済とは，一般的に，物的な欲求充足のために，人間と人間，人間と自然の両方の間で繰り返される制度化された過程であり，その制度の主たるパターンは，互酬，再分配，交換であって，これらの組み合わせからなる制度が社会的に規定された動機のもとで，経済生活として営まれると述べている．ポランニーによると，これらの三つのシステムはおのおの固有な制度であって，互いに進化，発展の関係にはないし，しかも，現実のどの社会をとっても，これらの三つのシステムが組み込みあって共存するという．

人間がバンドというごく少数の親族で集団を構成していた狩猟採集生活の時代では，食糧入手条件が厳しかったから，互いに「助け合う」しか生きてゆくすべはなかった．ただ，このようなバンドの時代から，人間は，例えば，黒曜石などの石器の原材料を遠方から入手していた．これは，親族内で「助け合う」という仕方のほかに，何らかの形で「取り替える」（つまり，交換）が行われていたことを示している．

このように，いつの時代でも，どの社会でも，この三つのやり方が見られるのであるが，ただ，生存に欠くことのできない基礎物資（特に穀物などの食糧）をどの仕方で入手しているかで，その社会の経済を性格づけることができる．

1. 助け合う（親族・互酬性・共同体）

第一の経済行為である「助け合い」（＝互酬性）は，まず，集団内部での相互の助け合いによって，その集団に属する個人たちの生命を維持してゆくことである．狩猟採集生活を送っていた旧石器時代において，ナウマン象やトナカイなどの獣を共同で捕獲する際に互いに協力するのも，危険を避けるために集団で森に入って栗や野いちごのような果実を採集するのも，その結果，獲得した食糧を皆で分け合うのも，この「助け合う」ことのカテゴリーに入る．

ポランニーはこの経済的行為を互酬性（reciprocity）と呼んで，さらに集団

間の関係も表している．つまり，彼によると，諸社会集団は特定のパターンに従って相互に贈与し合うとき，互酬性の関係にある．その場合，功利的な利益を目的にするのではなく，その単位となる諸集団の凝集と集団間の連帯を同時に生み出すために，贈与し合う．互酬（相互的贈答システム）の合理性は，諸個人にかかわるよりも，社会全体の有機的な統合にかかわっているのである．

人間が生きていくために最初に「助け合う」のは血縁・姻族関係にある家族どうしであるから，「助け合う」ことの基本的な関係は親族（kinship）である．従って，互酬性は，血縁的紐帯が主要な組織である社会では支配的な経済的様式である．そのような社会（バンド，部族社会）では，ごく日常的に繰り返されていた慣習の中にこそ互酬性は存在する．エルマン・サービスが，アンダマン諸島人のバンドの事例で互酬性を紹介している．

　女子の採集活動の成果は，ふつう個人の財産とみなされるが，大きな獲物の場合や，野菜が大豊作のときは，みんなで分け合う．道具，衣服，カヌー，装飾品などの携帯品はすべて，便宜上個人財産として扱われる．しかし，アンダマン諸島人はほかの非常に原始的な民族と同様に，たいへん人に対するもてなしが好きで，気前よく贈りものをする習慣があり，財産を惜しみなく貸し与えるので，彼らの社会は，「富」という問題に関してはいちじるしく平等であるといえるだろう．些細なことでも祝って，たえず贈りものの交換が行われ，他人の要求を拒むことは重大なエチケット違反とみなされる．しかし，いつの場合も，同等のお返しをされることが期待されている．べつの村人どうしが会合するときには，大量の贈りものの交換が行われる（サービス［1991］『民族の世界』pp. 35-36）．

このようにバンド社会で暮らす人々は，「たいへん人に対するもてなしが好きで，気前よく贈りものをする習慣があり，財産を惜しみなく貸し与える」のであるが，これこそ互いに助け合う，つまり，互酬性の世界である．

図21　人間の物的生活を維持する三つのやり方：(1)互酬性

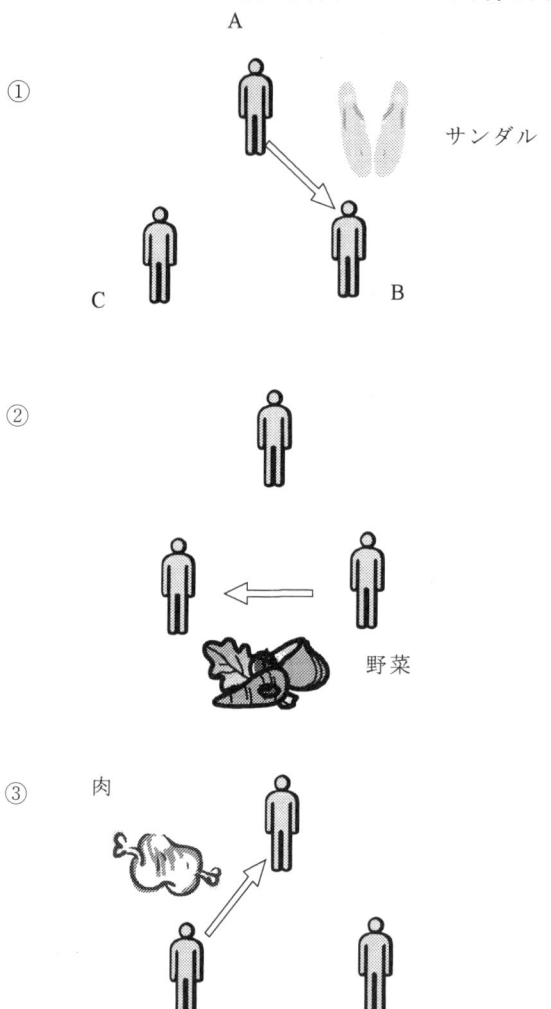

① A → B　サンダル

② B → C　野菜

③ C → A　肉

ここでは，お互いに贈与し合うような関係にある互酬性が模式化されている．① AはBにサンダルを贈り，② BはCに野菜を贈り，③ CはAに肉を贈っている．このようにして，皆がほしいものを入手する．もちろん，Aは，もし野菜がほしいのなら，Bから野菜を直接受け取ってもよい．すぐに受け取らずに，時間を置いてから受け取ってもよい．いずれにしろ，AとBとCという三人の関係（バンドとか，部族などの組織）がまず存在し，その物的生活を維持するために，皆が贈与し合っている．

互いに贈与し合うという慣習で，歴史上，有名なのが，ポトラッチ（Potlatch）である．これは，アメリカ大陸北西部インディアン諸族の間にみられた贈答慣行を指している．ポトラッチは，誕生，婚姻，葬式，位階の相続といった儀礼的機会に催され，主催者は盛大な祭宴の席で招待客に大量の財貨，毛布や銅板などの贈答物をばらまく．招待客は招待や贈答物の受け取りを拒むことができず，また後日，招待されたもの以上の規模の祭宴を催さねばならない．これに失敗すると彼の名誉は損なわれ，地位は下降する．このように，ポトラッチを行う動機は，自らの富を誇示し，それを惜しげもなく与えることによって競争者を打ち負かし，自らの威信を高めることにある．

ニューギニアのトロブリアンド諸島では，クラ（Kula）と呼ばれる儀礼的な贈物交換の風習があったことが，マリノフスキー『西太平洋の遠洋航海者』（原著1922年）によって報告されて，有名になった．トロブリアンド諸島に散在するいくつかの部族社会をひとつの環として，その圏内を時計回りに赤色の貝の首飾（ソウラバ），逆方向に白い貝の腕輪（ムワリ）の，2種類の装身具が贈物として，リレーのバトンのようにして，次々に回り続ける．クラを贈った者は，相手から，その贈物に見合う贈物を返礼として受ける．クラに付随して，日常生活品のやりとりも行うので，経済的な役割もあるが，それと同時に，クラは贈与し合うことで，対立しがちであった各部族間の融和をはかるという社会的な役割も果たしている．社会学的に見れば，言語，文化，そしておそらく人種さえも違う部族の間で取り引きされるのではあるけれども，クラは一定の不変の状況をふまえて，何千という人々を二人ずつ組ませ，共同関係にまとめ上げることを根本として行われる．この共同関係は，一生つづくものであり，いろいろな特権や相互的義務を含み，一種の大規模な部族関係をなしている．取引の経済機構について言えば，それは，特殊な信用の形式に基礎を置き，高度の相互信頼と商業道徳を必要としている．

2. 指図する（再分配・組織化）

　初歩的な親族集団を超えて国家のレベルになると，中央集権的な権力が形成される．穀物などの基礎的食糧は，王権などの中央権力によって集約され，それがあらためて各人に配給されるシステムが形成される．このシステムでは，ものの流れは，中心点（中央集権化された権力，つまり，王権）に集まり，そこから再び出て行く．ポランニーが18世紀の最盛期にあったダホメ王国の事例で，この再分配を次のように描写している．

　ダホメ王国のような中央集権化された社会では，国家レベルと非国家レベルに分けられ，国家レベルでは再分配が，非国家レベル（家族的・地方的生活圏）では互酬性が支配的形態であった．経済の国家的レベルの中心的制度は，君主制であり，王は毎年，経済の状態を総括し，将来の計画を作成し，人々に食糧を買う最小限の子安貝［ダホメでは子安貝が貨幣として使用されていた］を分配し，一定の代価を設定し，贈り物を授受し，通行税や租税，年貢を取り立てた．ダホメ人の生活の中で，君主の占める位置は，貢租大祭の大配分儀式に集中していた．このとき王は主権者としてのさまざまの義務を果たすために全ダホメ人の集会に姿を現す．この貢租大祭こそが，経済サイクルの中心行事であった．王みずから，全貴族，支配者，役所の長たちの集会の中心人物であった．その集会には文字通りすべての家族が少なくとも一度は一人を代表に送っていた．終日続く会議で，王は贈り物や支払いや貢ぎ物を受け，ついで，その富の一部を群衆に贈り物として分配する．貢租大祭こそは，王の政治の財政建設，子安貝と他の輸入品を民衆に分配する主要な機会であった．これこそ，財と貨幣が中心に一度集まり，ふたたび，そこから出て行く流れであり，これこそ再分配システムである（ポランニー［1975a］，pp. 53-54．なお，引用者によって一部簡略化されている）．

　「財と貨幣が中心に一度集まり，ふたたび，そこから出て行く流れ」という

第XI章　市場経済の深化と拡大　201

図22　人間の物的生活を維持する三つのやり方：(2)再分配

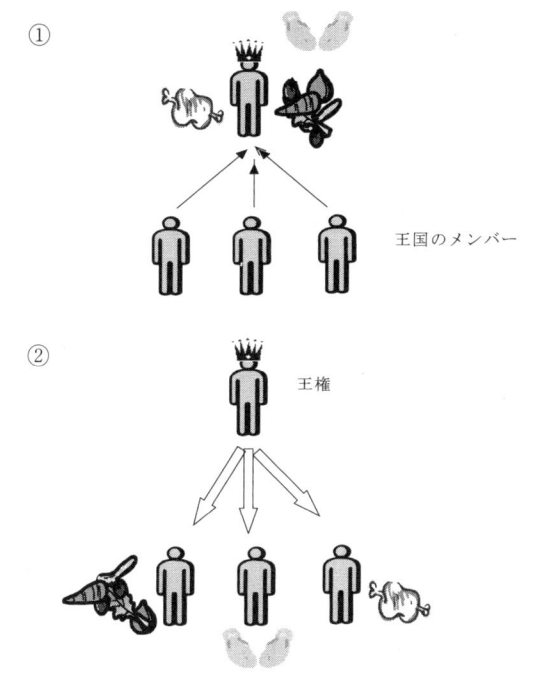

①

②　王権

　ここでは，① 財と貨幣が一度中心点（ここでは，王権）に集まり，② そこから周辺へと流れ出て，庶民にまで配られるという，再分配が模式化されている．この様式において，人間が生存するために必要な物資を入手するためには，この組織（例えば，王国）において当然とされる義務を果たしていて正規のメンバーとして認知されていることが条件である．中央集権的権力が物資の流れを統制しているのであれば，必ずしもすべての物資を一点に集中させる必要はない（社会主義経済のように）．

のが，古典的な再分配である．ここでは，ダホメ王国のような前近代的な専制国家が想定されている．かかる専制国家では財と貨幣は現実に王権のもとに集まり，そこから権力がそれらを配分していく．しかし，財・サービスと貨幣が中央の一点（例えば，王宮）に実際に集まらなくても，中央からの指令によって財・サービスと貨幣が分配されるならば，それは再分配である．それは，生産も分配と同様に中央主権的な権力によって統制されることを意味する．

　社会主義を特徴づける性格のひとつに，生産の組織化がある．中央集権的権

力によって生産を組織化するという発想は，まさに経済的基本パターンのひとつである再分配にほかならない．従って，社会主義化とは，「取り替える」（＝交換）が支配的な経済から，「指図する」（＝再分配）が支配的な経済へと転換しようとする試みを意味する．

3．取り替える（交換・市場）

交易は市場が無くても行われてきた．資本主義は市場経済であるが，その社会に市場が存在するからといって，それだけで資本主義とは言えない．市場じたいは，散発的・部分的であれば，古代から存在していた．もともと交易じたいは非常に古くから行われてきたのである．ヘロドトス『歴史』において，カルタゴのフェニキア人と古代リビア人との交易の様子が描かれている．沈黙交易（silent trade）の歴史上最初の事例として有名であり，古代における交易の有様を彷彿とさせている．

> カルタゴ人の話にはつぎのようなこともある．「ヘラクレスの柱」［ジブラルタル海峡のことをギリシア人はこう呼んだ］以遠の地に，あるリビア人の住む国があり，カルタゴ人はこの国に着いて積み荷をおろすと，これを波打ち際に並べて船に帰り，狼煙(のろし)を上げる．土地の住民は狼煙を見ると海岸へ来て，商品の代金として黄金を置き，それから商品の並べてある場所から遠くへさがる．すると，カルタゴ人は下船してそれを調べ，黄金の額が商品の価値に釣り合うと見れば，黄金を取って立ち去る．釣り合わぬ時には，再び乗船して待機していると，住民が寄ってきて黄金を追加し，カルタゴ人が納得するまでこういうことを続ける．双方とも相手に不正なことは決して行わず，カルタゴ人は黄金の額が商品の価値に等しくなるまでは，黄金に手を触れず，住民もカルタゴ人が黄金を取るまでは，商品に手をつけない，という（ヘロドトス『歴史』中, p. 110）.

ここに描かれているのは「異人」との交換行為であり，接触や接近が忌避されている場合にとられる交易の形態で，おそらくは交易の始源的制度であろう．

さきの18世紀ダホメ王国でも市場は存在していた．確かに市場という制度は存在していたのだが，しかし，そこでの取引は完璧に中央集権的権力たる王によって規制されていた．そこでは，王が市場の開設そのものから，市場で取引される品目と量，そして，当然のことながら，価格を決めていた．

まず，王は，市場そのものを監視した．王国の食糧供給に対する王の責任は，いかに地方市場に対して王権が強力であるかによって示されていた．市場は人柱という犠牲をもって清められるという取り決めがあったが，王以外の誰も人の命を奪うことができなかったので，結局，市場は王によって開かれなければならなかった．全市場は王の認可によって開かれたのである．その市場には，役人がいて，秩序が維持され，規制が遵守されるよう監視していた．

また，王は，購買力を規制した．市場では子安貝なしには食糧を買えなかったが，その子安貝じたい，王が先に見た貢租大祭によって一般国民に分配していた．この王の手によって分配された子安貝こそ，一般国民が市場で食物を入手する手段となったので，王は全国民の需要を規制していたことになる．

一方，供給も王によって厳密に管理されていた．例えば，家畜の中でも豚の管理が一番厳しかったが，王は例年，豚の家計調査を実施して，三人の屠殺係の高官を呼び，彼らが買った豚を供給した村落名を報告させた．ついで，該当する村の村長に現存する豚の頭数を調べさせ，村人に対して６ヶ月間雌豚を屠殺することを禁じる勅令を出し，王国内の関所に対して，いかなる豚も門を通過させてはならないという命令を発布した．最後に，市場の役人に対して，次の６ヶ月間に市場で売られた豚の首を宮殿にまで持ってこさせ，同時にその６ヶ月の終わりの時点での各村における豚の頭数を報告させたのである．最初の頭数と市場で売られた頭数との合計は，６ヶ月後の頭数に等しいはずだから，このシステムによって，王は王国全体の市場で売られる豚の数を規制しようと

図23 人間の物的生活を維持する三つのやり方：(3)交換

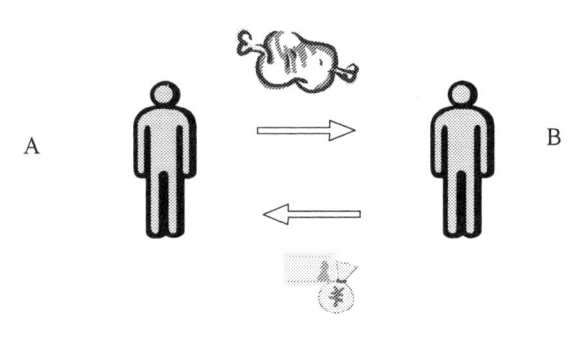

```
         肉
    A  →      B
       ←
       貨幣
```

ここで模式化されている交換では，相対（あいたい）したAとBの間で，一方では，AからBへと肉（商品）が移動し，同時にBからAへと貨幣が移動している．この交換というやり方自体は，古代から必要な物資を入手するために，互酬性や再分配とともに行われてきた．

しており，あまりに多くの豚が屠殺されたことが判明すると，王は市場での豚の販売を一年間禁止した．他の家畜（牛・羊・山羊）もその生産と市場での販売は管理されていた．もっとも豚ほど厳しくはなかったが（ポランニー［1975a］pp. 53-66）．

そして，当然のように，王は価格を規制した．王の義務の中には，彼の統治中に通用すべき価格のいくつかを宣言するという義務も含まれていた．ダホメ人の生活に存在した多数の慣習的な性格の価格（花嫁の両親に花婿が行う支払い，儀式の際に役人や神官に支払う儀礼的支払い，葬式などの際の贈物など）や輸入商品の価格，さらに，市場で取引される奴隷の価格を決めたのも王であった．市場価格を決めたのは，王ではなく地方的団体であったが，統治中の全体の価格水準とその需給変動に応じての価格変動を決定するのは王の責任であった（ポランニー［1975a］, pp. 71-72）．

ダホメでは，市場は厳しく貨幣化されていて，貨幣の使用は強制的であった．

物々交換は許されず，商品は貨幣に対してのみ売られた．商品の価格は固定されていて，売り手が合理的にマージンを得るように設定されていた．その定価は，需給が変動しても，固定されたまま変動しないという制度になっていた．例えば，手工業製品については，組合の組織がその技術の作業条件を定め，製品の標準を設け，訓練を行い，そのうえで，卸売価格と小売価格を決めた．卸売価格は小売価格の2割引になっていた．この定価を厳密に遵守させるという制度になっていた．あるヨーロッパ人の観察者が報告するところによると，市場に来て商品を取るが，しかし，標準価格を支払うことを拒む連中に対して，売り手の女たちが一斉に立ち上がり，反則者をこっぴどくひっぱたいてお仕置きを施したという（ポランニー [1975a], pp. 112-113）．

このダホメの市場では，商品の需給が価格によって自動的に調整されていないし，市場参加する個人が全面的に自由に行動していなかったので，完璧な統制市場である．ダホメでは，市場があり，そこで取引が行われ，商品が売られてはいたが，しかし，参加する個人が自由に取引を行って，その結果として，価格が変動し，その価格変動によって需給が調整される現代社会における市場とは全く異なることがよくわかる．上記の王権による国家レベルの《ものの流れ》の管理（＝再分配）と，地方での市場における統制経済（＝交換）を併せてみると，18世紀のダホメ王国には，非常に原始的な形態での社会主義経済が存在し，機能していたと言うべきである．

II 市場の歴史

市場の歴史を概観しておこう．

1．孤立市場型社会

原始的経済や古代経済において，場としての市がなく，市場交換原理も（かりに作用しても）個人間にあらわれるにすぎないような社会があった．これらは市場欠如型社会である．また，古代社会において，しばしば市が存在し，実

際にそれらの市で交換が行われていたし，さらに未開的あるいは部族的社会でも高度に組織化された市が存在した例は多い．しかし，それらはその社会の生産と分配の過程の補助的制度にすぎず，互酬や再分配の原理によって統合されている基本的な経済機構の外に存在していた．その点において，今日の市場社会とは大きく異なっている．

2．外縁市場型社会

　食糧や生活必需品を少量でも購入できる交換の場としての市は決して西ヨーロッパに固有のものではなく，世界各地にみられ，古い歴史をもっている．すでにダホメ王国の事例でも見たように，互酬と再分配を経済活動の基本構造としている社会においても祭礼や儀式と結びついた市があり，それは政治活動の場でもあった．市は，はじめ王侯の居城や商品集散地，そして教会，修道院の近くで祝祭日に開かれていたが，西ヨーロッパでは9世紀ころまでに，広範囲にわたる訪問者をもつ歳市と近隣農民が日常的必要性を満たすために訪れる週市に分かれてきた．さらに，中世都市が発展するようになると，都市の中に常設の市が開設された．

　しかし，これらの社会では，市も市場交換原理も存在するが，かかる原理が有効となるのは市場での取引の対象となる限定された商品に対してであり，土地や労働力は市場交換原理の作用をうけなかった．つまり，（土地に代表される）自然も，（労働力に代表される）人間も，市場で売ったり，買ったりする《商品》とは見なされていなかった．生産者も買い手も，彼らが生活を維持するのに，基本的には市場と市場交換原理に依存していなかったのである．前近代において発展してきたのが，かかる外縁的市場である．

(1) 遠隔地貿易の仲介機能

　フランスのシャンパーニュ（13世紀後半に最盛期）やブリーの市など，遠隔地を結ぶ市がイタリア，プロバンスからフランドルにいたる大商業路に沿って成立した．織物，胡椒や香料などの東方産品，皮革製品などの奢侈品が取引の

中心となっていた．

(2) 常設の都市市場

ギルド（同業者組合）とツンフト（ドイツにおける手工業者の同業組合）が，仕入価格と小売価格，さらに，製品の質や量の管理していた．ギルド・ツンフトは，同業組合の外部に対しては独占を，内部に対しては平等を原則としていた．これらは，互酬・再分配の原理で機能していたので，都市経済における価格形成市場の成立を阻害したといえる．

一方，善行や喜捨，寄進に対して罪のゆるしが与えられる（カトリック教）という形で互酬関係の原則が古代社会から継続していた．しかし，宗教改革によって古代的な互酬関係は払拭され，中世的都市経済を支えていた兄弟団（ヨーロッパ中世に発達したキリスト教的友愛精神に基づく互恵組織）的結合の原理にも大きな衝撃が加えられた．宗教改革によって，経済と宗教は分離し，近代における価格形成市場の出現を準備したのである．

3．市場支配型社会

市は，買い手・売り手（または生産者）にとっては，生活維持のための物資購入・現金収入の場であり，双方の需給関係で形成される交換原理と価格決定で動かされている社会を市場支配型社会と言う．孤立市場型社会や外縁市場型社会では，互酬や再分配の原理が働いており，その周辺で市や市場交換原理が存在するにすぎなかった．

近代ヨーロッパ型社会とは，ものに限らず土地・労働力も商品化され取引されるようになり，価格決定の場としての市場体系が，経済のみならず，社会までも覆うようになっている社会である．市はその交換原理によって成立するが，市が存在した大部分の社会では，血縁・地縁などの社会関係の中に組み込まれている互酬や再分配の原理とともにあり，交換原理が伝統的な社会関係を突き崩すことはなかった．

しかし，近代ヨーロッパの資本主義社会に特有の，交換原理の優越した経済

体制が，世界的に拡張していったとき，非ヨーロッパ的伝統社会の経済的・社会的側面に重大な影響を及ぼしたのである．

Ⅲ　カール・ポランニーによる市場経済の歴史的意味

上記のように，人間が物質的な生活を営む際には，社会の中に，かかる三つのやり方（互酬・再分配・交換）が併存してきた．これまでの歴史におけるあらゆる社会（ただし，互酬性がほぼ全面的に支配的であったバンド社会を除く）において，これらの三つのやり方が見られるという．

> 経験的にいって，[統合の諸形態の] 主要なパターンが互酬と再分配と交換であるということをわれわれは見いだす．互酬とは対称的な集団間の相対する点のあいだの移動をさす．再分配は，中央に向かい，そしてまたそこから出る占有の移動を表す．交換は，ここでは，市場システムのもとでの「手」のあいだに発生する可逆的な移動のことをいう．そこで，互酬は対称的に配置された集団構成が背後にあることを前提とする．再分配は何らかの程度の中心性が集団のなかに存在することに依存する．交換が統合を生み出すためには，価格決定市場というシステムを必要とする．異なる統合形態がそれぞれ一定の制度的な支持を前提とすることは明白である（ポランニー [1975b]，p. 269）．

ポランニーのひそみに倣っていうと，19世紀以前の非市場経済では「社会の中に市場（あるいは，経済）が埋め込まれていた」のである．非市場経済における生産と分配の秩序，すなわち，統合の諸形態をポランニーは簡潔に次のように説明している．

> 西ヨーロッパで封建制が終焉を迎えるまでの，既知の経済システムは，すべて互恵 [互酬]，再配分，家政，ないしは，この三つの原理の何らかの組み合わせにもとづいて組織されていた．これらの原理は，なかんずく，対称性，中心

性，自給自足というパターンを利用する社会組織の助けを借りて制度化されていた．この枠組みの中で，財の秩序ある生産と分配が，行動の一般的原理に律せられた種々様々の個人的動機を通じて保証されたのである．これらの動機の中で利得は重きをなしていなかった．慣習や法，呪術や宗教が共に作用して，経済システムにおける各自の動きを究極的には保証する行動法則に，個々人を従わせたのである（ポランニー［1985］，p. 72）．

ここ（上記引用文）でポランニーは，前近代社会における「経済システム」は三つある（互酬・再分配・家政）と書いている．つまり，「三つの原理」の中に，「家政」を挙げていて，「交換」を含めていない．「家政（householding）」とは，古代ギリシアでのオイコノミア（家）で実現されていたような自給自足経済を想定している．この著作では，前近代社会では，交易は行われていても，それは近代社会におけるのとは違って，「利得原理」（あくまでも利潤獲得を目的にして生産し，交換によって利潤を実現する）による交易はまだ副次的な役割を果たしていただけであるということを前提に議論している．

ここで重要なのは，市場には二種類あることである．すなわち，そこで取引される商品の種類・価格・数量がある種の外部的権力によって統制されている場合（＝統制市場）と，そこで取引される商品の種類・価格・数量が規制されておらず，売り手が自由に商品を市場に搬入できるし，買い手が自由に購入を決定できる場合（＝自由市場）である．

上記のダホメにおける市場が統制市場の典型的な事例である．統制されている市場では，何を，どれだけ生産し，いくらで売るかを当事者が決められない．外部の権力があらかじめ，何をいくつ作り，いくらで売るかを決める．この場合，統制の仕方は，① 慣習・宗教・政治が決める，② 中央集権的権力が統制する（＝再分配），③ 同業組合や同職組合が決めるなどの場合がある．

歴史的に見て，長い間，市場は何らかの権力の統制下にあり，交換は規制されてきた．市場が規制下にあった期間の方が圧倒的に長いので，《クラ交易》

《ポランニー？ ポラニー？ それとも，ポラーニ？》

Polanyiはハンガリー出身であり，ハンガリーでは日本人と同じように姓名の順になるのでポラーニ・カーロイと名乗っていた（なにしろ，ハンガリー人の祖先はウラル山脈を出て，ユーラシア・ステップの西の端のハンガリー盆地に到来してきたマジャール人なのだ．ただし，ポラーニ家はユダヤ系である）．彼の著作のうち日本語訳がいくつか公刊されており，著者名としてポランニーあるいはポラニーと表記されているが，同一人物である（なお，著名な哲学者のマイケル・ポランニーは弟である）．ポランニーの日本への紹介者である故・玉野井芳郎は，「ぼくがアメリカ人に向かって，ポラニーと言っても全然通じなかった．そこで，《ン》に力を込めて，ポランニーと発音したら，『ああ彼ね』とすぐにわかってくれた．だから，ポランニーと書くんだよ」とおっしゃっていた．それ以降，日本で《ポランニー》という表記が定着したのではないか．なお，現地ブダペストでポランニー家について調査した栗本慎一郎によると，現地の人々の発音（マジャール語）では，《ポラーニ》がより原音に近い表現となるようである（栗本慎一郎 [1981]「ポランニー家の人々をめぐって－ブダペスト精神史序説－」『思想』681, pp. 42-65）．そう言えば，「ギヨテとは俺のことかとゲーテ言い」などという川柳があった．カナという表音文字の開発はシナ文明からの日本文明の離脱を保障する偉大な発明ではあるが，外国人の固有名詞をカナで完璧に移し替えることはいずれにしろ無理であろう．近似的に表示することで我慢するしかない．

の例で見たように，経済的動機と並んで，あるいはそれ以上に，宗教的，道徳的，政治的などの動機と結びついているのがむしろ交換の本来的な姿である．すなわち，人間の生活の歴史において，市場における交換が規制されてきたのが，常態であった．

一方，統制されていない自由市場では，売り手（＝生産者）が何をどれだけ生産するかを自分で決定し，希望する価格を提示して市場に搬入する．市場で

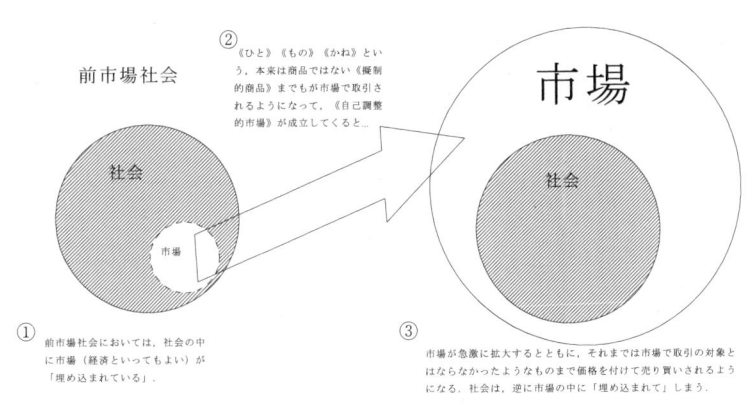

図 24 社会に埋め込まれた市場から，市場の中に埋め込まれた社会へ

前市場社会

② 《ひと》《もの》《かね》という，本来は商品ではない《擬制的商品》までもが市場で取引されるようになって，《自己調整的市場》が成立してくると…

市場社会

① 前市場社会においては，社会の中に市場（経済といってもよい）が「埋め込まれている」．

③ 市場が急激に拡大するとともに，それまでは市場で取引の対象とはならなかったようなものまで価格を付けて売り買いされるようになる．社会は，逆に市場の中に「埋め込まれて」しまう．

は買い手（＝消費者）がその価格で買うか買わないかを決定する．19世紀以前には，かかる自由市場は散発的に存在するだけであった．

ただ，一定の権力の統制下にある市場がいくら大きくなっても，社会を突き破ることはできない．交換が統制下にある市場から，買い手が自由に決定できる市場への転換こそが決定的だった．上記の三つのやり方（互酬・再分配・交換）が併存し，「社会の中に経済が埋め込まれている」（ポランニーの用語法）ような社会から，自由市場が全面的に拡大し，支配的となるような市場社会への《大転換》が19世紀に起きた．

産業革命を契機として社会が市場システムによって包摂された．そこでは価格の変動によって商品の需要と供給が決定され，財・サービスの生産と分配が，参加する個人の経済的動機によって決定されている．ポランニーは，商品の需給が価格によって調整される自由な市場を《自己調整的市場》と呼んだ．このような《自己調整的市場》が全面的に発達するための前提条件は，次のようにまとめられる．

① 財やサービスは，個人あるいは企業が自由に処分できるという私的所有権が確立していること

② 交換が個人と個人との間で，あるいは，企業と企業との間で行われているから，個人の自律性が確立していること
③ 商品を，自分で使用するのではなく，利潤を獲得するために生産すること

　非市場社会における交換は，すでに見たように何らかの統制を受けているから，慣習や権力や同業組合などからの規制に縛られていた．《自己調整的市場》において，その市場に参加する人は，自己の経済的動機にもとづいて交換を行っている．このシステムは，市場や貨幣の制度が発達した社会において初めて広まった特殊な交換のやり方（＝市場交換）である．19世紀の市場（貨幣）経済体制のもとで特異な発達をとげ，今日では経済の領域だけでなく社会全体を包摂している．その結果，今日では，市場経済における交換は，《もの》と《もの》との等価性が当事者間で了解されるに十分なだけの安定した価値体系が成立しているもとで，個人間・集団間に交わされる財・サービス等の往復運動となっている．現代の市場経済における交換の特徴は，初めから自分の使用目的ではなく他人の使用に供する目的で生産した財やサービスを，他人が提供する財やサービスと等価で取り替えるところにある．その目的は，貨幣的利得の極大化の追求である．なお，発達した市場経済において，交換は等価で行われるが，等価であることを決定するのが投下労働量（マルクス経済学）か，あるいは，効用（近代経済学）かによって，経済学には二つの流れがある．

　では，交換が統制されていて，「社会に埋め込まれていた」ようなおとなしい市場が，逆に社会を全面的に支配するような体制になったのは，どのような「きっかけ」であったのか．ポランニーによると，真の転換は，《ひと》《もの》《かね》という本来は商品ではない擬制的商品が自由に取引される市場が成立したことである．商品はもともと売るために生産するものだとすると，労働（つまり，《ひと》）・土地（つまり，それに代表される自然とそこから獲得する《もの》）・貨幣（つまり，《かね》）は，本来は商品ではない．労働は，生活するために行う人間活動の別名にほかならず，もともと売るために生産さ

れたのではない．土地は，自然にほかならず，人間はそれを生産できない．また，貨幣は，購買力の象徴であるから，これまた売るために生産されたものではない．ポランニーによると，以上の事情にもかかわらずこれらが価格を付与されて市場で取引されるのは，あくまでもフィクションとして（つまり，擬制的に）あたかも商品であるかのごとく取り扱われているからである．しかし，これらの《ひと》《もの》《かね》という本来は商品ではない擬制的商品が自由に取引される市場が成立してしまったがために，市場が社会を覆いつくして，人間社会を経済の付属物にまで貶めてしまったのである（図24を参照）．

　それゆえ産業革命を経て《自己調整的システム》として成立した市場経済は，本来は商品となりえないものの商品化（擬制的商品の成立），すなわち，生産の3大要素である，①《ひと》（労働市場），②《もの》（土地市場），③《かね》（金融市場）の商品化が起きているという意味で，人間の歴史上，きわめて特殊な経済のあり方で，遅かれ早かれ，崩壊せざるをえないというのが，ポランニーの主張であった．

第XII章

市場社会とユダヤ人
―― 市場経済の《伝道者たち》――

I　宗教と近代資本主義

　近代的資本主義は西ヨーロッパに誕生したが，その理由を説明するのに大きく合理主義に注目する見方と営利主義に注目する見方とがある．

1．近代資本主義を生み出した合理主義

　近代資本主義が誕生する上で合理主義が決定的であったことを強く主張したのが，マックス・ウェーバー (1864-1920) であった．この立場から見ると，近代資本主義においては，形式上は自由な賃金労働者たちの労働の上に築かれる合理的・経営的な産業組織が成立し，かかる企業が，市場における売買を活用して，利潤獲得を目的に，かつ，その最大化を合理的に計算して経営を遂行している．

　いわゆるマックス・ウェーバー・テーゼによると，このような合理性を本質とする近代資本主義を作り上げたのは，プロテスタンティズムであった．それは，合理主義と世俗内禁欲をキーワードにしている．

　　　プロテスタントは…支配者の地位にあるときにも非支配者の地位にあるとき

にも，また多数者の地位にあるときにも少数者の地位にあるときにも，別して経済的合理主義への傾向を有しており，これに反してカトリック教徒は，前者の立場にあるときにも後者の立場にあるときにも，常に経済的合理主義への傾向をかつて見なかったし，今日でも見るをえないのである．したがって，右のような生活態度の上にみられる相違の原因はむしろ主としてそれぞれの信仰の恒久的な内面的特質の中に求められるべきものであって，その時々の外面的な歴史的政治的状況の中にのみ求められるべきではないのである（マックス・ウェーバー [1955]『プロテスタンティズムの倫理と資本主義の精神（上）』大塚久雄訳，岩波書店，pp. 23-24）．

ウェーバーによると，近代的企業における資本家・経営者のうち，プロテスタントはカトリックよりも著しく多いので，近代資本主義社会の基礎になった経済合理主義とプロテスタンティズムとの間には宗教的に深い因果関係がある．とくにカルバン派にあっては，神が信者に望むのは，社会活動，すなわち，神の命ずる現世の職業労働に取り組むことによって神の栄光を増すことにある（世俗内禁欲）．こうした宗教的確信を持つカルバン派は熱心に勤労に従事し，資本主義の発展に貢献したというのである．

2．近代資本主義の起源となった営利主義

営利主義的な定義によると，利潤（もうけ）の獲得を第一の目的とした経済活動が社会の支配的なシステムとなっている経済体制を資本主義社会と言う．貨幣が元手として投下され，利潤とともに回収されたとき，貨幣は利潤を生みだす資本として用いられたことになる．なにか特定の財を手に入れたり，消費したりするために貨幣を使うのではなく，より多くの貨幣の獲得を目的として貨幣を用いる利潤追求の活動が資本主義と呼ばれる理由はここにある[1]．資本主義は，市場経済とも呼ばれるが，それは，① 生産手段が私有財産であること，② 財・サービスの生産および所得の分配が，主として，市場を通して行われ

ているという条件を持っているからである．

　この営利主義の側面を強調しているのが，ヴェルナー・ゾンバルト（1863-1941）である．ウェーバーが近代資本主義の起源としてのプロテスタンティズムを高く評価したのに対して，ゾンバルトは，トマス・アクィナス（1225-1274）の「人生を合理的ならしめるべきだ」という教義がカトリックの教義の中心になり，それゆえ，情感的な自然人の根を絶った合理主義が，イタリアとくにフィレンツェにおける資本主義の発達に貢献したと述べて，特にカトリシズムの役割を高く評価した．さらに，ユダヤ教についても，キリスト教とは違って，貧よりも富を重んじ，ユダヤの同胞はともかくも，異邦人相手に利息付きで金銭を貸すことを認めていたことが，金貸し業の発展を容易にさせ，ひいては資本主義の発展に結びついたと述べた．

　ゾンバルトは，プロテスタンティズムに関しては，プロテスタントは現世的生活をもって未来生活のための準備であるとし，禁欲的生活を送るべしとしていた．従って，彼らは当然のことながら，世俗的・現世的な資本主義を憎んで，これに攻撃を加え，宗教を重んずるあまり，経済活動に冷淡になり，その結果，彼らの資本主義精神は衰えていったと，ウェーバーとは対照的に否定的であった．

　ゾンバルトは，ともあれ，宗教的に迫害され，外国に移住した異端者たちは，ユダヤ教徒であれ，カトリック教徒であれ，プロテスタント教徒であれ，マイノリティとして彼らに許された唯一の活動分野である経済界で活動せざるをえなくなり，そのことが彼らの移住先の資本主義の発展に貢献したと述べて，カトリックとユダヤ教が資本主義を促進したと考えていたのである．

II　近代における《ファウスト的欲望》の解放

　18世紀から今日まで，資本主義的な人物としては，いくつか典型的な例が小説で書かれてきた．中でも著名なものとして，合理主義的側面を強調する立場（ウェーバー派）からは，ロビンソン・クルーソーやベンジャミン・フラン

第XII章 市場社会とユダヤ人　217

クリン,営利主義的側面を強調する立場(ゾンバルト派)からはファウストが挙げられてきた.近代資本主義のプロトタイプとなった人間は,ロビンソン・クルーソー(ウェーバー派)か,ファウスト(ゾンバルト派)かのどちらなのかというのが,象徴的な争点であった.

　ウェーバー的論点で強調されるのが,企業内の合理性であるが,その限りで,資本主義のウェーバー的起源となった人物像は,経済の組織化を夢見て社会主義の元祖となった19世紀のサン＝シモン主義者たちとも共通点がある.

　一方,オズヴァルト・シュペングラーは,最もヨーロッパ的な人物のひとりとしてファウストを挙げた[3].一般に,ファウストこそ,営利主義的な資本主義を果敢に実践した人物と描かれている.

　ファウストとは,16世紀初頭のドイツに出現し,やがて伝説上の主人公となった魔術師である.ゲオルク・ファウスト(Georg Faust)は,1480年ころに生まれ,ハイデルベルクなどで神学を学び,各地を遍歴,ルネサンス期の自然哲学の知識を身につけ,人文主義者と交わった.彼の人物像は,すでに生前からさまざまな魔術師の伝説と混同されており,さらに彼の突然の死(1536-40年ころ)が,悪魔が彼の生命を奪ったとする伝説に拍車をかけることとなった.1587年にフランクフルトで出版されたシュピースの民衆本の中ではじめて伝説上のファウストの生涯が物語られる.そこでは,ファウストは飽くことを知らぬ生の享楽と無限の知的好奇心を満足させるため悪魔に魂を売り渡す.悪魔は彼に魔術の世界を開く鍵を伝授し,数々の奇跡を実行する能力を彼に授けたのである.この民間伝承に基づいて生み出された数々の芸術作品の中でも,最も有名なのが,ゲーテの『ファウスト』である.

　ゲーテの『ファウスト』第1部は1808年に出版された.ここではファウストは悪魔メフィストフェレス(Mephistopheles)と契約を結び,その魔術の力を借りて若がえり,飽くことなき欲望のままに不敵で豪奢な生活を送る.そして,清純な庶民の娘グレートヒェン(Gretchen)を誘惑し,生まれた子どもとともに彼女を捨ててしまう.また,ギリシアの美女ヘレーナを追い求め,我が

ものとする．さらに，広大な土地を埋め立てて新国土を建設するために壮大な土木工事を実施することで，英雄的な自然の征服者となる．しかし，最後には，悪魔のために盲目にされて，深い憂いの中に沈み込む$^{4)}$．

　ここに至り，ファウスト＝近代的なヨーロッパ人の原型という図式ができあがった．過去500年間のヨーロッパ人は，他民族を征服し，奴隷化して安価な労働力として使用し，資源をほぼ無尽蔵なものとして消費してきた．ファウストは，メフィストフェレスの魔法で，享楽の限りを尽くし，華麗な生活を送るが，やがては憂いと悲惨さの中へと落ち込んでいく．その姿は，近代科学技術という名の魔法を利用して，欲望の限りを尽くして，その充足を追い求めるヨーロッパ型人間の原型そのものとなったのである．

　ファウストに象徴的に見られるのが，《大航海時代》以降のヨーロッパが取り憑かれた自然の支配と人間の征服に向けた執拗な衝動であり，《欲望》としての資本主義の精神である．この人物像には，人と資源をわがものにしようとする支配欲と富に対する無限の欲望が象徴されている．ファウストは，一攫千金を目論む冒険主義的な企業家たち（投機業者，貿易商，奴隷投機業者など）のひとつの側面を表していた．かかる人物像を称揚する場合，初期資本主義時代における科学技術の発達とそれへの全面的な信頼が根底にあり，当然，科学を生んだヨーロッパ文明への絶大なる自信に支えられていた．

　シュペングラーは『西洋の没落』の中で，ファウスト的なるものが西欧の文化の魂であるとみなし，少なくとも第一次世界大戦までは「生きることは戦うことであるとする力と意志を備えたファウスト的精神が西欧文化を推進してきた」と述べている．ゾンバルトは，その『ブルジョワ－近代経済人の精神史－』において，ファウストに象徴されるこの冒険心こそが中世末期から18世紀半ばころまでは，資本主義の勃興に貢献したと強調している．彼によると，冒険心あふれるヨーロッパ人，それも主としてゲルマン人の企業家たちが「ファウスト」的精神に駆られ，資本主義の促進のために活動したのである．

　ローマ帝国の滅亡以来（いや，それ以前からのゲルマン部族のローマ帝国侵

入以来），ヨーロッパ諸民族の中に略奪や海賊行為でさえあえて行う黄金追求欲と強力なファウスト的冒険心が生じてきた（この冒険心は，すでにインド・ヨーロッパ語族が各地に分散した当初から持っていた性格なのかも知れないが）．15世紀末以来，ヨーロッパ諸民族は海外に打って出て，各地の征服に乗り出したが，南北アメリカでは，想像を超えるほどの金銀財宝を獲得すると同時に，金銀の鉱脈をも獲得した．《新世界》での収奪はヨーロッパ人に思いもかけぬ物的富をもたらした．この《新世界の発見》という想像以上の僥倖がさらに一層，ヨーロッパ人の冒険心と黄金欲とを一段と煽り，これにもとづいて植民地が建設され，次々と拡張された．このカリブ海や南北アメリカ大陸で展開された植民地こそ，プランテーションという新しい産業組織を生み出し，資本主義精神の温床となったのである．

　16世紀・17世紀において，冒険的な企業精神を抱いて，冒険に打って出たのは，王侯・貴族や，少数の冒険家たちであったが，彼らの冒険的な企業活動の結果，多様な企業が生まれ，巨万の富が獲得された．その収奪を見ていた者たちが多数追随した．すなわち，海賊まがいの冒険家はもとより，プロジェクトを起こして一山当てようとする者，投機業者など，一発勝負にかける投機家たちが多数生まれたのである．

　しかし，ゾンバルトによると，このような初期の冒険的な投機家・冒険商人から，時を経るに連れて，着実に収益を上げようとする企業家たちへの転換が起きる．すなわち，冒険商人たちのまわりに富が蓄積され，循環し始めると，周辺の人物でも，その富の循環の一部に食い込み，収益を上げる格好の機会が生じてくる．例えば，奴隷貿易をメインの収益機会とすると，周辺的な産業として，奴隷たちに着せる綿織物工業などが発展可能となる．あるいは，奴隷の対価となる雑貨製造業も収益の機会を与えられるなど，メインの奴隷貿易に付随する産業が生存可能となり，波及効果が生じてくる．

　1400年ころから始まるいわゆる《地理上の発見》の時代において，まず冒険的な性格の産業が発展すると，ほかの多くの市民たちの中には，より着実な

方法で儲けようと考える者たちが出現してきた．彼らは，冒険的事業を遂行しようとするよりは，確実に収益を上げる経営を行おうとする人々である．その代表的な人物たちが，15世紀フィレンツェのアルベルティや18世紀アメリカのフランクリンなど，ウェーバーが合理的経営を体現していたと見なした人々である．彼らは節約を旨とし，節制に努め，怠惰と奢侈を禁じて，日常生活を規律正しく過ごすことによって，利潤の最大化をはかるような合理的精神を抱く人々であった．

このような合理的で堅実な資本家精神は，わけてもフィレンツェ人，ユダヤ人，スコットランド人において定着し，その後，次第にヨーロッパ人の間に普及していった．かかる堅実な資本家精神が広まるにつれて，冒険的な商人の企業家精神は次第に弱まっていった．これは，冒険による収益の機会が減少したことと，冒険商人自身が裕福になり，危険な賭けに出られなくなったことによる．一言では，彼らもエスタブリッシュメント（既成勢力）になったのである．

資本主義精神は，冒険的企業家精神と堅実な合理的企業家精神との両方から織りなされるが，資本主義的企業が増加するにつれて，次第に，後者が前者を圧倒するようになってゆく．その定義からしても，冒険家精神を宿した人の数は，堅実な経営を旨とする人々の数よりも少ない．冒険的資本主義では少数者しか富を蓄積できないが，周辺的な産業が育ってくると，平凡・着実な人々にも収益の機会が生じてくる．

圧倒的な武力を活用しての軍事的征服，原住民支配による収奪など，ヨーロッパ人の旺盛な征服活動は，なにも16世紀に突然生じたのではなく，すでに古代からゲルマンの部族によって遂行されていた．ゾンバルトによれば，資本主義は，禁欲ではなく，奢侈によって生まれ，確立された．その後，周辺部分にまで波及するようになって，禁欲を旨とする企業家たちによって育成されたのである．

III 前市場社会から市場社会への転換

　以前の社会と比べて,経済面における現代社会の特徴は何か.ポランニー的に言うと,われわれの物的生活を維持する三つのやり方(互酬・再分配・交換)において,交換がその支配領域を最大限に拡張し,社会を覆いつくすようになったことだと言える.しかし,交換が行われている市場には,前章で見たように,2種類ある.

　第一の市場が,交換が規制されている市場,つまり,何らかの権力によって商品の種類・量・価格が規制されて統制下にある市場である.市場は,長い間,われわれが知っているような自由な取引が行われる市場ではなかった.市場は権力の規制下に置かれ,そこで売られる商品の種類も,量も,そして,価格も統制されていた.前市場社会においては,ダホメ王国の事例にもあるように,市場では「適正な」利潤を得ることはできても,それ以上は儲けられなかった.社会が禁止していたのである.

　今日では,利潤を飽くことなく追求するという,利潤動機は解放されている.では,「金儲け」の意識はどこからきたのか.「金儲け」の意識自体は古代からあるが,しかし,利潤を飽くことなく追求するという,無限の欲望の解放こそ,近代の所産である.ゾンバルトによると,この精神は,上記のようにファウストに体現されているし,冒険的企業家たちがその引き金を引いたのである.その発生においては,遠隔地貿易,なかんずく奴隷貿易の占める意義は大きい.産業資本が成立して内発的に利潤を獲得するシステムになったことは一大飛躍ではあるが,そもそも決定的であったのが利潤動機の解放とその追求を可能とした仕組みの成立であった.

　第二の市場が,交換が規制されていない市場,つまり,売り手と買い手が決定権を持つ自由な市場である.第二の型の市場への転換,ポランニー的に述べると,社会が第二の型の市場で覆われるようになること,これこそが今日の市場社会の成立である.すなわち,統制された市場から自由な市場への転換が一

大画期となった．

IV　市場経済への転換においてユダヤ人の果たした役割

　物的生活を維持するための様式として交換が支配的となった社会では，利潤獲得のために事業を遂行する．このような金銭的欲望を動因とした経済活動が大々的に行われるようになったのが，近代社会であるが，その社会を構成する人間は，いったいどのようにして形成されたのか．それは，最初に市場での権力によるさまざまな規制を打ち破った人々である．ゾンバルトは，そのような規制に縛られてきた前市場社会における市場の中に，競争を持ち込んだ人々こそ，ユダヤ人であったと述べている[5]．

　互酬と再配分が支配的な経済から交換が支配的な経済へ転換するには，統制下の市場が自由な市場へと変貌を遂げることが必要であった．ダホメ王国の事例でも見たように，前市場社会においては，市場が存在しても，市場の開設・市場への搬入（量と質）・価格など，すべての面で権力によって統制されていた[6]．かかる権力の統制を排除して，自由な市場を創出することが，市場社会への転換のきっかけとなった．その典型的な推進者がユダヤ教徒であった．

　現代を市場社会と捉えれば，決定的なのは，自由な市場の創出ということになる．だとすれば，ゾンバルト的観点はこの点において非常に説得力を持っている．

1．貴金属のヨーロッパへの持ち込み

　ドイツ問題と並んでユダヤ問題は，ヨーロッパが長年癒すことができなかった「二大宿痾」である．すでに中世から反セム主義（＝反ユダヤ主義）が西ヨーロッパでは台頭し，ユダヤ民族は，イングランドからは1300年ころ，フランスからは1400年ころ，スペイン・ポルトガルからは1500年ころに追放されて，東ヨーロッパ（ドイツ，ポーランド，オーストリア，ウクライナなど）やトルコなどへの移住を余儀なくされていた．従って，当時，迫害されていたユダ

人は，カトリックに転向してキリスト教に改宗するか（改宗キリスト教徒はマラーノと呼ばれた），あるいは，《新世界》へ移住するかという選択を迫られていた．かかる事情から，15世紀末からのヨーロッパによる植民地獲得行動において，多くのユダヤ人が《新世界》へ移住し，植民地拡大に寄与し，その建設にも大きな役割を果たしたのである．アメリカ大陸（実際は，西インド諸島のサン＝サルバドル島）を《発見》したとされるコロンブスもユダヤ人だったという説が根強い．

ゾンバルトは，16世紀以降起きたヨーロッパへの大量の貴金属の流入こそ，資本主義を勃興させたと考えているが，その流入を果たしたのはユダヤ人であった．

> 「ユダヤ人の商売」が初期資本主義の時代に，大多数の国民経済のために獲得した意味は，巨額の現金が入手できるような商業分野をほとんど独占的に支配した事情にある．その分野とは新しく開発された金銀産出地域（中南米）であって，…しばしばユダヤ人が現金を国内に持ち込んだと言われている．そしてこれがすべての（資本主義的）国民の福祉の源泉となっている…．近代国民経済の建設は，大部分が貴金属の持ち込みのおかげであるが，これにユダヤ商人ほど関与した者はいなかった（ゾンバルト［1994］，p.61）．

2．債務の非人格化

追放されていたユダヤ人が，オランダには1593年，フランスには1648年，イギリスには1655年に，それぞれ入国・定住を認可されると，彼らは次々に西ヨーロッパに回帰してきた．ドイツでは，とりわけフランクフルト・アム・マインとハンブルクが彼らを受け入れ，フランスでは，ボルドー，マルセイユ，ルーアンなどの国際的貿易港を抱える都市が受け入れた．16・17世紀には，西ヨーロッパの対中近東貿易は，ユダヤ人が独占的に握っていた．ゾンバルトによると，ユダヤ人のスペインからオランダ・イギリス・フランスへの移住と

ともにこの貿易の重心が南から北へ移動した．

　証券取引所は高度資本主義の中心的機関であるが，ユダヤ人が開発に貢献した《信用の客観化》が進展したおかげで西ヨーロッパ諸国で証券取引所が大いに発展した．

　　経済生活の商業化とは，…すべての経済的過程の商業業務への解消である．経済的過程が商業業務に従属し，そのため，それが高度資本主義的なすべての商行為の中心的機関である証券取引所に隷属することである（ゾンバルト[1994], p.98）．

　　まず信用の客観化（あるいはもっと一般的には，請求権の客観化）とその有価証券のなかでの客体化（具現）と呼ばれている過程が完成する．これには換金，あるいは，こうした請求権および権利所有者の市場化（フェアマルクトゥング）という名で知られている過程に結びついている．…これらすべての過程でユダヤ人が創造的に関与したこと，いやそればかりでなく，こうした動きの中に表された近代経済生活の特性は，全く本質的にユダヤ人の影響のおかげでつくられたものである（ゾンバルト[1994], p.99）．

そして，とりわけユダヤ人が貢献したのが，《債務の非人格化》である．その手段である有価証券，すなわち，① 裏書きできる手形，② 株券，③ 兌換銀行券が発達する契機となった．

　　客観化への債務関係の努力が，無記名証券のなかではじめてその純粋な表現を見出したことは疑う余地はない．無記名証券の中ではじめて，義務化の意志が人格的な源泉から解放された．無記名証券のなかではじめて法的意志の離脱可能化が，文書の中に定着することによって完全に認められた．知性あふれる学者が表現したように，無記名証券は「人間精神が，直接与えられた自然関係

から解放される」ことを意味する．そして，それは，債務関係を「非人格化」し，客観化するための適切な手段である（ゾンバルト［1994］，p. 118）．

ユダヤの債務証券法の基本理念は，…不特定の個人に対する義務は存在しており，また人は，あらゆる人と取り引きできるということである（ゾンバルト［1994］，p. 133）．

3．市場への競争の導入

しかし，何よりもユダヤ人の面目躍如とも言うべきは，権力の支配下にあって取引が規制されていた市場に，競争という攪乱要因をもたらしたことである．すなわち，自由な取引というアイデアを中世の規制された市場に持ち込んだのが，ユダヤ人であった．

前市場社会における制度内参加者であるキリスト教徒の商人は，従来からの取引制限を守って営業を行っていた．そこへ，ユダヤ人が市場における攪乱者として介入してきたのである．ゾンバルトは17・18世紀におけるキリスト教徒商人からの苦情や請願書を引用している．

> ユダヤ人が競争相手として登場するところではどこでも，キリスト教徒の実業家に対するユダヤ人の不都合な影響について苦情が聞かれた．請願書によれば，その苦情とは，自分たちの生活が脅かされている，ユダヤ人たちが自分たちの「利益」を奪う，顧客がユダヤ人に移り，自分たちの「生業」が侵害されているというものであった（ゾンバルト［1994］，p. 188）．

ダホメ王国の規制された市場で見たように，規制下にあって競争してはならない市場では，取引される商品の種類・量・価格が決められていた．それにもかかわらず，前市場社会の諸市場に新たに参入してきたユダヤ教徒はかかる取り決めを遵守しなかった．キリスト教徒商人の訴えによると，ユダヤ人たちは勝手に値段を引き下げたりして，顧客を奪ったという．今日の用法でいうと，

ユダヤ商人は，顧客志向の営業を行って，たとえ薄利多売であっても総合的な売上を伸ばし，利益を獲得したのである．その結果，キリスト教徒商人から，生業を奪う者あるいは自分たちの利益を奪う不法者として激しく非難された．ユダヤ人商人がキリスト教商人から激しく批判されたのは，両者が全く相容れない価値観（以下の引用文にもあるように，ゾンバルトのいう二つの世界観）を持っていたからである．キリスト教徒商人はあらかじめ決定された種類の商品を，あらかじめ決められた量だけ，あらかじめ決められた価格で売る（従って，あらかじめ決められた利潤を獲得する）のが当然だと思っていた．今日的な見方からすると，「売ってやる」といわんばかりの居丈高な姿勢である．それに対して，ユダヤ教徒商人は可能ならばあらゆる手段を労して利潤極大化を狙った．そもそもキリスト教徒にとって，利潤追求は「非キリスト教的なるもの」と考えられていたのである．

> ユダヤ商人とキリスト教商人間の争いにおいては，二つの世界観，もしくは少なくとも根本的に異質でかつ全く逆の方向を指向する経済指向が重要なことをただちに認識できるであろう．…私が初期資本主義と呼ぶ時代，つまり，ユダヤ的要素が確かな地歩を築いた諸世紀においても，中世を通じて通用していたのと同様の経済運営の根本的思考方法—社会の階級的構成にその外面的表現を見出した封建的手工業的思考方法—が依然として支配的であった．…この経済過程はなお，本質的には自然のままに見られていた．つまり，量的に規定された消費財というカテゴリーが，未だに評価の中心にあった．…際限のない，果てしない利潤追求はこの時代を通じて大部分の経済人には，許されざるもの，「非キリスト教的なるもの」と見なされていた（ゾンバルト［1994］，pp. 192-193）．

ここで旧弊的なキリスト教商人が抱いていた観念こそ，《適正価格》という理念であった．それは，価格は自分たちが勝手に決めることはできないのであ

り，生産するに必要な労働と生産によって生じた費用という「最高の掟」によって決められている（今日的用法ではコスト積み上げ方式による価格設定）という考えであった．すなわち，コスト＋利潤＝《適正価格》というキリスト教的思想の真髄がここにあり，ユダヤ人商人こそが，当時の市場においてかかる《適正価格》の理念を打ち砕こうとしたのである．

　あきらかに初期資本主義期のかなり後期まで通用していた適正価格の理念は，こうした考えに完全に有機的に組み込まれていた．価格は，個々の経済人がおのれの好き勝手に決めることができないものである．価格形成といえども，すべての経済過程と同様，最高の宗教のおきて，最高の道徳律の支配下にある．価格形成は，生産者，商人，消費者の幸福に奉仕するためになされなければならぬ．…ルターが純粋な形で代表していた中世的考えによれば，価格は，生産者に生じた費用と労働により決定するべきであるという．現代用語で言えば，価格は生産コストにしたがって算定された（ゾンバルト［1994］, p. 201）.

ユダヤ商人が反発した障壁こそ，ゾンバルトによると，あらかじめ費やされた労働の量で価格が決められてしまうような，規制で雁字搦めの旧弊たる市場であった．

　こうした，堅固に団結した世界に対し，ユダヤ人が激しく反撃した．…われわれの眼前にまずはっきりと浮かぶものは，いわば生粋の商人，事業しか眼中にない商人，真の資本主義的経済精神のなかで，すべての目的のなかでも利益獲得を最優先する商人としてのユダヤ人の姿である．…他人の個人的価値に対する配慮，法や法令秩序に対する敬意，そして，最後に財貨生産にあたって自然の方向付け維持は弱くなり，もっぱら交換価値に準拠した事業の使命に対する純粋に図式的な考え方のみが優位に立つことになる．…こうした商品価格引き下げ方法が，例外なくユダヤ人によって――しかも彼らが最初であった――用い

られた証拠は無数に挙げられる（ゾンバルト［1994］, pp. 203-229. なお，傍点はゾンバルトによる）.

彼らが市場に参入すると，それまで市場を規制していた諸制度と衝突したのは，利潤極大化を目指すという彼らの行動が，規制で雁字搦めの市場（＝外縁市場型社会における市場）では容認できないことであったからである．この局面では，ユダヤ商人は利潤獲得を最優先するという資本主義的精神を体現していたのである．

注)

1) 杉村芳美［1988］「資本主義」『世界大百科事典』（第12巻，平凡社）pp. 538-542.
2) ゾンバルト［1990］『ブルジョワ－近代経済人の精神史－』（金森誠也訳，中央公論社）pp. 313-332.
3) シュペングラー, O.［2001］『西洋の没落　底本版』第1巻・第2巻（村松正俊訳，五月書房）p. 393・414. デル＝コラール［1984］もまたファウストをヨーロッパ文明の象徴として描いている．
4) 新潮文庫，中公文庫，岩波文庫など，手軽に読める文庫本にも数種の訳があり，選択に不自由しない．解説としては，小塩節［1996］『ファウスト－ヨーロッパ的人間の原型－』（講談社学術文庫，講談社）などを参照．
5) 西ヨーロッパの経済発展におけるユダヤ人の役割を高く評価したのが，ゾンバルトである．特に彼は，ゾンバルト［1994］『ユダヤ人と経済生活』（原著1928年，荒地出版社，636p.）などの著作において，ユダヤ人こそ近代資本主義の創設者であると主張して，大きな論議を巻き起こした．ゾンバルトの著作は当該の問題について，依然として参照するに値する書物であろう．彼のこの著作についての批判的見解は，湯浅［1991］pp. 17-28とレオン［1973］pp. 204-212（ゾンバルト説に対して非常に批判的である）に展開されている．
6) 権力によって統制される市場が支配的であったのが前市場社会である．ユダヤ人の経済的活動に関しては，邦語文献でも比較的豊富である．市場社会にいたるまでのユダヤ人の経済的活動を概観しておこう．ユダヤ民族は，古代から商

人として，ヨーロッパ文明とイスラム文明との仲介役を果たしてきた．とりわけ，遠隔地貿易（特に，バルト海沿岸⇔地中海沿岸）を独占してきた．中世ヨーロッパにおいて各地の封建領主の領地内では自給自足の経済活動が支配的であり，国民市場が欠如していたが，遠隔地を結ぶ貿易は存在しており，それを担った人々のうち，ユダヤ民族が代表的であった．わけても，ユダヤ人の抜群の外国語能力と国際的情報・ネットワークは特筆すべき機能を果たし，宮廷における外交・通訳担当者として権力への接近を果たしていた．ユダヤ人は，封建制下では，3身分（貴族・僧侶・農奴）の外に排除された代表的存在であったが，彼らはヘレニズムの恩恵を受けて，教養が高かったので，財務官・収税官・銀行家（高利貸し）として，宮廷の中枢に組み込まれていた．

第XIII章

進歩史観の成立
――ヨーロッパ人に固有の強迫観念――

I　はじめに――勝者の論理としてのヨーロッパ中心史観――

「歴史」とは，たんに過去の出来事を叙述したものではなく，ある特定の立場から見た「解釈」である．歴史が解釈である以上，ただひとつの「正しい」歴史があるのではなく，解釈の幅に応じて，これまで人類は無数の「歴史」を抱え込んできたはずである．しかし，今日まで生き残ってきた「解釈としての歴史」には，せいぜい二つの流儀しかない．それは，ヨーロッパ中心史観と中華史観である[1]．

この二つの歴史観のうち，中華史観が非常に限定された地域でのみ存続するばかりとなったので，ヨーロッパ中心史観は，今や，唯一のスタンダードとして全世界を覆いつくさんばかりである．ここでいうヨーロッパ中心史観とは，簡潔には，① ギリシアの哲学思想を自らの起源とみなし，② キリスト教思想による直線的な流れという歴史観を基礎に，③ 19世紀に世界を政治的・経済的に支配するまでにいたったヨーロッパの歴史的過程を理念化・段階化して，④ 自らを最高の段階に到達した文明であると評価すると同時に，その他の非ヨーロッパ的世界を劣位にある文明と位置づけた歴史観である．

しかし，中世までの時点では，単一の歴史観が地球を覆いつくすことはなか

った．15世紀の時点で，複数の文明圏が存在していたのであり，それぞれに歴史観が存在した．

　なぜ，生き残ってきた歴史観がひとつであり，なぜ，それが（ここでいう）ヨーロッパ中心史観なのか．

　これまでの「歴史」は，基本的には，異なる集団（部族・民族・国家あるいは文明など）間での征服と支配の歴史である．そもそも「歴史」とは，対立を事とする文明の所産である．対立を事とする文明が世界を支配してきたし，支配している[2]．文明は対立するものであるというこの見方は，ヨーロッパ（その延長世界であるアメリカも含めて）文明の中で育ってきた．もし，このように文明どうしの相対するあり方が対立でしかないとすると，最終的には，この関係は，単一の文明がその他の文明を支配して終焉するか，あるいは端的に，滅ぼして終焉する．事実，16世紀以来，世界で起きたことは，ヨーロッパ文明という単一の文明がその他の文明を滅ぼして，支配者に君臨するまでにいたる過程であった．

　なぜ，かかる単一の価値観が世界を覆いつくそうとしているのか．最も優れた思想だから世界に広まったのか．そうではないと思う．勝者の思想であったから，「優れた思想」として確立した．「歴史」が過去の解釈であるとすると，過去を解釈することが許されるのは，征服者のみである．征服者による自己正当化の作業こそが「歴史」であるといえる．従って，今やヨーロッパ文明が全世界を覆いつくしているのだが，だからといって，「正しいから勝った」，つまり，「それが正しく，優れている思想だから，それは世界に広まった」とは直ちにいえない．「勝ったから［結果的に］正しい［と見なされている］」ということかも知れないのである．非ヨーロッパ人であるわれわれは，彼らヨーロッパ人が「勝っていく」過程を冷静に振り返りたいと思う．

　このヨーロッパ中心史観は，上記のように勝者たるヨーロッパ人によって形成された歴史観である．その限りで，①　ヨーロッパによる世界征服を（意識的あるいは無意識的に）正当化する狙いがあり，②　勝利者たるヨーロッパ人の優

秀性と，他民族に対する優越性を（意識的あるいは無意識的に）証明する狙いがある．

本章では，次のことを見ていく．
① かかる思想が特異な性格，つまり，進歩という思想（直線的な発展観・個別主義・相互対立観）を，従って，その結果として，力による征服と支配を肯定する哲学を持っていること．
② 16世紀以降のヨーロッパによる世界征服を（意識的に，あるいは，無意識的に）正当化する目的を持っていること．
③ ヨーロッパ民族の選民性・優越性をうたいあげる思想（＝自己中心性・ヨーロッパ至上主義）であること．

Ⅱ 16世紀：《新世界の発見》——《神の国》の此岸化の予感——

アウグスティヌスが打ち立てたキリスト教的歴史観は，起源から終末までの直線的な進展というユダヤ教的な歴史観の影響下にあった．従って，この考えによると，人間は終末を迎え，絶対神による最後の審判を受ける[3]．しかし，中世まで《神の国》は彼岸にしか存在しなかった．14世紀の黒死病（ペスト）の流行による膨大な数の死者を思い起こすまでもなく，当時のヨーロッパの厳しい現実を見れば，中世ヨーロッパ人たち自身，《神の国》がこのヨーロッパに現存しているとは思えなかったはずである．

すでに11世紀末から13世紀における十字軍による南方侵略活動で見たように，ヨーロッパ世界が確立すると，ヨーロッパ人は，早速に物的富を目ざして，外部世界へと征服活動を開始していた．キリスト教の布教と結合した，かかる軍事的征服が，16世紀にはいると，大きな果実をもたらし，ヨーロッパは一転して恵まれた運命を享受するようになる．《新世界》，すなわち，南北アメリカ大陸の獲得である．16世紀以降，新たに獲得した《新世界》で収奪した金銀財宝がスペインになだれ込み，それがヨーロッパでの急激な需要増大とその結果としての物価騰貴を引き起こしたからである．かかる需要の波及によっ

て西ヨーロッパ諸国で《価格革命》が展開し，急激に物質的に豊かになっていった[4]．

この16世紀に突如到来した物質的繁栄は，ヴォルテール（1694-1778）の『風俗史論』では，次のように描写されている．…真の哲学は16世紀の末ころにやっと人々の目に輝き始めた．その時代には国内の治安はずっと良くなった．戦争の仕方や武器もまるで違っていた．衣服もまたまるで違っていた．富が増えたといっても，16世紀初めのフランスでは，馬車はまだ皇后と寵姫のための2台しかなく，貴婦人も皇女も馬の尻に乗って旅をし，雨が降るとロウ引きのマントをかぶった．パリの街にあるのは，ただ木と漆喰の茅屋だった．フランスの金銀細工もまだ粗野なものだった[5]．

《発見の時代》以降の「濡れ手に粟」の《新世界》の獲得によって，ヨーロッパ人は，一転して，凄まじい（と感じた）ほどの富を得て，至福の状態にいたったことが，上記の引用でもうかがえる．この過程は，それまで絶対神の摂理を彼岸のこととして内省的に把握していたのを，一転して，《神の国》は此岸化（＝この現世界において実現）するのではないかと考え始めたことにほかならない．この此岸化するかもしれないと予感したことの基礎は何か．その最大の現実的基礎こそ，《新世界》の征服とそれがもたらした富であった．

16世紀初頭以来の南北アメリカの開発によって実現した16世紀後半の物的繁栄こそ，当時の人々に，今は前時代とは隔絶していて，われわれの状況は以前より良くなっているという観念を与えた．つまり，このわずか数十年での隔絶した経済的繁栄こそ，やがて，一連のヨーロッパ的な，強烈な自意識の肯定的表現，すなわち，進歩・文明・進化という観念を生むことになる．

Ⅲ　17世紀：科学的知識の蓄積としての《文明の進歩》──科学革命と新旧論争──

17世紀前半には，すでにさまざまの形式で，進歩の観念が生まれていたが，これらは科学技術の知識の蓄積に着想を得ていた．従って，進歩という観念の

形成においては，17世紀の科学革命の意義が大きかった．進歩の観念はこの時期に，まず知識における無限の連続的進歩の観念として確立された．パスカルは1653年に「人間は無限のためにのみつくり出された」ものであり，すべての世紀を通じて存続する人類は，「つねに存在し，絶えず学んでいく一人の人間と見なされねばならない」と書いていたが，これこそ知識における無限の連続的進歩の観念，その最初の明確な表明であった[6]．

17世紀前半は不況期にあたる．しかし，後半は，コルベールの保護主義的だが，積極的な産業政策によって，フランスは経済的な強国となった．特に1650年代以降，フランスは，西インド諸島における砂糖プランテーションを発達させ，生産量と貿易量を急速に拡大させた．フランスは，17世紀中に，南北アメリカ，西インド諸島，西アフリカ，東インドにわたる広大な植民地帝国を建設することに成功した[7]．

経済強国となったフランスの経済的基盤の上に，ルイ14世の絢爛たる宮廷生活に象徴される繁栄が築かれた．ここから「文明の進歩」という新しい観念が生まれてきた．シャルル・ペローは1687年に『ルイ大王の世紀』と題する自作詩を朗読したが，この中で，彼は，16世紀中ころには「おそらくパリに1ダースの豪華な幌付き四輪馬車も，1ダースのつづれ織りもなかった．今日[1687年]ではすべての家がつづれ織りで飾られ，道路は車で大混雑だ」と，16世紀後半から17世紀に至る百数十年間に起きた急激な富裕化を賞賛した[8]．ところで，このペローの詩が発端で始まったいわゆる新旧論争において[9]，近代派は，現代（当時）の作家は古代の作家に勝ると主張したが，この論争の産物として，文明は無限に進歩するという，近代的進歩観が出現した．近代的な進歩の理念とは，「文明は過去において進歩してきたし，今も進歩しているし，無限の未来に向けても進歩し続けるであろう」という信念である．かかる信念が最初に表明されたのが，1688年，近代派のひとりであるフォントネルによってであった．ベルナール・ド＝フォントネルによると，「すべての世紀の人間」は「世界の始まりから生きてきた，ただ一人の人間」であり，「一つの優

れた啓発された精神は,いわば先立つ諸世紀のすべての精神で構成されており,ひとつの同じ精神がその間中自らを培い育ててきた」ようなものであった[10].

「文明の進歩」という観念が生み出されるに当たっては,文明を個人の成長になぞらえるというメタファー(複数のものを内的・外的属性の類似によって同一化する技法)が使われている.フォントネルもそうだったし,さらに,哲学者ブレーズ・パスカル(1623-1662)もまた,文明は,あたかもひとりの人間が誕生から成人にまで成長していく様を投影したものだと発想していた.つまり,科学革命において実現した知識の蓄積を背景に,文明をひとりの人間の成長になぞらえた(メタファーを使った)のである.進歩の観念は,科学技術(つまり,知識)の進展が生み出し,個人の成長へのメタファーが補強した.それを図式化すると,次のようになる.

　　科学革命＋人間の成長へのメタファー＝文明の進歩という観念

ここでは,あるひとつの抽象的なもの(ここでは,文明)が,メタファーによって個人(個体としての人間)になぞられて意味づけられる(ここでは,進歩観念の生成)という,ギリシア哲学以来のヨーロッパにとって自家薬籠中の手法が使われていることに注目したい.

進歩に関するこの近代的理念は,進歩し続ける無限の未来を想定しているという点で,古典的循環というギリシア哲学に対しても,絶対神の摂理(最後の審判を想定している)というキリスト教歴史観に対しても,それらの歴史の拒絶であり,アンチ・テーゼであった.つまり,この17世紀末の時点で,無限に進歩するという近代的進歩観が出現したことは,それ以前の古代的・中世的進歩観からの断絶を意味した.「最後の審判」という観念から決別したのである.

ヨーロッパ人は,この時点で,絶対神の摂理というキリスト教的理念は手放さなかったが,「最後の審判」はもう信じていなかった.つまり,直線的な発

展というユダヤ・キリスト教的な歴史観の核を残したまま，歴史はいつか終焉するという「最後の審判」の教義は放棄したのである．もはや《神の国》を此岸化したという自信のなせる業であろう．[11]

Ⅳ 18世紀：《自然》の成長としての《進歩》——ヨーロッパ優位の自覚としての啓蒙思想——

17世紀に成立した《進歩》とは，「文明の進歩」という観念であった．《進歩》とは，現在では，人間の精神・文化・社会などにおいて，より完全な状態へ向かって向上していく継続的な前進であると考えられよう．この意味での進歩が人類史に関して自覚されて，「人間の進歩」という意味を持つようになったのは，啓蒙思想が現れた18世紀以降であった．それが現代人も保持している《進歩》の観念の原型であった．

ニスベット（[1987]『歴史とメタファー』）が，古代ギリシア以来の《自然（フュシス）》という概念を使用して，18世紀における《進歩》という観念の展開を説明している．彼によれば，啓蒙思想家たちはギリシア思想の自然（フュシス）を復活させたのである．

18世紀のヨーロッパで，《自然》という言葉に特別の意味が加わった．もともと古代ギリシアの哲学者たちは，自然的なものと単なる慣習的なものとを区別しようとし，慣習によって葬り去られた自然なものを見つけ出すことができるのは理性によるという理由から，自然なものと合理的なものとの間の類縁性が強くなっていた．この類縁性は18世紀の啓蒙哲学においても強く意識され，単なる現象（歴史的慣行から強制された人間の生活を支配している非合理的な慣習・習慣など）から実体（社会哲学者と道徳哲学者が自然の根底にあると見たもの）へと突き進むのは，デカルトが明らかにしたように，理性によってのみ可能であった．「自然に敵対し，理性に反する」制度は，特に18世紀においては，啓蒙的諸勢力が支配的になるとただちに廃止さるべき運命にあることを

意味した．つまり，ここでは自然とは，万物が本来持っている《成長する》という本質を指しているのだから，このような自然という言葉の用法は，ギリシア哲学者たちがフュシスに与えた意味の大部分が復活したことを意味する（ニスベット［1987］, pp. 191-192[12]）．

しかも，啓蒙思想家たちによれば，《自然（フュシス）》，すなわち，本来あるべき発展が何であるかを明らかにできるのは理性によってのみ可能だった．つまり，理性に対する絶大な信頼があったのである．換言すると，理性によって，種々の事物（物質界，有機的生命，理念，制度など）の《自然史》を明らかにすること，これが18世紀後半，西ヨーロッパのきわめて多くの哲学者たちの目標となっていた．この研究方法は，raisonné（理性的な・理論に基づいた）とも呼ばれ，非常に高度な方法とされ，具体的な場所，時間，人物に関する歴史にすぎない慣習史とは厳密に区別された（ニスベット［1987］, p.194）．つまり，《自然》史とは本質史であり，具体的な事物の歴史は現象史だと見なされた．

ここにいたって，《自然（フュシス）》の概念は，理性の発展と同義となった．それを前提に歴史を見ると，ルネサンスとデカルト以来，ヨーロッパはこの理性の発展の面で飛躍的に向上したのだから，他民族が理性の面で劣っていることは歴然としているのであり，これこそ，ヨーロッパの優位を証明していると，啓蒙思想家たちは考えたのである．つまり，進歩の観念は人間精神の進歩が支えたのだから，進歩が適用されるのはヨーロッパに限定された．これこそ，非ヨーロッパ文明に対する無知と蔑視の源泉となった．

　18世紀における進歩の観念は，人間精神の進歩の観念をめぐって，しばしばこれをてことして展開した．…人間精神の進歩とは何か．それはさまざまな人間の能力のうちで感性をも想像力をも問題にせず，ひたすら理性の発達と，それに伴う諸科学の進歩に着目するものであった．…進歩主義者たちは，…人間

精神がルネサンスあるいはデカルト以後飛躍的に進歩したと考えたが，…彼らのように理性の発達，諸科学の進歩という観点をとる以上，一様にこのような結論が導かれるのは当然であった．また，彼らがすべて非ヨーロッパ圏に対するヨーロッパの優越を確信し，進歩はヨーロッパにのみありえたと考えたのも当然であった．すでに前世紀末にフォントネルは，古い文化をもった大国シナに対するヨーロッパの優越を初めて主張したが，そのヨーロッパ優越の根拠は，科学と「文明」であった．…ヨーロッパ近代にのみ進歩を認め，その完成された価値を絶対視するこの思想は，当然，非ヨーロッパ圏の文化に対する無理解と蔑視を生んだ．チュルゴにとっても，コンドルセにとっても，非ヨーロッパ圏のあらゆる文化は，未開からヨーロッパ近代にいたる文化の歴史的発展の各段階のどれかに必ず該当するはずであった．…非ヨーロッパ圏を教化し善導するという名目が，いかに多くの悪を隠蔽し続けたかを，われわれは忘れることができるであろうか（赤木昭三［1980］「フランスにおける進歩の観念―パスカルからコンドルセまで―」德永恂編『社会思想史―「進歩」とは何か―』，pp. 28-31）．

進歩とは，人間一般の向上を意味していなかった．あくまでも，ヨーロッパ人の向上を意味したのである．では，いかにして，それを証明しようとしたか．他民族との比較研究こそ，その証明に役立つと考えられた．

18世紀になると，ヨーロッパ民族は自らの文明の発展に大いに自信を持ち，ますますその優勢の確信を得ることに腐心した．他民族の状態に多大の関心を払い，熱心に研究し始めた．「18世紀の，とりわけフランスにおいて，比較的方法のこうした原型は，文明の進歩の理論を支える手段として大きな人気を獲得していた．最も素朴で原始的なものから最も文明的なもの（当然，西ヨーロッパということになるが）にいたるまでの，世界に現存するすべての文化は，人間の進歩の概念的なパノラマのうちに整序されると考えられていた」[13]．つまり，世界の諸民族を研究すれば，ヨーロッパ人が世界最高峰に到達しているこ

との証明となると考えられた．世界の諸民族研究は，ヨーロッパ至上主義の証明手段であった．

18世紀の「啓蒙の時代」以降の思想史において，日本人がかかる理念を「人類全体の発展」として賞賛するのはあまりにナイーブすぎる．非ヨーロッパ人はこの「人類」の中に入っていないからである．人間というカテゴリーから非ヨーロッパ人を排除し，ヨーロッパ人のみに適用したから，ヨーロッパ人は，自分たち人間の進歩を証明できたと信じることができた．人間をヨーロッパ人に限定したからこそ，「人間の進歩」が成立したのである[14]．

V 19世紀：進化論となった進歩思想——社会進化論の絶頂期——

19世紀において，進歩の観念が，社会進化論として結実し，その頂点を迎えた．社会進化論とは，一定の方向に向かって社会が歴史的・必然的に変化・発達することを主張する説である．社会進化論の代表的論者は，ハーバート・スペンサー（1820-1903），フェルディナント・テンニエス（1855-1926），エミール・デュルケーム（1857-1917），タルコット・パーソンズ（1902-1979），W.W.ロストウ（1916-）などである．自然史の理論の基礎にあった，歴史的変化の自然本性をめぐる諸仮定が19世紀の社会進化論に直接に移行した．その場合，採用されたのが比較という方法であり，他民族・社会とヨーロッパ人・社会を比較することによって，ヨーロッパ社会の進歩性を「証明」しようとした．18世紀における進歩の観念（特に《自然》史の観念）から，19世紀における社会進化論の段階論という理念にいたるまでの道のりは遠くなかったのである．

実を言えば，現在でも非＝西洋文化の研究において広く用いられている分類体系は，19世紀の比較的方法から直接に由来するものであるのだ．これらの体系は，「進歩的な」民族を「非＝進歩的な」民族から（あるいは，現在ではより一般的であるのだが，「近代的な」民族を「相対的にしか近代的でない」または「非＝近代的な」民族から）区別する基準として，18世紀にフランスの知識人た

ちが発見し，19世紀に社会進化論者たちが進化論的比較の枠組みの中に概念化した自己同一的特質—技術，個人主義，世俗主義等—を誠に大いに採用している．…［進化論者たちによって使用されているヨーロッパを先進世界，非ヨーロッパを後進世界とする基準は］今日選ばれる用語が何であろうと，…どれもこれもその意味を私が指摘した基準に負っている．その基準は，西洋において200年前に，改革者たちや革命家たちが西洋文化をその中世的な遺産から解放しようとし，そうしながら自分たちのために進歩的発展なる力強い理念を徴募した時に，初めて知的優位性を得たものである（ニスベット［1987］, p. 98）．

18世紀フランス啓蒙思想家たちが，近代と非近代という基準を作り，その基準を使って段階論的な歴史観を作成し，ヨーロッパを最高段階に祭り上げることによって，ヨーロッパ至上主義の基礎を形成した．ヨーロッパ人たちが自己分析のツールとして使ってきた用語（個人・人間・自由・民主主義・平等など）そのものがヨーロッパ至上主義を確立し，支える「装置」となっていることがわかる．比較的方法によってヨーロッパは諸民族の頂点にいることが証明され，普遍的な進歩の到達点に位置することが確認されたので，他民族虐殺さえも近代化の理由の下に正当化された．

比較的方法とは，たんに時間的変化の進歩的性格—すなわち，単純で差異化されていないものから，複雑で高度に差異化されたものへのその運動—ばかりでなく，西洋のいわゆる進歩した位置をも支持する手段であった．というのも，西洋社会の批判者たちがそれについて何を述べようとも，改革や革命がそのさらなる発展のためには必要であるにしても，文化の進化的階層の頂点にあるその地位を西洋から取り去ることは誰にもできなかったからである．同じ理由で，非＝西洋的諸民族を，たんに異国的なまたは特異なものとしてだけでなく，普遍的なものと考えられた進化論的発展の，低次の段階を反映するものとしても分類することができた．従って，「世界のより未開の部分」において，西洋の奴

隷貿易商人たちや宣教師たちや植民地行政官たちが行った多くのことを大目に見ることもできた．というのも，短期的に見て彼らの行為が人道主義者の意識からして強欲なものに思えたとしても，この同じ行為が，長期的に見れば，こうした民族が近代性に向けて発展する，すなわち，近代化へと加速することを急がせる手段ともなりえたからである．それ故マルクスは，インドについてのいくつかの論文の中で，東インド会社によるそこでの略奪に対して祝福を与えた．それは，略奪が一見していかに不快なものではあっても，にもかかわらず長期的にはインドの進歩にとって必要なものだったという根拠に基づいていた（ニスベット［1987］, pp. 264-265）．

《進歩》とか，《人間》というのは，ヨーロッパ人が自己正当化の過程で使用してきた言葉である．当初は，かかる言葉から，非ヨーロッパ人は排除されていた．それこそが，ヨーロッパ中心史観の真骨頂である．というよりも，むしろ，非ヨーロッパ人を貶めることで，自己民族の尊厳を確立してきた．このようなヨーロッパ中心史観の大団円が，19世紀に完成を見た社会進化論であった．

社会進化論者は，まず抽象的な社会的実体が存在すると認める．そして，その社会的実体は変化する（フュシスを持つ）と考える．そのうえで，ニスベット（［1987］『歴史とメタファー－社会変化の諸相－』なお，引用文は，一部要約されている）は社会進化論の核となる信念について，次のように，以下の6項目を挙げる．

① その変化は自然である

著名な発展理論（コント，ヘーゲル，マルクス，スペンサーなどいろいろ）において，実在物（広義の文明，既存の制度，文化形式など）について，歴史における自然的発展は自明であり，進行中の変化の根源を，当の実在物を構成する鍵となる諸力の中に示すことが大事となった（同上書, pp. 221-223）．

② その変化は指向的である

どの事例においても―一例外なく―進化論者によって見いだされた変化の指向性は，西ヨーロッパだけに保持された特質群へと向けられた…．…ここで明らかにされた発展論のいわゆる普遍的類型の中に，自民族中心主義的な（エスノセントリック）含みがあることを見逃すべきではない（同上書，pp. 256-226）．

③ その変化は内在的である

理論としての社会進化論は実在物の研究において前提されていたのであり，人間の地理的および歴史的記録の総体においてではなかった．宗教，財産，血縁関係，経済といったさまざまな制度の中に，成長を生じさせる力が存在すると主張した．…［ライプニッツの］後世の思想家たちは，…あらゆる構造や実在物［ただし，ヨーロッパ的という限定がつくが］のうちには，内的構成から生じる時間的成長の類型があるという彼の命題を喜んで保持した．…18世紀の哲学者たちにとって，不明確な人間の進歩を確実なものにしたのは，それが人間の外部にある勝手な，または，偶発的な要素ではなく，人間の内部にある諸力によって生じたという事実であった（同上書，pp. 226-227）．

「進歩を起こしたのはあくまで自分たちの内部にある」というのだから，ヨーロッパ中心主義（人種的優越感）の大事な核となる信念である．当然，歴史の理解において，騎馬民族の来襲のような外部的な要因は低く評価される．もし，進歩の動因がヨーロッパ内部にあるのなら，そのことによってヨーロッパ人の優秀性は証明されるだろうし，非ヨーロッパ人を征服・支配・搾取したことも過小評価され，後景にと追いやられる．ひいては免罪される．これまでの日本における主流の歴史学も「進歩の原因はヨーロッパ社会の内部にある」という，この信念に忠実に倣っている．ヨーロッパ人たちがかかる内在性を前面に立てて押し出してくるからこそ，歴史における ① 騎馬民族の来襲，② 南北アメリカの征服という「外部的な要因」の意義をきちんと述べなければならないのである．

第XIII章 進歩史観の成立 243

④ その変化は継続的である

諸民族の実際の歴史のなかで，固定や逆転や，逸脱についていかにしばしば証言されようとも社会動態学の研究は，変化—自然的ないし標準的な—の継続性の仮定に立って進められる．マルクスもまた，生成的継続性の徒であった．…『資本論』の本質的な主題は，イギリスないしは他の諸国民の現実の歴史ではなかった．それは彼のいう「自然史」，つまり資本主義という実在物ないしシステムの自然史である．このシステムとは，彼自身も率直にいうように「経済的カテゴリーの人格化，すなわち，特定の階級関係と階級利害の具体化」によって彼の構成したものである（同上書，pp. 234-234）．

⑤ その変化は必然的である．

概念上の依存関係が連続的な段階にあるから，［一定のシステムが発展するのは］必然的であるという主張になる．必然性とは，要するに，論理的必然性である．…19世紀の社会進化論的な意味で必然性を論じるとき，…いわば事柄の全体性から抽象された実在物を論じている．マルクスの資本主義も，…抽象的現実性，自律的な構造的存在である．…すべての社会進化論者たちにとって，必然性とは，彼らが変化の学問的理論と考えたものの重要な要素であった（同上書，pp. 236-239）．

⑥ その変化は斉一的原因から生じる

ここでいう斉一性とは，…進化に伴う変化の根本的原因の画一性（uniformity）をいう．…ダーウィンの『種の起源』で本当に新しいのは，生物学的進化の理念ではなく，生物学的進化が過去においても現在においても未来においてもいつでも機能する唯一で斉一的な過程—自然選択—によって説明できるとする議論だった．…斉一性は社会進化論の中で最も説明しがたい要素である．…斉一説は進化論の他のどの要素よりも，外的操作をその本質とし「大変動」の連続をその筋書きとする理論に対する理想的な攻撃拠点であった（同上書，pp. 241-243）．

つまり，あくまでもヨーロッパの社会発展は内在的な理由によるというヨーロッパ至上主義からすると，その発展を促す動因はヨーロッパの内部ならどこ

にでも見られる斉一性が不可欠だった．

　斉一説は18世紀の自然史論のなかでも有力なものであった．…彼ら［スミスやルソー］はそれぞれの発展を現に進行している斉一的な原因から説明している．スミスにとっては，発展の斉一的な原因とは競争であった．ルソーにとっては，文化の歴史的発展を説明するのは，絶えず働き続ける人間の悪徳—貪欲・野望など—であった．局的で斉一的な闘争の観念を発展的変化の研究に最も用いやすい形式で提示することに寄与したのは，イマニュエル・カントであろう．…「人間のあらゆる能力の発展を引き起こすために《自然》が採った方法は，彼らを社会の中で敵対させることであり，このことが結局，人間の法的秩序の原因となる」．…内面的要素どうしの局地的な闘争や緊張が社会進化を誘発する根源だとする着想は，19世紀に普及することになった（同上書，pp. 245-246）．

　かかる「内面的要素どうしの闘争」の例として，①マルクス→私有財産・社会階級の発生を起源とする闘争（**階級闘争**），②トクヴィル→平等と業績という二つの価値の闘争（**平等への闘争**），③コント→人間的欲求・野望への衝動が挙げられている．つまり，社会進化論の根底にあるのが，個人間の闘争の観念である．これこそが，斉一的に（どこでも，同じように）存在して，進化の動因となると社会進化論では考える．これこそが，ヨーロッパ人の世界観・人間観に最も適合するのだと思われる．なぜなら，ヨーロッパ社会には，彼らの世界観にお誂え向きの（たたかう）「個人」はどこにでもいるし，個人間の闘争は，彼らの感覚ではどこにでもある（斉一的）からである．斉一説は，この基盤となる世界観（＝**個人間の闘争**）の反映であり，事後承認であり，正当化にほかならない．一方，斉一性が欧米の社会観の根底にあるということが，現在のグローバリズムの押しつけがましい拡散を説明している．
　誠に社会進化論は，ヨーロッパ至上主義の最たるものといえる．この理論は，

ヨーロッパ人の来し方・行く末に対するヴィジョン，征服・支配・搾取などという言葉で表現できるヨーロッパ人のつきあい方（＝個人間の闘争）を忠実に反映し，かつ，正当化している．

VI 小 括

進歩に関する観念が形成され始めた17世紀には，次の3点が主張された．

① 古代に対して近代が優越していること（＝新旧論争）
② 科学的経験の累積が進歩の原因であること（＝科学革命）
③ 人類の発達と個人の発達とを同一視できること（＝成長のメタファー）

さらに，18世紀になると，啓蒙思想において，進歩に関する思想は次のような意味がつけ加えられた．

④ 人類を無限において完成する一つの偉大なる存在とみなすこと（＝《自然（フュシス）》の再発見）

ここまではいわば抽象的な進歩論であるが，19世紀には，その本質的な性格が現れてくる．他者との比較によって，ヨーロッパが進歩の「最高段階」であることを証明しようという強烈な欲求である．すなわち，19世紀の社会進化論において，次のように，ヨーロッパ社会が人類の最高段階にあると，ついに主張されたのである[15]．

⑤ ヨーロッパ固有の価値観（＝自由・個人主義・民主主義など）を基準にして，人類のさまざまな社会を序列化できること（＝社会進化論）

つまり，諸文明の中で，ヨーロッパにおいて成立した文明こそ，歴史上最高

の段階にあるという,ヨーロッパ至上主義である.このような19世紀の社会進化論において,進歩の思想は,ひとつの頂点に達した.ここでは,「ヨーロッパ固有の」とも形容すべきローカルな性質・構造・状態を基準にして,世界の諸民族・社会を分類し,他の民族・社会を,最高段階(ヨーロッパ社会)へといたる道の途中の段階として評価づけている.

注意すべきは,16世紀ヨーロッパにおいて明確な形を取り始めた《進歩》思想は,「昔から時を経るに連れて,人間は全体として進歩してきました.めでたし,めでたし」という単純・無味乾燥で,中立的な考え方ではないことである.「16世紀以降,ヨーロッパ・白人キリスト教徒のみが,人類の最高の段階に到達した」ということを証明(=主張)するための強烈な自意識(私はそれを《ヨーロッパ人に固有の強迫観念》と呼びたい)の発現にほかならない.その限りですぐれてナショナルな(民族的)性格を持っている.ヨーロッパ人が「人類は進歩してきました」とその人種的偏見を隠して臆面もなく述べるのは,その強迫観念からして仕方がないだろう.しかし,非ヨーロッパ人が,実は自分たちはこの「進歩」してきた人間の中に(ヨーロッパ人の理解では)含まれていないにもかかわらず,同調して,「進歩はいいことです」と賞賛するのは滑稽ではないだろうか.

注)

1) ここまで何度か言及してきたが,この考え方を最も典型的に打ち出しているのが,岡田英弘である.彼によると,数ある諸文明は,歴史を持つ文明と歴史を持たない文明に分けられ,さらに,これまでの人類の歴史で,歴史を持つ文明は,地中海文明(ギリシアから始まり,今日のヨーロッパにまで綿々と続くと称している)と中華文明の二つにすぎないと言う.シナにおける「歴史」は,激しい王朝の交替とそれによる「正統性」絶対視という特徴を持っている.漢の時代に司馬遷(およそ前145-前86)によって『史記』が書かれた.この書物では秦を打倒した漢の「正統性」を確立することが目的とされた.この『史記』こそ,それ以降の漢民族の歴史観を決定した.シナにおいては,漢民族が

いつの世にも支配的な民族であったのではなく，北方・西方遊牧民族による異民族支配が繰り返し実現した．支配層が漢民族と北方・西方の異民族との間でめまぐるしく，かつ，激しく交替する中で，歴代王朝はその支配の「正統性」を主張することが重要となった．その「正統」の継承による支配の「正統性」の主張こそ，「[易姓] 革命」の論理にほかならなかった．

いかなる政治勢力でも，実力だけでは支配は不可能であり，被支配者の同意を得るための何らかの法的根拠が必要である．中国世界では，そうした根拠が「正統」という観念である．唯一の「正統」（中国世界の統治権）が天下のどこかに常に存在し，それが五帝から夏に，夏から殷に，殷から周に，周から秦に，秦から漢に伝わった，というのである．この「正統」を伝えることが「伝統」である．「伝統」の手続きとしては，世襲が原則である．五帝は黄帝とその子孫であり，帝堯は帝舜に，帝舜は禹に「禅譲」したのだから問題はない．問題は武力で夏を倒した殷の湯王と，殷を倒した周の武王がどうして「正統」を承けたと認められるかである．これには，王朝の「徳」（エネルギー）が衰えると，「天」がその「命」を革（あらた）める（取り去る，「革命」）．そして新たな王朝が「天命」を受け，(「受命」)，それに「正統」が遷る，という説明がつく．…こうした古い都市国家の王族は問題が少ないが，高祖劉邦のような全くの庶民が建てた漢ともなると，正統の根拠としては専ら，天命を受ける「受命」，天命が革まる「革命」の理論に頼らざるを得ない．…後世の歴代王朝も，漢に負けず劣らず，前代の王朝から「正統」を引き継いだことにして天命の保有を立証する必要に迫られて，「禅譲」の形式を装ったり，前代の帝権を象徴する遺品を誇示したり，「革命」，「受命」の正当化に苦労したのであった．…台湾問題で，大陸の中華人民共和国が一国一政府の原則を絶対に譲らず，中華民国の国号と国旗の廃止を要求し続けているのも，「正統」は常に一つしかないので，他に対等の中国人の国家が存在することを認めれば，中華人民共和国自体が「正統」の政権ではなくなり，従って，存立の基盤を失うことになるからである（岡田 [1992]，pp.83-85）．

2) 最近の話題の書物であるハンチントン（[1998]『文明の衝突』）を始め，文明論はシュペングラー以来約100年の伝統がある．本書では，特にトインビーの大著 [1969-1972] の中にある《人間番犬》論などに依拠してきた．最近の出版物として，フクヤマ [1992] が《気概》を根底的な動因とする歴史解釈を提出している．日本では梅棹 [1996]，村上 [1998]，川勝 [1997] などがヨーロ

ッパ型の進歩史観にとらわれずに，文明論を展開している．

3) 後述するように，現代社会に支配的となったヨーロッパ中心史観は，直進的な進歩の思想をその根幹に据えており，最後の審判は前提としていない．近代ヨーロッパ思想では，人間（といっても，ヨーロッパ・キリスト教徒のことだが）は無限の進歩を遂げるのである．無限の進歩という観念こそ，ヨーロッパ近代の産物である．進歩の観念は，近代科学の驚異的発展とそれを可能にしたヨーロッパ文化に対する絶大な自信が支えている．

　　進歩の観念は，ヨーロッパ近代が創造したもっとも重要で，また，もっとも問題の多い観念の一つである．…コンドルセにいたるまでこの観念を支えたものは，つねに近代科学の驚異的発展とそれを可能にしたヨーロッパ文化に対する絶大な自信であり，その意味でこれは，ヨーロッパ的価値と普遍的価値の一致が信じられた幸運な時代の産物である（赤木昭三［1980］「フランスにおける進歩の観念―パスカルからコンドルセまで―」『社会思想史―進歩とは何か―』徳永恂編，弘文堂，p.3）．

4) 16世紀の物価急騰現象は，たんに価格が急上昇しただけでなく，《価格革命》と呼ばれるように，大量の金銀がスペインへもたらされた後，イギリスやフランスなどの西ヨーロッパへと波及して，長期的な好況を引き起こしたことを指している．なお，一般的には，「物価上昇の第一原因は，この時期の急速な人口増加によって生じた需給の不均衡のうちにもとめられるべき」だとされている（服部春彦［1996］「アンシャン・レジームの経済と社会」『世界歴史大系　フランス史2』［柴田三千男・樺山紘一・福井憲彦編，山川出版社］，p.24）．

5) 赤木［1980］p.18による．

6) 同上書，p.5．

7) 服部［1996］，p.47．

8) 赤木［1980］，p.8．

9) 篠沢秀夫［2001］『フランス文学案内』（増補2版，朝日出版社），pp.398-399．

10) 赤木［1980］，pp.6-7．

11) しかし，個人の成長になぞらえて，文明の進歩を設定すると，個人は必ず死ぬのであるから，無限に進歩するという想定は成り立たなくなる．従って，知識の蓄積として文明を理解したとき，つまり，文明のメタファーとして（個人

第XIII章　進歩史観の成立　249

ではなく）科学の発展を使ったときに,「無限の進歩」という想定が可能となった.

12) 18世紀フランスの啓蒙思想家において《自然（フュシス）》がその古代ギリシア的な意味を持って復活したというのは，その後のヨーロッパおよび世界の革命運動において，重要な契機となった．近代における革命正当化の論理の源泉，そのひとつがここに誕生した．なぜなら，「抽象（社会）的実在を認め，それがフュシスを持っているとみなす（＝つまり，有機体と見なす）」ことと，社会（従って，社会的実在）は人間が合理的に改変できると考えること（＝革命正当化の理屈）は，ほんのちょっとの距離しかないからである．

13) ニスベット［1987］, p. 255.

14) 18世紀末の啓蒙思想家コンドルセ（1743-1794）は，その『人間精神進歩の歴史的概観』によって進歩の観念の形成に大きな役割を果たしたが，彼の「西欧文明中心意識の残虐性」に関して，故・中島顕治は次のように書いている.
　　西欧人が文明の進歩を唱えると，つまりヨーロッパ人の頭の中で西欧文明中心意識と人間完成可能性とが結合されると，その複合体は―それが仮説と願望と無知な思い込みによって成っているにもかかわらず，いやそれゆえ―非文明と非進歩のすべての形態を，しかも西欧の過去のそればかりでなく，西欧以外の国々や民族のそれも，殺害するに至る．さばかりか彼らはその殺害をまったくの無邪気さのうちに，いや楽天的で世界的な理想主義をもって，正当化する（中島顕治［1995］『進歩は善か―西洋文明進歩史観の由来と未来―』彩流社，p. 321）.

15) 19世紀の多くの合理主義者たちに，西洋史の方法を表明するものと見えた文化的質の特殊な傾向が，世界の諸民族や諸文化を分類する際の批判基準として比較の目的のために適用された（ニスベット［1987］, p. 251）.

終章

ヨーロッパの世界制覇と日本

I ヨーロッパ人による世界制覇に対する二つの見解

ここまで農耕の開始から《新世界の発見》に至るまでのヨーロッパによる世界征服を見てきた．

かかるヨーロッパ人（ここでは，アメリカの白人も含む）による世界制覇については，極論すると，それを肯定的に評価する見解（今日の人類が獲得した繁栄と自由，ひとことでは人間の解放はヨーロッパ人のおかげだ）と，否定的に評価する見解（ヨーロッパ人は自己の利己的な欲望を満足させるために今日のシステムを築き上げたのであり，結果的に非ヨーロッパ世界が「解放」されたのはヨーロッパの意志と抵抗に抗してであった）とに二分される．

最近出版された啓蒙的な書物（ランデス，デビッド［2000］『「強国」論』竹中平蔵訳，三笠書房，534p）の中で，アメリカの経済史学者デビッド・ランデスは，ヨーロッパ人に対するイメージが大きく二分されていると述べている．彼が民族的にアウトサイダーの立場にいるせいであろうか，ランデスはヨーロッパ民族至上主義から比較的に自由であり，現在の日本人があまり触れないような見方（人種的な見解）できわめて明快に問題状況を明らかにしていると思うので，ご紹介しよう．

歴史の解釈には，唯一絶対，これが正しいというものはない．同じ問題に取り組みながら，異なる解釈に至る人もいる．だが，富と貧困の歴史を考えた際，多くは次の二つのグループに分類できる．まず，西側の富と支配は悪に対する善の勝利であると見なす人々．彼らは，自分たちヨーロッパの人間は賢くて，組織的で，勤勉だが，ヨーロッパ以外の人々は無知で，傲慢で，怠惰で，遅れていて，迷信深い．だが，もう一つのグループ，つまりヨーロッパ以外の人々はこれとはまったく逆のことをいう．「ヨーロッパの人々は攻撃的で，残虐で，強欲で，不道徳な偽善者であり，その犠牲者である自分たちは善良で，お人好しで，弱い．だから，いいカモはいないかと待ち構えているヨーロッパの人々にすっかりだまされるのだ」という具合である（ランデス [2000], pp. 26-27）.

　第一のグループは，白人（つまり，ヨーロッパ人）の人種的な優越性を認める観点からヨーロッパ人の世界支配を肯定する人々であり，「ヨーロッパ人たちが優れていたから，世界に君臨した」と考える．その根底にある考え方こそ，「ヨーロッパ思想は普遍的である」という信念である．

　ヨーロッパはキリスト教文明の国々である．そのキリスト教は，宗教改革によってプロテスタントが分離するまでは，いわゆるローマ・カトリックであったが，《カトリック》の語源的意味は，《普遍的》である．ヨーロッパ思想は，ギリシア思想から始まる人間性重視の哲学の正統的な嫡子であり，綿々と発展して今日に至った人類最高の思想であること，つまり，《普遍的》であることを繰り返し繰り返し，ヨーロッパ人は内外に向かって宣伝してきた．

　そもそも，《普遍的》であろうとすることは，本質的に攻撃的な性格を持っている．《普遍的》であると自認する思想（例えば，思想A）は，その定義上，自己と異なる思想（例えば，思想B）の正当性を認めることができない．もし，思想Bが存続することが正当であるならば，思想Aは，思想Bと並び立つ一個別思想にすぎず，その限りで，《普遍的》ではなくなるからである．思想Aが《普遍的》であることを証明するためには，どうしても思想Bを葬り去る必要

がある.

　ヨーロッパ人は「自分たちが生み出した思想は普遍的である」と考えているから，ヨーロッパ思想の人種性（つまり，ヨーロッパ思想がヨーロッパ人に固有であり，それだからこそ特殊であること）を語ることを嫌う．しかし，ヨーロッパ思想の《普遍性》こそ彼らの世界支配を支える基盤となっている．すなわち，先進国における今日の未曾有の経済的繁栄と，ヨーロッパ人の人種的な優越性なるものをどう考えるかという問題は，切り離すことができないと考える．

　ここには，ヨーロッパ思想の偽善性があるのだが，それを打破するのはなかなかに難しい．ヨーロッパ人と非ヨーロッパ人がともに，「ヨーロッパ人は優れている」と認識している限り，根源的なルールはヨーロッパ的なままであり，それでは現代世界の諸問題は解決しないからである．

II　市丸利之助の弾劾．西郷隆盛の酷評．

　一方，第二のグループは，白人が持つ負の性格（偽善性）と攻撃性に彼らの世界支配の根拠を見ていて，「ヨーロッパ人たちが，ずる賢く，野蛮であったから，お人好しのインディオ，アジア人やアフリカ人をたぶらかして，世界を征服した」と考える．戦後の《民主主義的》教育を受けてきた人々（かくいう私もその中に含まれる）は，この第二の見方を，偏屈で，狭量で，歪んだ見解だと考えて，ただちに退けるのではないだろうか．しかし，戦前の日本において，ヨーロッパ人に対するこのような厳しい見方は，必ずしも少数派ではなかった．もちろん，ヨーロッパが生んだ音楽や美術などの芸術，文化に対する尊敬の念は一般に抱かれていただろうが，一方では，ヨーロッパ《文明》が持つ侵略性・貪欲性に対して警戒心を持つというのは，庶民を含めて当時の日本人の平均的な考え方に近かったと思われる．

　一例を示そう．戦争末期の昭和20年2月16日，アメリカ空軍が圧倒的な火力をもって硫黄島の日本軍守備隊約2万1000名を襲い始めた．やがて海兵隊

と陸軍部隊の合計約6万1000名を投入したアメリカ軍による執拗な攻撃を受けて，弾薬も食糧も欠乏していた日本軍守備隊の全滅は不可避となった．かかる絶望的な状況下，玉砕を目前にした硫黄島第27航空戦隊司令官，市丸利之助少将（1891-1945）は，地下塹壕の中で，時の米国大統領ルーズベルトに宛てて書簡「ルーズベルトニ与フル書」を認(したた)めた．原文は巻末に掲載したので市丸の気迫のこもった文語文をお読みいただきたいが，ここでは，筆者が試訳した現代語訳抜粋にて紹介する．

　あなたがたが実行してきたことをみると，白人，特にアングロ・サクソンは世界の利益を独り占めしようとし，自分たちの野望で有色人種を奴隷化しようとするにほかならない．そのためにずる賢い企てを使って有色人種を騙し，いわゆる悪意の善政をもって彼らの正気を失なわせて無力化させようとした．近世になって日本があなたがたの野望に抵抗して，有色人種，特に東洋民族をあなたがたの束縛から解放しようと試みたとき，あなたがたは少しも日本の真意を理解しようと努力もせずに，ただひたすら日本人をあなたがたにとって有害な存在だとみなし，かつては友邦であった国を仇敵で野蛮人だとして，日本人種の絶滅を呼号するに至った．これははたして神意に叶うものであろうか．あなたがたはすでに十分に繁栄しているのに，それに満足することもなく，数百年前からのあなたがたによる搾取から免れようとしているこれらの憐れむべき人々の希望の芽を，なぜ，若葉のうちに摘み取ろうとするのか．ただ東洋の物を東洋に返す以上の何物でもないではないか．あなたがたはどうしてこのように貪欲で狭量なのか．あなたがたの世界制覇の野望は，今まさに成就しようとしている．あなたがたはさぞかし得意であろうと思う．しかし，あなたの先輩であるウィルソン大統領はその得意の絶頂において失脚した．どうか私の言外の意を汲んで，その轍を踏まないでいただきたい[1]．

市丸少将がこの手紙を認めた時点から，さらに一月以上にのぼる激しい戦闘

が続き，日本軍守備隊は圧倒的な火力を有する米軍の圧力によく耐えた．しかし，彼我の物量の差は如何ともしがたく，昭和20年3月25日から26日にかけて，栗林忠道最高司令官の指揮のもとに実施された「斬り込み」が最後の総攻撃となり，戦闘は実質的に終了した．日本側はわずかに千名ほどが生きのびて，戦死者はおよそ2万名に上った．アメリカ軍にも戦死者およそ5500名，負傷者およそ1万7000名という膨大な損傷をもたらした．硫黄島は陥落し，アメリカ軍の手に落ちた．市丸少将自身もまた3月27日に戦死した．

この手紙は，英訳を添えて，ある参謀（村上治重大尉とされる）に託されていたが，硫黄島における主要な戦闘が終了した昭和20年3月26日未明にその遺体の胴中から発見された．

この手紙で，市丸は「白人，とりわけアングロ・サクソンは世界の富を独占し，有色人種を奴隷化してきた．もう十分に豊かであるのに，数百年前から続く白人たちの搾取から逃れようとする有色人種を徹底的にたたこうとしている」と述べて，ヨーロッパ文明の侵略性・野蛮性を弾劾し，「日本はかかるヨーロッパの野望に抗し，有色人種をヨーロッパへの隷属から解放するために立ち上がった」と，日本の《正義》を主張している．

今日の日本には軍人アレルギーが蔓延しているので，「彼は軍人だったから」という理由だけで市丸少将の遺言を素直に受け取れない向きがあるかも知れない．日本の戦前は暗黒時代であったという立場を取る《戦後民主主義》的な観点からみると，何よりも，「近隣諸国へ侵略したのに，それを伏したまま八紘一宇などというスローガンで侵略を美化するのは偽善だ」と，考えられるかも知れない．しかし，戦前には，好むと好まざるとにかかわらず，日本男子はみな兵隊さんになった．できる男の子は，将来将校になるために，当然のように幼年学校などへ進学した．従って，この市丸少将の手紙には，確かに軍人的な発想も否定できないかも知れないが，むしろ，必ず来る死を目前にした当時の一人の日本人知識人が渾身の思いで綴ったメッセージを見るべきなのである．アメリカに自分たちの《正義》（日本の軍国主義の打倒など）があったように，

日本にも自分たちの《正義》（欧米植民地支配からのアジアの解放など）があった．日本の《正義》を肯定しない人々でも，少なくとも，市丸少将にはヨーロッパ人の不正義・貪欲さに対する怒りがあったこと，彼が死に臨んで日本の《正義》を堂々と主張していたことは認知せざるをえないであろう．

しかし，それでもなお，市丸の弾劾に違和感を抱くかも知れない人のために，すでに明治時代に西郷隆盛が「ヨーロッパ『文明』など，文明の名に値しない」と嘲笑していた（扉文参照）ことを，現代語訳でご紹介しよう．

　文明とは道があまねく行われることを賞賛する言葉であって，宮殿の荘厳，衣服の美麗，外観の浮華を言うのではない．世間の人たちが唱えるところを聞くと，何が文明だか，何が野蛮だか，ちっともわからないぞ．私はかつてある人と議論したことがあった．私が「西洋は野蛮だ」と言ったの対して，その人は，「いや，文明だ」と言ったので論争になった．私が「いやいや，野蛮だ」と畳みかけて述べたら，その人が，「なぜ，それほどにまで言うのか」と押してきたので，私が「実に文明ならば，未開の国に対してこそ慈愛をもととして，懇々説諭して開明に導くべきであるのに，そうではなくて，未開蒙昧の国に対するほどむごく残忍なことをやって，自分を利することは野蛮だ」と言ったところ，その人は口をすぼめて何も言えなかったと，[西郷南洲は] 笑っていた．

よく知られているように，西郷隆盛は，大久保利通が敷いた富国強兵路線に同調していなかったが，ヨーロッパ文明に対してかくのごとき酷評を呈した後に，その脅威に対抗するだけの十分な方策を提起していたわけではない．従って，もし，明治の日本が西郷の路線を採用していたならば，逆に欧米帝国主義の餌食になってしまった可能性がある．欧米による植民地支配に際しては，アジアやアフリカを見てもわかるように，植民地にされた国は，経済的に自立できないようにモノカルチャーを押しつけられ，教育も施されないまま低開発に留められるというような過酷な愚民政策が施行された．もしひとたび欧米の餌

食となって，彼らの植民地にされていたのならば，日本は骨の髄までしゃぶられて，とうてい明治の工業発展も文化的自立も果たせなかったであろう．西郷の「西洋人は野蛮じゃ」などという酷評にうかうか乗って近代化を放棄していたら，日本には悲惨な運命が待っていただろう．従って，彼我の産業的力量の差を冷静に自覚して，日本の明治政府が殖産興業に励んだのは，賢明な選択であった．しかし，それにしても，ここで西郷が語った「ヨーロッパが非ヨーロッパ世界に対してやってきたことは残忍酷薄であって，文明の名に値しない」という断言は，しごく尤もで，正論である．私は非常に健全な考えだと思う．

あの市丸の怒り，この西郷の酷評．これこそ，ヨーロッパ人には許し難いものに違いない．なぜなら，「自分たちは優秀で，善良で，そのうえ正直な人間なのに，それを《野蛮だ》と，真っ向から否定するとは何事ぞ」というように，彼らの自尊心そのものを傷つける物言いであり，ヨーロッパ人による非ヨーロッパ世界収奪の正当性を全面否定する批判だからである．平川が喚起したように[4]，戦前，「アジア人のためのアジア」というスローガンほど，欧米人が嫌っていたものはなかったことを思い出そう．

III　なぜ，戦後の日本人は，ヨーロッパ思想の《普遍性》の前にぬかずいてきたのか

しかし，戦後の日本人は，また，とくにこれまでの伝統的な西洋経済史学は，基本的に第一のグループの見方を採用してきた．ヨーロッパの《普遍性》の主張の前に，戦後の日本は腰砕けであって，いわば「溶解」してしまった．では，なぜ，日本人はヨーロッパ人による世界制覇に対して，いわば「甘い」見方しかしてこなかったのだろうか．

1．敗戦の衝撃と占領軍による非日本化政策

第一に，昭和20年から32年までの戦後7年間にわたるアメリカ軍の占領下，《戦争犯罪広報プログラム War Guilt Information Program》（江藤淳の訳では

「戦争についての罪悪感を日本人の心に植え付けるための宣伝計画」）が実施された結果，今日に至るまで日本と日本の文化・伝統に対しては否定的に，欧米と欧米の文化・伝統に対しては肯定的に見る精神構造が定着してしまったことが挙げられる．この《戦争犯罪広報プログラム》の最大の目的は，「敗戦国日本を二度とアメリカに対して立ち向かわせないように，弱体化する．そのために，経済的には農業国家水準にとどめ置くと同時に，日本の伝統と文化を破壊して日本人の自尊心を喪失させ，欧米流の《民主主義》を根付かせる」というものだった．このプログラムの具体的な実施方法の一環として，日本のマスコミに対する徹底的な検閲が採用された．新聞，雑誌，ラジオなど，マスコミでは，日本の過去を肯定的に論評することが禁じられ，「日本の伝統は古くさく，歴史は罪悪に満ちており，習俗は封建的だ」という論調が強要された．軍事的占領下に被占領国に憲法を強制してはならないことと併せて，かかる言論弾圧は国際法違反である．しかも，戦前の日本軍部による検閲がその結果を伏せ字で残していたのに対して，ＧＨＱによる検閲は非常に巧みに実施され，検閲を受けた文章は，検閲があったことが認知されないように，伏せ字を使わずに，再構成させられた．当時の日本人は，検閲が実施されていることさえほとんど認識していなかった（以上は，江藤淳［1994］『閉ざされた言語空間―占領軍の検閲と戦後日本―』文春文庫などによる）．

にもかかわらず，アメリカ軍の占領とともに開始した戦後の生活が，大部分の日本人にとって祝福すべきものであったことも事実である．まず何よりも，生きるか死ぬかの悲惨な戦闘状態から解放された．日本人にとって大きな財政的負担となっていた植民地経営から解放されて，重荷がなくなった．過去2000年間に一千回近く外国からの侵略を受けた朝鮮とは異なり，歴史上，2回しか本土での戦争を経験していなかった日本人にとって，外国軍の支配を受けることへの不慣れさもあり，占領軍の施政への従順さは目を見張るものであった．

しかも，アメリカ軍は，飴と鞭を使い分けた．鞭も上記の検閲方針に見られ

るように非常にソフトなものであった（だから「恐い」ともいえる）が，食糧支援を始めとする飴の部分もまた，気前のよいものだったというべきであろう（その背後にあるアメリカ農業界の思惑は別にして）．占領当初は，「日本を永久に農業国の水準に留める」という趣旨で開始された占領軍の過酷な経済政策も，朝鮮戦争を機に日本の工業化を認める方針に転換されたし，自由主義陣営に属していたおかげで，日本はアメリカを始めとする広範な市場にアクセスすることができた．日本人の努力と叡智が戦後の繁栄の根拠ではあるが，しかし，自由貿易圏にアクセスできたという基礎的条件が欠如していたら，それも絵に描いた餅であっただろう．

　もし，社会主義国ソビエトの占領を受けていたのなら，過酷な占領政策が施行されて，戦後の状況はきわめて悲惨なものであっただろう．ソビエトによって支配され，社会主義国にさせられて，戦後長い間「ソビエトのくびき」を受けて苦しめられた東ヨーロッパ諸国の状況と，何よりも北朝鮮の惨状を見れば，社会主義国ソビエトの占領を受けずにすんだという幸運に，日本人は感謝せざるをえないはずである．しかし，その一方で，これだけ社会主義諸国の過酷な現実を突きつけられても，日本の知識人の間に，なお依然として社会主義礼賛の風潮が残っているのは，奇妙で異様なことだと言わざるをえない．

2．「豊かさ」を享受できるのは欧米との運命共同体のおかげという認識

　戦後，日本人の生活水準は劇的に向上した．日本人がヨーロッパ《文明》の世界征服に対して「甘い」見方をする第二の理由は，日本人は，ヨーロッパ人以外では（ヨーロッパの植民地であったアメリカ合衆国やオーストラリア・ニュージーランドを除くと）唯一の先進国の仲間入りを果たし，その特権（物的繁栄と国内的自由）を享受できるようになったからである．

　そうだとすると，日本人がヨーロッパ人による世界収奪に対して「甘い」のは，この先進国クラブに入会を果たして特権を享受できるようになった以上，あえて騒ぎ立てることもないというところであろう．騒げば，むしろ，既得権

を危うくするだろうし，何よりも，唯一の非ヨーロッパ国家・非キリスト教国家として，孤立無援であった．19世紀末にヨーロッパで巻き起こった《黄禍論》から今日の《日本異質論》まで，キリスト教諸国からの「われわれとは違う」という非難は執拗に繰り返されている．

それに，現代の日本人も，高度な生活水準という既得権を手放したくないと思っている．「ヨーロッパ人が世界を収奪しようが，ヨーロッパによる世界制覇の基盤に欲望と個人への盲目的な崇拝があろうが，われわれだって，いい暮らしをしているじゃないか」という甘いささやきに，われわれは抗うことはできないのである．

3．地政学上の稀代の幸運

幸いなことに，この日本列島は外敵からの直接的な支配を受けた歴史的経験がなかった（もちろん，唯一の例外が，第二次大戦後のアメリカ軍による支配である）．外国からの本土への武力攻撃については，アメリカ軍以前には元寇まで遡らなければならない．「島国であること」は，従来，狭量な国民性を招来したなどと，ともすれば否定的に見られてきたが，国防上の観点からすれば，周囲を海に囲まれていることは，期せずして天然の堅固な防衛力となってきた．かかる天然の防衛力は実質的に40個師団（兵力数十万人）の常備軍に相当するとも言われている．つまり，そのおかげで，毎年，数十万人の日本の若者が兵役に就かずにすみ，人生の黄金時代を満喫できてきたわけである．もちろん，戦後はアメリカの「核の傘」によって庇護されているという事情はあるにせよ，かかる国防上の幸運を，もっと客観的に評価する聡明さがあってよい．マルク・ブロックが「(外部からの異民族による侵入がなくなった西ヨーロッパは)外部からの攻撃や余所者の流入に妨げられることなく，はるかに規則正しい文化的・社会的発展が可能になった．われわれが，日本以外のほとんどいかなる地域とも共有することのないこの異例の特権を，深い意味における，言葉の正確な意味におけるヨーロッパ文明の基本的要素の一つだったと考えても決して

不当ではない」（ブロック［1973］『封建社会 I』，pp. 56-57）というように，外敵からの侵略にさらされなかった幸運（＝日本と西ヨーロッパだけが享受できた異例の特権）について書いていたことを，ここでもう一度思い出そう．

4．外国文明に対する敵愾心が比較的に小さい

第四に，日本では外国文明に対する敵愾心が比較的に小さいことが挙げられる．上記のように，外敵による過酷な支配を受けたことがなかったために，日本人は外国からの事物・文化の吸収には寛容であった．少なくとも，外国文明に対していたずらに敵愾心を燃やすのではなく，自らにとって有利になるものを吸収しようという余裕を持つことはできた．ヨーロッパ人の世界制覇と収奪を，彼らが優れているからだと日本人が捉えて，彼らから謙虚に学ぶというのは，功利的に見ても，賢明な選択であった．技術的に優位にある文明から技術を学ぶことで，自国を植民地にすることから防衛できたからである．しかも，幕末に欧米諸国から武力で威圧されて開港を迫られたとき，日本が欧米諸国から独立を奪われる危険は決して小さくなかったのである．日本とは対照的に，19世紀の半ばにヨーロッパ・アメリカの列強諸国がアジアの侵略を着々と進めていたときに，清はその中華思想から自らの文明を過大評価し，ヨーロッパ文明から学習することを拒絶した．その結果は，列強諸国による清国の簒奪となって表れた．外国文明に対する日本の「謙虚な」姿勢は，日本を救ったのである．

また，他人の行為をできるだけ善意に捉えるというのは，おそらく道徳的にも優れた態度なのだろう（もっとも，客観的には，「お人好し」と形容すべきであろうが）．

IV　19世紀ヨーロッパ人が抱いた白人優越性の信念

かかるヨーロッパによる世界制覇の過程で，19世紀はその絶頂期である．19世紀において，世界に占めるヨーロッパの比重は圧倒的であり，彼らは確

固たる人種的な優越性を信じていた．その人種的な優越感とそれを裏付ける物質的な豊かさこそ，ヨーロッパ人による非ヨーロッパ地域の支配と収奪を正当化してきた．19世紀においてヨーロッパ人は，ヨーロッパ人のみが文明国をつくりうるという，傲慢な確信を抱いていたのであるが，その尊大な自信にはそれを裏付ける物的・経済的基礎があった．何よりも，彼らヨーロッパ人だけがいわゆる「近代国家」をつくりあげることができたからである．

　池田浩太郎によると[5]，ドイツの経済学者ゾンバルトは1914年に「われらが仇敵たち」と題する講演で次のように述べた．

　　大学教師として非常にひんぱんに，かかわり合わざるをえなかった日本人を，
　　私は［第一次］大戦以前，すでに要するに決して人間だと考えなかった[6]．

　ヴェルナー・ゾンバルトという20世紀前半のドイツ経済学界を代表する知性．マックス・ウェーバーと並び称されるほどの大学者．その人物が，このような偏見を臆面もなく吐露していることに，私は戸惑う思いである．もっとも，ゾンバルトは，癖のある人物で放言癖があったらしいこと，そもそも戦争中における敵国民への評価であるうえ，わずか2ヶ月前に日本がドイツに対して宣戦布告をしたばかりで憎しみが募っていただろうことなどという諸事情を考慮すべきであろう．戦時においては，日本を含めたいずれの交戦国においても，政府公報レベルで煽情的なプロパガンダが実施され，好戦的で敵愾心を煽るようなスローガンが流布された．しかし，この心情吐露は，「大戦以前」とあるように，彼が一個人として平時に抱いた感想を語ったものなのである．

　それにしても，日本人（おそらく東洋人全体）への凄まじい蔑視であり，しかも，たかだか百年ほど前のヨーロッパ人の自意識と非ヨーロッパ人に対する他者意識がどのようなものであるかを，赤裸々に示している．

V 《20世紀の奇跡》としての日本の台頭

わずか百年ほど前にゾンバルトが抱いていた非ヨーロッパ人蔑視の感情を，現在の一般のヨーロッパ人はもはや抱いていないことを望む．しかし，本当に克服されたのか，私にはわからない．私は，自分の欧米滞在の経験からして，この点に関して，いささか懐疑的であるが，しかし，克服されたとしたら，それは，なぜなのか．ヨーロッパ思想の《普遍性》（人権・自由・進歩など）を

日下公人「日本人は油断している」

では，20世紀の100年間は，世界人類にとってどんな時代だったろうか．私にはどうしてもこれしか思いつかないが，第一は，白人絶対の時代が終わって，人種平等の理念が国際社会に一応定着したことである．第二には，それを日本がほとんど単独でなし遂げたことである．

なし遂げるにあたって，この100年間は軍事的実力だけが国際社会の発言力・説得力になるという時代だったから，自分が有色人種であろうとなかろうと，日本は自らの尊厳を守るために軍事大国になった．軍事力を持つためには工業力が必要だったので，そのために日本人はまず勤勉になって産業をおこし，また必死で欧米の文化・文明を勉強した．それから精強な兵士を作り，3,000,000人の血を流して自らの独立を守った．

しかしその間，日本以外の有色人種の大部分は白人支配を承認して対等化への努力をしなかった．それはすでに国家としての独立を失っていたことが大きい．植民地支配の下，自らの国を失った結果，人々は教育の自主性を失って文盲に甘んじ，さらに経済も搾取されたが，貧困を天命と心得て，多くの有色人種はその一生を終えた．そう考えると，日本だけが20世紀の100年間，血を流して，独立を守り通したことの意義は大きい．

一度，独立を失うと，とめどもない転落の道が始まる．ポルトガルによるティ

> モール島の支配がその一例だが，原住民には文字を教えず，農耕用鉄製品の所有さえ極度に制限した．反乱の武器に転用されるのを恐れたのである．そして白人絶対の教育を徹底した．白人は日常生活でも絶対の威厳をもって上に立ち，平等意識の芽を摘んだ．反抗する住民には，処罰と，投獄が待っていた．
>
> オランダ人でもフランス人でもイギリス人でもアメリカ人でも同じことだが，植民地では使用人に何かを与えるとき，手渡すことはなく，床に投げ捨て，それを拾わせた．日本人はそれを見て発奮したのである．一度独立を失うと洗脳されて《独立の精神》まで失うことの恐ろしさを実感し，そうした恥辱を避けるためには自ら軍隊を保有して，あくまでも戦うことにしたのである．国家はそのために必要な団体だった．日本に限らずどの国でも個人の名誉を守る心がそのまま国家の名誉を守ることに直結していたのが，20世紀だった．…
>
> 人種差別にも復活の兆しがないわけではない．日本人は油断していると思う．それから有色人種全体もいったい誰の力でこの人種平等世界が実現したのかを深く考えていないのは油断だと思う（日下公人「日本人は油断している」『Voice』2000年1月号）．

信じる人々なら，「現在の人類の解放はヨーロッパのおかげだから，人種的偏見が克服されたのも，ヨーロッパ啓蒙思想の発展のおかげだ」と，ヨーロッパ思想そのものの「善意」とか「先進性」を無邪気に主張するかも知れない．その側面を全面否定するつもりはないが，19世紀までのヨーロッパの膨張を実際に止めたのが日本であったことも，同様に史実であることを強調しておきたい．

開国以降の日本の歩みは，独立を維持し，きちんと国民を教育して民意を高めれば，非ヨーロッパ諸国でも経済的発展を実現し，自由を享受できることを示した．少なくとも，この日本の事例は，「ヨーロッパ流の植民地支配は，文明を知らなかった未開人を啓蒙した」という，欧米の主張を事実でもって反証している．

それ故, 日本が明治維新以来, 工業化に成功したのは,「白人だけが近代工業をものにできる」と信じていた彼らにとってたんなる予期せぬ出来事以上の衝撃を持った. 白人でなくても, 近代科学技術を掌握して近代工業国家を築き上げることができることを示したからである[7]. 日本の工業化は彼らの人種的な優越感を揺るがしたが, まさにそのことによって, ヨーロッパ人による世界の支配・収奪の正当性を揺るがした. 従って, アメリカの《正義》だけが正しく, 日本には《正義》はなかった (あるいは, 日本の《正義》は偽善だった) と教えられてきた戦後の日本人には信じられないことかも知れないが, 日本が彼らの自信をうち砕いて急速に工業国家にまで発展したこと, さらにこれに加えて, 日露戦争の勝利に象徴される日本の台頭は, まさしく《20世紀の奇跡》と呼ぶべき決定的な出来事だったのである.

注)

1) 市丸少将の手紙の原文 (英文) は, 終戦間近の昭和20年7月, アメリカの新聞に掲載された. そもそも戦場で入手したアメリカ軍関係者がそれを廃棄や私物化せずに保管したこと, さらに, 勝者の余裕といってしまえばそれまでではあるが, 敵国の将校が残した自国文明批判の文章を掲載したアメリカのマスコミの寛容さには, やはり敬服せざるをえない (握りつぶそうと思えば, 簡単にできたのに). その後, ジョン・トーランド [1971]『大日本帝国の興亡』(毎日新聞社) などによって引用されて日本人にも広く知られるようになった. ここでは, 平川祐弘 [1996]『米国大統領への手紙』(新潮社) pp. 17-19 から引用した. 原文自体は囲み引用文として巻末に掲げたので, ここでは, 平易な現代日本文に試訳した. 平川氏のこの本は, 多くの和歌を残した市丸利之助の生涯を感動的に綴った名著であり, 読み継がれるべき本である (現在, 品切れで入手困難になっているのは惜しい). なお, 先に引用したランデスの文章の後半は, 市丸の弾劾と内容的に符丁が合っている. ランデスは一般的な反白人意識を描写しただけで市丸の文章は読んでいないかも知れない. また, 市丸も当時の知識人として日本人の意識を代弁したのだろうから, 両者が同じ調子になったのはたんに偶然かも知れないが,「第二グループ」の考え方が, それは

ど突飛なものではないことを示していると思う．

2) 扉文には，格調が高い文に仕上げられているので，西郷隆盛 [1999]『西郷南洲遺訓講話　新装版』（頭山満講話，雑賀鹿野編，ぺりかん社) p. 9から引用した．

3) 原文は，[2002]『西郷南洲遺訓』(山田済斎編，岩波文庫) pp. 8-9による．現代語訳に当たっては，渡部昇一 [1996]『「南洲翁遺訓」を読む』(致知出版社) を参照した．同書では，この節に限らず，西郷隆盛の思想とその背景全般について，蘊蓄が傾けられており，大いに参考になる．

4) 平川 [1996], p. 128.

5) 池田浩太郎 [1991]「ゾンバルトと日本―ゾンバルトとその周辺の人々―」『経済研究』(成城大学，第153号), p. 18.

6) Friedrich Lenger, *Werner Sombart, 1863-1941. Eine Biographie*, München 1994, p. 266.

7) もちろん，これは，デル＝コラール（[1980]『ヨーロッパの略奪』）らのいうように，「ヨーロッパの文明が非ヨーロッパ人によって略奪されたのであり，ヨーロッパ文明の普遍性（＝優越性）の証明だ」などという見方もある．

《参考文献》（五十音順）

学術専門誌の論文やヨーロッパ語による文献は除いて，比較的容易に入手でき，読みやすいものを挙げた．

全体を通じて

入江隆則［1997］『太平洋文明の興亡－アジアと西洋・盛衰の500年－』（PHP研究所）374 p.
海原　峻［1998］『ヨーロッパがみた日本・アジア・アフリカ－フランス植民地主義というプリズムをとおして－』（梨の木舎）276 p.
岡田英弘［1992］『世界史の誕生』（ちくまライブラリー73，筑摩書房）263 p.
─── ［2000］『歴史とはなにか』（文春新書，文藝春秋社）222 p.
川勝平太［1997］『文明の海洋史観』（中央公論社）292 p.
ダイヤモンド，ジャレド［2000］『銃・病原菌・鉄（上・下）』（倉骨彰訳，草思社）317・332 p.
トインビー，アーノルド［1969-1972］『歴史の研究』全25巻（「歴史の研究」刊行会訳，経済往来社）．
ポンティング，クライブ［1994］『緑の世界史（上・下）』（石　弘之・京都大学環境史研究会訳，朝日新聞社）360・287 p.
村上泰亮［1998］『文明の多系史観－世界史再解釈の試み－』（中央公論社）330 p.

序　章

ハンレー，スーザン［1990］『江戸時代の遺産－庶民の生活文化－』（指昭博訳，中央公論社）234 p.

第Ⅰ章　農耕の開始と定住革命

池田次郎［1998］『日本人のきた道』（朝日新聞社）349 p.
今西錦司ほか［1989］『世界の歴史1　人類の誕生』（河出書房新社）437 p.
植原和郎［1996］『日本人の誕生－人類はるかな旅－』（歴史文化ライブラリー1，吉川弘文館）213 p.
上山春平編［1969］『照葉樹林文化－日本文化の深層－』（中央公論社）208 p.
『科学朝日』編［1995］『モンゴロイドの道』（朝日新聞社）232 p.

サイクス，ブライアン［2001］『イヴの 7 人の娘たち』（大野晶子訳，ソニーマガジンズ社）358 p.
佐々木高明［1988］「農耕文化」『世界大百科事典　22 巻』（平凡社）pp. 177-178.
―――［1993］『日本文化の基層を探る－ナラ林文化と照葉樹林文化－』（日本放送出版協会）253 p.
佐藤洋一郎［2000］『縄文農耕の世界－DNA 分析で何がわかったか－』（PHP 研究所）218 p.
サービス，エルマン・E［1991］『民族の世界－未開社会の多彩な生活様式の探求－』（増田義郎監修，講談社）400 p.
サーリンズ，マーシャル［1984］『石器時代の経済学』（山内　昶訳，法政大学出版局）421 p.
スミス，Ph. E. L.［1986］『農耕の起源と人類の歴史』（戸沢充則監訳・河合信和訳，有斐閣）221 p.
寺田和夫［1986］『人類の創世記』（講談社学術文庫 729，講談社）377 p.
中尾佐助［1966］『栽培植物と農耕の起源』（岩波書店）192 p.
西田正規［1986］『定住革命－遊動と定住の人類史－』（新曜社）253 p.
ブレイドウッド，R. J.［1969］『先史時代の人類』（泉靖一・増田義郎・大貫良夫・松谷敏雄訳，新潮社）233 p.
宝来聡［1997］『DNA 人類進化学』（岩波書店）120 p.
松本健・NHK スペシャル「四大文明」プロジェクト編著［2000］『NHK スペシャル「四大文明」メソポタミア』（日本放送出版協会）254 p.
リントン，R.［1995］『人類学的世界史』（小川博訳，講談社）358 p.
NHK「人体」プロジェクト編［1999］『日本人のルーツを探れ－人類の設計図－』（日本放送出版協会）134 p.
NHK スペシャル「日本人」プロジェクト編著［2002］『そして"日本人"が生まれた』（日本放送出版協会）241 p.

第 II 章　初期牧畜社会

梅棹忠夫［1986］『狩猟と遊牧の世界』（講談社学術文庫）174 p.
岡田英弘［1993］『チンギス・ハーン』（朝日文庫，朝日新聞社）369 p.
谷　泰［1987］「西南ユーラシアにおける放牧羊群の管理」福井勝義・谷　泰編著『牧畜文化の原像－生態・社会・歴史－』（日本放送出版協会）pp. 147-206.
―――［1995］「家畜去勢と人間去勢－その機能と文化地理的意味－」『大航海』第 7 号，pp. 17-23.

第Ⅲ章　初期国家の成立

今西錦司ほか［1989］『世界の歴史1　人類の誕生』（河出書房新社）437 p.
松本健・NHKスペシャル「四大文明」プロジェクト編著［2000］『NHKスペシャル「四大文明」メソポタミア』（日本放送出版協会）254 p.
近藤英夫・NHKスペシャル「四大文明」プロジェクト編著［2000］『NHKスペシャル「四大文明」インダス』（日本放送出版協会）254 p.
鶴間和幸・NHKスペシャル「四大文明」プロジェクト編著［2000］『NHKスペシャル「四大文明」中国』（日本放送出版協会）254 p.
吉村作治・後藤健・NHKスペシャル「四大文明」プロジェクト編著［2000］『NHKスペシャル「四大文明」エジプト』（日本放送出版協会）254 p.

第Ⅳ章　農耕定住社会への遊牧民の来襲

梅棹忠夫［1996］『文明の生態史観』（中央公論社）258 p.
江上波夫［1967］『騎馬民族国家』（中公新書147，中央公論社）348 p.
岡田英弘［1992］『世界史の誕生』（ちくまライブラリー，筑摩書房）263 p.
川又正智［1994］『ウマ駆ける古代アジア』（講談社選書メチエ，講談社）262 p.
クラットン＝ブロック，J.［1997］『馬と人の文化史』（桜井清彦監訳・清水雄次郎訳，東洋書林）285 p.
鯉渕信一［1992］『騎馬民族の心－モンゴルの草原から－』（日本放送出版協会）209 p.
小松久男編［2000］『新版世界各国史4　中央ユーラシア史』（山川出版社）456＋95 p.
佐口透［1987］「北アジア遊牧民と中国との関係」福井勝義・谷泰編著『牧畜文化の原像－生態・社会・歴史－』（日本放送出版協会）pp. 581-608.
佐原真［1993］『騎馬民族は来なかった』（NHKブックス，日本放送出版協会）231 p.
杉山正明［1997］『遊牧民から見た世界史－民族も国境も越えて－』（日本経済新聞社）390 p.
ハイシッヒ，ワルター［1967］『モンゴルの歴史と文化』（岩波書店）355 p.
ヘロドトス［1971］『歴史（上・中・下）』（全3冊，岩波文庫，岩波書店）468・337・390 p.
ポランニー，カール［1980］『人間の経済Ⅰ，Ⅱ』（岩波書店）576 p.
───［1985］『大転換』（東洋経済新報社）427p.
マリノフスキー［1967］『西太平洋の遠洋航海者』（世界の名著59，中央公論社）pp. 54-342.
宮脇淳子［1995］『最後の遊牧帝国－ジューンガル部の興亡－』（講談社選書メチエ，講談社）

278 p.
本村凌二［2001］『馬の世界史』（講談社現代新書，講談社）269 p.
山田信夫［1987］「テュルク・モンゴル系古代遊牧民の国家形成－匈奴の場合－」福井勝義・谷泰編著『牧畜文化の原像－生態・社会・歴史－』（日本放送出版協会）pp. 547-580.
レヴィ＝ストロース，クロード［1967］『悲しき熱帯』（世界の名著59，中央公論社）pp. 42-559.
レンフルー，コリン［1993］『ことばの考古学』（橋本槇矩訳・青土社）428 p.

第Ⅴ章　専制帝国の統治構造

イヴン＝ハルドゥーン［2001］『歴史序説（1）』（アラビア語原著は14世紀，森本公誠訳，岩波文庫，岩波書店）514 p.
トインビー［1970］『歴史の研究』（第5巻，「歴史の研究」刊行会訳，経済往来社）312 p.
パターソン，オルランド［2001］『世界の奴隷制の歴史』（奥田暁子訳，明石書店）814 p.

第Ⅵ章　古代ギリシアにおける奴隷と自由

アリストテレス［1961］『政治学』（原著前4世紀，山本光雄訳，岩波文庫，岩波書店）465 p.
加藤隆［2002］『一神教の誕生－ユダヤ教からキリスト教へ－』（講談社現代新書，講談社）293 p.
桜井万里子・本村凌二［1997］『世界の歴史5　ギリシアとローマ』（中央公論社）470 p.
田中豊編［1969］『日本と世界の歴史　第2巻　古代〈西洋〉先史－5世紀』（学習研究社）405 p.
バウラ，C.M.［1969］『ライフ人間世界史　第1巻　古代ギリシア』（第2版，村川健太郎監修，タイムライフインターナショナル）194 p.
馬場恵二［1984］『《ビジュアル版》世界の歴史3　ギリシア・ローマの栄光』（講談社）277 p.
フィンレイ，M. I. 編著［1970］『西洋古代の奴隷制－学説と論争－第二版』（古代奴隷制研究会訳・東京大学出版会）348 p.

第Ⅶ章　ヨーロッパ中世社会

佐藤彰一・池上俊一［1997］『世界の歴史10　西ヨーロッパ世界の形成』（中央公論社）406 p.

ジェラール，A. [2000]『ヨーロッパ中世社会史辞典　新装版』（池田健二訳，藤原書店）367 p.
ピレンヌ，アンリ [1991]『ヨーロッパの歴史』（佐々木克巳訳，創文社）561 + 9 p.
ブロック，マルク [1973]『封建社会 I，II』（新村　猛・森岡敬一郎・大高順雄・神沢栄三訳，みすず書房）260・184 p.
ホワイト，リン [1999]『機械と神－生態学的危機の歴史的根源－』（原著1968年，青木靖三訳，みすず書房）186 p.

第VIII章　ユダヤ・キリスト教の歴史観

上山安敏 [1998]『魔女とキリスト教－ヨーロッパ学再考－』（講談社学術文庫，講談社）404 p.
鯖田豊之 [1966]『肉食の思想－ヨーロッパ思想の再発見－』（中公新書，中央公論社）176 p.
ジョンソン，ポール [1999]『ユダヤ人の歴史（上・下）』（石田友雄監訳，阿川尚之・池田潤・山田恵子訳，徳間書店）508・468 p.
ディモント，M. I. [1984]『ユダヤ人－神と歴史のはざまで－（上・下）』（藤本和子訳，朝日新聞社）218・248 p.
ニスベット，ロバート・A [1987]『歴史とメタファー』（堅田剛訳・紀伊國屋書店）443 + vii p.

第IX章　《大航海時代》におけるヨーロッパ世界の膨張

アタリ，ジャック [1994]『歴史の破壊　未来の略奪－キリスト教ヨーロッパの地球支配－』（斎藤広信訳，朝日新聞社）406 + xxii p.
石原保徳 [1992]『インディアスの発見』（田畑書店）235 + xi p.
── [1999]『世界史への道－ヨーロッパ的世界史像再考－（前篇・後篇）』（丸善）273・286 p.
ガレアーノ，エドアルド [1986]『収奪された大地－ラテンアメリカ五百年』（大久保光夫訳，新評論）494 p.
マアルーフ，アミン [1990]『アラブが見た十字軍』（牟田口義郎・新川雅子訳，リブロポート）426+vi p.
増田義郎 [2002]『アステカとインカ－黄金帝国の滅亡－』（小学館）318 p.
山内　進 [1997]『北の十字軍－「ヨーロッパ」の北方拡大－』（講談社選書メチエ，講談社）326 p.

ライト，ロナルド［1993］『奪われた大陸』（香山千加子訳，NTT出版）434 p.
ラス＝カサス［1976］『インディアスの破壊についての簡潔な報告』（原著1542年，染田秀藤訳，岩波文庫，岩波書店）205 p.
（匿名）［1966］「無名征服者によるペルー征服記（1534年）」アコスタ『新大陸自然文化史（下）』大航海時代叢書Ⅳ（増田義郎訳，岩波書店）pp. 465-513.

第Ⅹ章　近代における奴隷制とヨーロッパ

池本幸三・布留川正博・下山晃［1995］『近代世界と奴隷制－大西洋システムの中で－』（人文書院）331 p.
ウィリアムズ，エリック［1968］『資本主義と奴隷制－ニグロ史とイギリス経済史－』（中山毅訳，理論社）322 p.
岸田　秀［1996］『二十世紀を精神分析する』（文藝春秋）276 p.
岸田　秀・山本七平［1996］『日本人と「日本病」について』（文春文庫，文藝春秋）250 p.
関　哲行・立石博高編訳［1998］『大航海時代－スペインと新大陸－』（同文舘）274 p.
バージャー，R. トーマス［1992］『コロンブスが来てから－先住民の歴史と未来－』（藤永茂訳，朝日選書464，朝日新聞社）332 p.
ホブハウス，ヘンリー［1987］『歴史を変えた種－人類の歴史を創った5つの植物－』（安部三樹夫・森仁史訳・パーソナルメディア社）406 p.
ミンツ，シドニー　W.［1988］『甘さと権力－砂糖が語る近代史－』（川北稔・和田光弘訳，平凡社）434 p.

第Ⅺ章　市場経済の深化と拡大

サービス，エルマン・E.［1991］『民族の世界－未開社会の多彩な生活様式の探求－』（増田義郎監修，講談社）400 p.
栗本慎一郎［1979］『経済人類学』（東洋経済新報社）263 p.
ポランニー，カール［1975a］『経済と文明－《ダホメと奴隷貿易》の経済人類学的分析－』（栗本慎一郎・端　信行訳，サイマル出版会）244 p.
──［1975b］『経済の文明史－ポランニー経済学のエッセンス－』（玉野井芳郎・平野健一郎編訳，日本経済新聞社）305 p.
──［1985］『大転換 Great Transformation』（原著1944年，吉沢英成・野口建彦・長尾史郎・杉村芳美訳，東洋経済新報社）427 p.

第XII章　市場社会とユダヤ人

ウェーバー，マックス［1960］『プロテスタンティズムの倫理と資本主義の精神（上・下）』（原著1904・05年，上巻は第21刷，下巻は第10刷，梶山　力・大塚久雄訳，岩波文庫，岩波書店）153＋14 p., 252 p.

ゲーテ『ファウスト』（岩波文庫など）

ゾンバルト，ヴェルナー［1987］『恋愛と贅沢と資本主義』（原著1922年，金森誠也訳，論創社）303 p.

―――［1990］『ブルジョワ―近代経済人の精神史―』（原著1913年，金森誠也訳，中央公論社）547 p.

―――［1994］『ユダヤ人と経済生活』（原著1911年，金森誠也監修／訳，安藤勉訳，荒地出版社）636 p.

フロイト，ジークムント［1998］『モーセと一神教』（渡辺哲夫訳，日本エディタースクール出版部）253 p.

ポランニー，カール［1980］『人間の経済Ⅰ，Ⅱ』（原著1977年，玉野井芳郎・栗本慎一郎・中野忠訳，岩波現代選書，岩波書店）576 p.

ホワイト・リン，Jr.［1985］『中世の技術と社会変動』（原著1962年，内田星美訳，思索社）331 p.

湯浅赳男［1991］『ユダヤ民族経済史』（新評論）369 p.

レオン，アーブラハム［1973］『ユダヤ人と資本主義』（原著1920年代，波田節夫訳，法政大学出版局）395 p.

デル＝コラール，ディエス［1980］『ヨーロッパの略奪』（原著1954年，小島威彦訳，未来社）476＋40 p.

第XIII章　進歩史観の成立

梅原　猛［1991］『［森の思想］が人類を救う―二十一世紀における日本文明の役割―』（小学館）238 p.

徳永　恂編著［1980］『社会思想史―「進歩」とは何か―』（弘文堂）247 p.

中島顕治［1995］『進歩は善か―西洋文明進歩史観の由来と未来―』（彩流社）414 p.

ニスベット，ロバート・A［1987］『歴史とメタファー』（堅田剛訳・紀伊國屋書店）443＋vii p.

村上泰亮［1998］『文明の多系史観―世界史再解釈の試み―』（中央公論社）330 p.

終 章

清水馨八郎［1998］『侵略の世界史』（祥伝社）272 p.
── ［2000］『破約の世界史』（祥伝社）243 p.
杉山徹宗［1999］『侵略と戦慄　中国4000年の真実』（祥伝社）284 p.
西野広祥［1998］『万里の興亡－長城こそ中国文明の生命線だった－』（徳間書店）304 p.
ハンチントン，サミュエル［1998］『文明の衝突』（鈴木主税訳，集英社）554 p.
フクヤマ，フランシス［1992］『歴史の終わり（上・中・下）』（渡部昇一訳，三笠書房）260・268・251 p.
安田喜憲［1997］『森を守る文明・支配する文明』（PHP研究所）246 p.
ランデス，デビッド［2000］『「強国論」』（竹中平蔵訳，三笠書房）534 p.

ルモノナリ。

翻ツテ欧州ノ事情ヲ観察スルモ又相互無理解ニ基ク人類闘争ノ如何ニ悲惨ナルカヲ痛嘆セザルヲ得ズ。

今「ヒットラー」総統ノ行動ノ是非ヲ云為スルヲ慎ムモ彼ノ第二次欧州大戦開戦ノ原因ガ第一次大戦終結ニ際シソノ開戦ノ責任ノ一切ヲ敗戦国独逸ニ帰シソノ正当ナル存在ヲ極度ニ圧迫セントシタル卿等先輩ノ処置ニ対スル反撥ニ外ナラザリシヲ観過セザルヲ要ス。

卿等ノ善戦ニヨリ克ク「ヒットラー」総統ヲ仆スヲ得ルトスルモ如何ニシテ「スターリン」ヲ首領トスル「ソビエットロシア」ト協調セントスルヤ。凡ソ世界ヲ以テ強者ノ独専トナサントセバ永久ニ闘争ヲ繰リ返シ遂ニ世界人類ニ安寧幸福ノ日ナカラン。

卿等今世界制覇ノ野望一応将に成ラントス。然レドモ君ガ先輩「ウイルソン」大統領ハ其ノ得意ノ絶頂ニ於テ失脚セリ。願クバ本職言外ノ意ヲ汲ンデ其ノ轍ヲ踏ム勿レ。

市丸海軍少将

（昭和二十年三月、硫黄島の日本軍は、アメリカ軍の猛攻を受けて玉砕寸前の状況にまで追い詰められていた。この手紙は、市丸利之助海軍少将が、死に臨んで、自己の思いをアメリカ大統領のルーズベルトに伝えたいと考えて、地下深く掘られた壕の中で、八枚の便箋に毛筆で認めたものである。市丸少将は、日本語の原文と三上弘文兵曹〔ハワイ出身の日系二世〕に翻訳させた英文を参謀のひとりに渡した。三月二十六日の日本軍による最後の総攻撃によって日本の守備隊が全滅した後、この手紙は戦場に残された日本人将校〔おそらくは村上治重大尉〕の遺体から発見された。この手紙は、現在、アメリカのアナポリス海軍兵学校記念館に保管されている。手紙の本文そのものとその発見の経緯については、平川祐弘〔一九九六〕『米国大統領への手紙』〔新潮社〕による。本文中のふりがなは平川氏が付けたものを現代仮名遣いに変えた上で、中川がいくつか補った）

我等日本人ハ各階級アリ各種ノ職業ニ従事スト雖モ畢竟其ノ職業ヲ通ジテコノ皇謨即チ天業ヲ翼賛セントスルニ外ナラズ　我等軍人亦干戈ヲ以テ天業恢弘ヲ奉承スルニ外ナラズ　我等今物量ヲ恃メル貴下空軍ノ爆撃及艦砲射撃ノ下外形的ニハ弥豊富ニシテ心地益明朗ヲ覚エ歓喜ヲ禁ズル能ハザルモノアリ。之天業翼賛ノ信念ニ燃ユル日本臣民ノ共通ノ心理ナルモ貴下及「チャーチル」君等ノ理解ニ苦ム所ナラン。今茲ニ卿等ノ精神的貧弱ヲ憐ミ以下一言以テ少ク誨ユル所アラントス。

卿等ノナス所ヲ以テ見レバ白人殊ニ「アングロ・サクソン」ヲ以テ世界ノ利益ヲ壟断セントシ有色人種ヲ以テ其ノ野望ノ前ニ奴隷化セントスルニ外ナラズ。之ガ為有色人種ヲ瞞着シ、所謂悪意ノ善政ヲ以テ彼等ヲ喪心無力化セシメントス。近世ニ至リ日本ガ卿等ノ野望ニ抗シ有色人種殊ニ東洋民族ヲシテ卿等ノ束縛ヨリ解放セントシ試ミルヤ卿等ハ毫モ日本ノ真意ヲ理解セント努ムルコトナク只管卿等ノ為ノ有害ナル存在トナシ曾テノ友邦ヲ目スルニ仇敵野蛮人ヲ以テシ公々然トシテ日本人種ノ絶滅ヲ呼号スルニ至ル。之豈神意ニ叶フモノナランヤ。

大東亜戦争ニ依リ所謂大東亜共栄圏ノ成ルヤ所在各民族ハ我ガ善政ヲ謳歌シ卿等ガ今之ヲ破壊スルコトナクンバ全世界ニ亙ル恒久的平和ノ招来決シテ遠キニ非ズ　卿等ハ既ニ充分ナル繁栄ニモ満足スルコトナク数百年来ノ卿等ノ搾取ヨリ免レントスルニ是等憐ムベキ人類ノ希望ノ芽ヲ何ガ故ニ嫩葉ニ於テ摘ミ取ラントスルヤ。只東洋ノ物ヲ東洋ニ帰スニ過ギザルニ非ズヤ。卿等何スレゾ斯クノ如ク貪欲ニシテ且ツ狭量ナル。

大東亜共栄圏ノ存在ハ毫モ卿等ノ存在ヲ脅威セズ却ツテ世界平和ノ一翼トシテ世界人類ノ安寧幸福ヲ保障スルモノニシテ日本天皇ノ真意全ク此ノ外ニ出ズルナキヲ理解スルノ雅量アランコトヲ希望シテ止マザ

ルーズベルトニ与フル書

日本海軍市丸海軍少将書ヲ「フランクリン ルーズベルト」君ニ致ス。我今我ガ戦ヒヲ終ルニ当リ一言貴下ニ告グル所アラントス

日本ガ「ペルリー」提督ノ下田入港ヲ機トシ広ク世界ト国交ヲ結ブニ至リシヨリ約百年ノ間日本ハ国歩艱難ヲ極メ自ラ欲セザルニ拘ラズ、日清、日露、第一次欧州大戦、満州事変、支那事変ヲ経テ不幸貴国ト干戈ヲ交フルニ至レリ。之ニ依テ日本ヲ目スルニ或ハ好戦国民ヲ以テシ或ハ黄禍ヲ以テ讒誣シ或ハ軍閥ノ専断トナス。思ハザルノ甚ダシキモノト言ハザルベカラズ

貴下ハ真珠湾ノ不意打ヲ以テ対日戦争唯一宣伝資料トナスト雖モ日本ヲシテ其ノ自滅ヨリ免ル、タメ此ノ挙ニ出ヅル外ナキ窮境ニ迄追ヒ詰メタル諸種ノ情勢ハ貴下ノ最モヨク熟知シアル所ト思考ス

畏クモ日本天皇ハ皇祖皇宗建国ノ大詔ニ明ナル如ク養正（正義）重暉（明智）積慶（仁慈）ヲ三綱トスル八紘一宇ノ文字ニヨリ表現セラル、皇謨ニ基キ地球上ノアラユル人類ハ其ノ分ニ従ヒ其ノ郷土ニ於テソノ生ヲ享有セシメ以テ恒久的世界平和ノ確立ヲ唯一念願トセラル、ニ外ナラズ、之曾テハ

  四方の海皆はらからと思ふ世に
  など波風の立ちさわぐらむ

ナル明治天皇ノ御製（日露戦争中御製）ハ貴下ノ叔父「テオドル・ルーズベルト」閣下ノ感嘆ヲ惹キタル所ニシテ貴下モ亦熟知ノ事実ナルベシ。

あとがき

「司馬さん，ぼくは22歳まで日本人だったんですよ」と，司馬遼太郎の記念碑的な作品『台湾紀行』に掲載された対談で，満面の笑みをたたえて司馬に親しく語りかけていたのは，李登輝・台湾前総統だった．平成13年の春，例によって中華人民共和国の無体な横やりで李前総統の日本訪問がもめたころ（日本は言論の自由が保証されている国家だ．一人の台湾人が日本を訪問することなど何の問題もないのであり，もめることなど，本来はありえないはずなのだが），李登輝氏が「いつか芭蕉の奥の細道を歩いてみたい」という希望を持っていらっしゃることを知った．

「22歳まで日本人だった李登輝さんが芭蕉に傾倒なさっているのなら，じゃあ，51歳まで日本人であるぼくは，なおさら読まなきゃいけない」と殊勝にも思い至って，かくて高校時代以来，約30年ぶりで『おくの細道』をひもといた．よく知られているように，元禄2年（1689），芭蕉は46歳の折り，同行の曾良とともに，東北地方へと旅に出た．その後，江戸に帰り，5年後の元禄7年（1694），有名な辞世の句を残して，大阪にて客死する．

「旅に病んで夢は枯れ野をかけめぐる」

ううむ，いい句だ．漂泊の詩人にふさわしい．さすがに「かるみ」はすごい．しかし，解説を読むと，芭蕉享年51とある（解説に教えられるまでもなく，計算すればすぐわかる）．なっなんと，身共と同じ歳ではござらぬか．30年ぶりの芭蕉の「かるみ」よりも，彼が亡くなった歳を知ったことの方がショックだった．

しかし，つらつら鑑みるに，この年頃で死んでいる人はそれなりに多い．織田信長が本能寺で家臣の明智光秀の謀反によってあえない最期を遂げたのは天正10年6月2日，享年49．近いところでは，胃潰瘍から来る神経衰弱に悩まされていた夏目漱石が亡くなったのが大正5年，享年49．東郷平八郎海軍大

将率いる連合艦隊が対馬沖でバルチック艦隊を迎えた日本海海戦（日露戦争）．「Ｔ字戦法」を考案して，ロシア側ほぼ全滅という，海戦史上空前絶後の完璧な勝利に導いた「海軍の頭脳」秋山眞之が，精神に受けた「尋常でない緊張」（司馬遼太郎『坂の上の雲』）のせいか，病んで亡くなったのが大正7年，享年49．他にもいくらでもいる．

　私も，もうとっくに男の大厄（数えで42歳）は過ぎているが，いまさら思い出すまでもなく『論語』にも，50歳は知命とある．自分の天命を知る歳だし，何らかの意味で心身や人生に変調をきたす年齢なのだろう．

　そこで，その翌年の3月に卒業してゆくゼミの学生には，ささやかな覚悟を込めて，

「残生，悔いなく生きる」

　こう，色紙に書いて送り出した．いずれにしろ，ついつい惰眠を貪ってきたが，何事かをなすために，私に残された時間と機会はそれほど多くはないことは明らかだ．ならば，本書もまだまだ未完成な部分が多く残っているが，残すべきメッセージは残せる機会があれば残しておこうと考えた．

　最後に，出版事情の厳しき折，本書出版に向けてご尽力いただき，編集においても大変にお世話になった田中千津子・学文社代表取締役社長には心よりお礼を申し上げたい．

平成15年3月吉日

中川洋一郎

索引

あ行

アウグスティヌス（354-430） 137-142
アナトリア（トルコの小アジアと呼ばれる地域） 32, 59, 77-78
アリストテレスの奴隷制正当化の論理 105-107
イェニチェリ 96
市丸利之介（1891-1945）（海軍少将） 252-255, 264, 274-276
イブン＝ハルドゥーン 7, 87, 115-116
異例の特権（西ヨーロッパと日本だけが享受できた――） 119, 259
インド・ヨーロッパ語族 65, 68, 75-79
ウェーバー，マックス（1864-1920） 214-216
ウクライナ 75, 77-78
梅棹忠夫 83-85
営利主義 216
エンコミエンダ（encomienda）（スペイン語で信託の意．スペインの植民地政策の一つ） 5
岡田英弘 39, 86, 131, 246-247
恩貸地制 116-117

か行

外縁市場型社会 206
開放耕地制度 123-124
価格革命 175-176
家畜
　　馬の――化 64, 75-77
　　大型獣の――化 41-42
　　――と感染症 30-31
　　――管理と人間管理 93-96
　　新大陸における大型獣の――化の欠如 25
カハマルカの惨劇 3, 156-172
神の国の此岸化 232-233
灌漑 19, 28, 54, 57-58
擬制的商品 212-213
騎馬（民族・遊牧民） 44, 64-68
去勢 43-44
　　人間管理の方法としての―― 91-92
匈奴 80-81
キリスト教
　　――の異教徒征服パターン 169-172
　　――の人間中心（至上）主義 135-137
クラ（交易） 199
クローヴィス（カトリックへの改宗） 7, 142
群棲動物（群居動物） 25, 30, 40, 87, 168
ゲルマン 10
　　――部族の大移動 110-113
　　古代――の死生観 142-144
交換 202-205
互酬（性） 196-199
胡椒 148-149
古代ギリシアにおける自由 99-102
孤立市場型社会 205-206
コンキスタドール（コンキスタドーレス） 4, 154-156
根栽農耕（根栽作物） 20-21
　　新大陸の―― 23

さ行

西郷隆盛 扉裏, 255-256
再分配 200-202
ザクセン族（――の虐殺） 150-151
搾乳 43
雑穀農耕文化 23
　　新大陸の―― 24
砂糖 176, 181-183
三角貿易 187-188
三圃制 122-123
自然（――から神性を奪う） 137, 145
資本主義
　　近代――の起源 214-216
市場
　　自己調整的―― 211

――支配型社会　207
　　社会に埋め込まれた――　211-213
　　前――社会から――社会への転換
　　　211-213
　　ダホメ王国における統制された――
　　　203-205
　　統制された――　209-210
社会進化論　239-244
十字軍　151-153
従士制　116
重量犂　125-126
首長制社会　52-53
狩猟採集　13-15
　　日本における――民による農耕の修得
　　　33-37
　　ヨーロッパにおける――民による農耕
　　　の修得　32,78
縄文人・弥生人　33
照葉樹林　17,21
初期国家　53-61
食糧収奪　13
食糧生産　13,15,27,31
進歩　233-246
新旧論争　234
申命記改革　134
犂（耕）　19
スキタイ（スキュティア）　65,79-80,93
生態史観　83-85
征服王朝　113-114
世俗内禁欲　215
戦争犯罪広報プログラム　256-258
戦車（馬の牽引による）　65
ゾンバルト，ヴェルナー（1863-1941）
　216-228, 261

た　行

対立の思想（古代ギリシアの――）
　103-104
地中海農耕（文化）　17-19
　　新大陸におけるの――の欠如　24
仲介者　45,47,94,121-122
中華思想　22,38-39
中世気候温暖化　127
チュルク語族　68,80-82

長江文明　22
チンギス・ハーン　44,83
沈黙交易　202
定住　25-28
鉄砲と十字架　2,8,146
デレイフカ（馬の最古の遺跡）　64,77
トインビー，アーノルド　69,72,92,95
冬雨　17
東南アジア半月弧　17
東方植民（ゲルマン人の東ヨーロッパへの
　征服活動）　153
豊臣秀吉（ポルトガル人による日本人奴隷
　輸出への怒り）　189-191
奴隷　55,88-97
　　アリストテレスの――道具論
　　　105-107
　　黒人――　183-189
　　古代ギリシア・ローマの――
　　　89-90,99-108
　　動産――制　99-101
　　――天性論　103
　　――slaveの語源　89
　　――貿易　184-188
　　日本における――制の欠如
　　　189-191
　　ヨーロッパ人による――制肯定の論理
　　　108

な　行

肉食の思想（鯖田豊之）　94,137
ニスベット，ロバート　132-133, 138-
　141, 236-237, 239-244, 249
人間
　　――家畜　91-94
　　――至上主義・――中心主義　94,
　　　135-137
　　――番犬　94-96

は　行

バルバロイ（古代ギリシア人にとっての異
　邦人）　103-104, 107
バンド　14, 51
ピサロ，フランシスコ　→　カハマルカの
　惨劇

病気　29-31
ヒッタイト　59, 76
肥沃な三日月地帯　15-19, 54
ピレンヌ・テーゼ（「陸地に閉じこめられたヨーロッパ」）　118-120
ファウスト（資本主義の起源としての——的欲望）　216-220
フュシス（成長・自然）　132-133, 138-139, 236-237, 245
普遍性
　　ヨーロッパの——　10, 98, 251
普遍的理念を利用したヨーロッパの統治モデル　172
プランテーション　183-184
プロテスタンティズムの倫理と資本主義の精神　214-215
フン　80-81
分業
　　定住による——の出現　28-29
　　初期国家における——　55
文明と隷属の等価交換　5-6
ペスト（黒死病）　128-129
ヘロドトス　62, 79-80, 93, 131-132, 202
封建制　114-118
牧畜　13, 40-45
　　——文化　45-48
　　日本における——の欠如　43
ポトシ（銀山）　174, 175
ポトラッチ　199
ポマ，グアマン（ca.1535-ca.1615）（原住民出身のペルー人作家・歴史家）　159, 161, 165, 166, 178
ポランニー（ポラニー），カール（1886-1964）　208-213
ポロヴィッツ族（キプチャク人）　119, 129-130
ポリス（古代ギリシアの）　8, 99-102

ま　行

マラリアに対する免疫（西アフリカ黒人の——）　185
ミトコンドリアDNA　32, 36, 78
メソポタミア　19, 28, 53, 56

や　行

遊牧民　59-61, 87
　　——による人間管理の天才性　→　人間番犬
　　——の《爆発》　69-83
ユダヤ
　　市場経済への転換において——人が果たした役割　222-228
　　——人と債務の非人格化　223-225
　　——人による市場への競争の導入　225-228
　　——教の歴史観（終末論＋メシア待望論）　134-137
ユーラシア・ステップ　62-64, 83-85
　　遊牧民の——よりの進出線　73
ヨシュア　134, 179
ヨーロッパ
　　——人が新世界を植民地化できた理由　167-169
　　——人に固有の強迫観念　246
　　——人の人種差別　174-175, 261
　　——中心史観（至上主義）　6, 98, 230-232, 246
　　——の優位性　103-104

ら　行

ルーズベルトニ与フル書　274-276
レコンキスタ（再征服）　153-154
労働厭悪の信念　8
労働蔑視（古代ギリシアの——）　104-107
和辻哲郎　22, 37-38

著者紹介

なかがわよういちろう
中川洋一郎

昭和25年東京生まれ
東京大学大学院社会学研究科国際関係論専攻博士課程満期退学
経済史学博士（パリ《Ⅰ》大学第三期課程）
現在　中央大学経済学部教授（西洋経済史）

（著書・論文）

[1993]『フランス金融史研究－成長金融の欠如－』（中央大学出版部）
[1995]「フランス企業内組織における3階層間の断絶－労働伸縮性の欠如，その原因と結果－」『経済学論纂（中央大学）』36巻1・2合併号.
[1996]「1980～90年代における欧州自動車産業のジャパナイゼーション－受注生産の世界から見込み生産の世界へ－」Discussion Paper #96-DOJ-73, 通商産業研究所.
[1997]「下請取引における価値観の転倒（1984-1985年）－フランス自動車産業のジャパナイゼーション(1)－」『中央大学経済研究所年報』27号.
[1998]「自動車の大量生産における部品用金型の償却問題－日本・ヨーロッパ自動車産業の国際比較－」『経済学論纂（中央大学）』38巻3・4合併号.
[2000]「フランスにおける日本型生産システムの受容と拒絶－フランス自動車産業のジャパナイゼーション(4)－」『経済学論纂（中央大学）』40巻5・6合併号.

ほか

ヨーロッパ《普遍》文明の世界制覇――鉄砲と十字架――

2003年4月30日　第1版第1刷発行
2008年9月10日　第1版第2刷発行

著　者　中川　洋一郎
発行所　㈱学文社
発行者　田中　千津子

東京都目黒区下目黒3－6－1　〒153-0064
電話 03(3715)1501　振替 00130－9－98842

ISBN978-4-7620-1244-0　検印省略　印刷／倉敷印刷株式会社
落丁，乱丁本は，本社にてお取替え致します．
定価は売上カード，カバーに表示してあります．